南方周末二十五年文丛

在这里，读懂中国

中国草根原生态

《南方周末》编

南方日报出版社
NANFANG DAILY PRESS

图书在版编目（CIP）数据

中国草根原生态 /《南方周末》编 . -- 广州 : 南方日报出版社，2011.9

ISBN 978-7-5491-0250-1

Ⅰ . ①中… Ⅱ . ①南… Ⅲ . ①边缘群体－研究－中国 Ⅳ . ① D632.1

中国版本图书馆 CIP 数据核字 (2011) 第 187955 号

中国草根原生态　　《南方周末》编

出版发行: 南方日报出版社
地　　址: 广州市广州大道中 289 号
电　　话: 020-83000502
经　　销: 全国新华书店
印　　刷: 北京中印联印务有限公司
开　　本: 720mm × 1000mm 1/16
印　　张: 19.5
字　　数: 300 千字
版　　次: 2011 年 11 月第 1 版　2011 年 11 月第 1 次印刷
定　　价: 35.80 元

《南方周末》二十五年文丛
编辑委员会

目录

CONTENTS

第贰辑　特殊的群体

第叁辑　裸露的乡村

第肆辑　苦涩的课堂

第伍辑 教育的重轭

总序
GENERAI PREFACE

不死的理想随书页飞扬

■ 向熹

“有可以不说的真话，决不说假话。”岭南老报人的一句话，被一张报纸拿来实践了25年。

话没有什么稀奇，类似的话，康德早说过；意思没有什么稀奇，蒙学阶段就在灌输；修辞没有什么稀奇，比起“知其不可而为之”、“先天下之忧而忧，后天下之乐而乐”显得朴素。

然而，以之为圭臬，却成就了一张报纸的气象。

有人说，是特殊的时代成就了说真话的《南方周末》，此话可能只说对了一半。《南方周末》确要感谢这个奇迹般的时代提供的丰富机会。从民国时期的“厚黑学”到当代的“潜规则”，学者都在阐述对历史的理解，说真话需要足够的勇气。今天，更显真话的珍贵。

真正成就《南方周末》的是一份朴素的信念：相信未来，并着手创造未来；珍视真善美，并着手护持真善美。

真正成就《南方周末》的是一种咄咄的坚持：扎根中国，深入人民；放眼世界，纯粹新闻。

这是理想主义者的执著。其中并没有多少创造，这样的理想主义，不过是中国千年不易的知识分子情怀与操守；这样的理想主义，不过是启蒙时代以来，人类的优秀分子共同的价值与行为取向。

但就是秉承这样的理想，使《南方周末》从“服务改革、激浊扬清”到“让无力者有力，让悲观者前行”，从“深入成就深度”、“记录时代进程”到“在这里，读懂中国”，25年一路走来，几代报人，薪火相传。成功时有泪水，风雨中常微笑。

由此，在《南方周末》创刊25周年时，我们出版这套丛书，并不是觉得《南方周末》做了什么惊天动地的事，并不是《南方周末》有树碑立传的需要。我们只是想通过结集的形式，持续地告诉爱她或恨她的人们，如她那样坚持，在任何时代，都能有这样的成绩；持续地告诉爱她或恨她的人们，不要怀疑历史终将进步，赤诚的新闻人只需着力于本分。

这套丛书里有《南方周末》已刊篇章的选集，有《南方周末》新闻业务经验的总结。所有这些，不过是一些报人工作的累积，但因它们的诚实而显得有价值，因它们记录了一个奇迹般的时代而显得有价值，因它们背后对家国责任的担当而显得有价值。

当然，就爱报纸如生命的我们而言，以书的形式留存篇章，也是不希望这些作品速朽，但从不冀望它们如在《南方周末》上刊登时引起的轰动。于我们，翻阅这套丛书，可以小小陶醉一下：没有辜负时间的厚爱，生于这个年代，并忠实地做了一名记录者。

如你不弃，翻开它们，墨香氤氲中或能感觉到我们的存在，但不会强烈，如一首诗“浑然不觉的黄色花 / 从很深的日月里开放了 /……我把什么留在这里 / 除了步履 / 就是微笑 / 在苍茫的风中 / 闪烁不息”。

只有不死的理想随书页飞扬……

2009年12月1日于穗—京航班上

PREFACE 序

带有温度的文字

■ 李红平

转眼十年了。在2000年的秋天，当我第一次来到南方周末编辑部时，最大的震撼，是法治与调查版编辑方三文的桌子，准确地说是桌边。一排主要由特快专递构成的信件，从地板上一直往上堆，几乎要超过了桌上电脑的高度而摇摇欲坠。据方三文说，这还是每隔一两个月清理一次的结果。

信件来自南方周末遍布全国各地的读者。他们，或者遭受了罕见的司法不公，或者因医疗事故而倾家荡产，或者自家房屋被野蛮拆迁、土地被粗暴掠夺，或者因矿难火灾得不到合理赔偿而不断上访……来信往往夹杂着厚厚的一叠材料，我印象中最常见的是两类材料：一类是起诉书、判决书、医疗鉴定报告等文书文件；另一类，则是盖着密密麻麻多达几十人甚至上百人手印的证明材料，初看触目惊心，后来看多了，不由也变得麻木。

他们，被称为这个社会的底层。

他们的来信，大多带有鲜明的时代特点。比如2000年前后的来信，大多集中于司法腐败、冤案、冤狱，而2003年之后的来信，则多为野蛮征地拆迁与医疗事故。而且呈现一个明显的规律，一旦《南方周末》对某类事件进行了报道，与此类似的来信和材料就会明显增多。尽管从媒体的角度来看正相反：求新求奇的媒体属性决定了某类事件报道后，在相当长时间内，一般都不会碰同类题材。所以，带给编辑部的，往往只能是一声叹息。

长期阅读和分析这些来信，无疑是一件痛苦的事情。苦难太多了，以至于只有苦难的量级不断提升，才能重新刺激到编辑们的神经。所以，真正能被采用的读者来信，注定是少之又少。大多数来信，只能在堆积一段时间后，被默默清理到空间更大的资料室，最后可能由于空间限制而不知去向。而且，像方三文和我这类编辑，是铁打的营盘流水的兵，来来往往早已换了多少轮了，唯有接热线电话的新闻部行政助理唐敏一待十年，在那里接一个又一个查询来信结果的电话，一遍遍地向他们解释，而且永远是那么有耐心。

当然，总会有一些来信引起了编辑们的关注，尤其是在互联网方兴未艾的21世纪头几年。于是，这些来信便被编辑们交到了记者手里。本书中的不少篇目，应该都由此而生。而在相当长一段时间里，南方周末记者有一个共同的脸谱：大多出生于县城（含县城）以下的区域，受过良好的高等教育，渴望凭自己微薄的力量来改变这个社会。换言之，他们大多相当接近底层，甚至于本身就是底层。我一度以为这是中国特色，后来读写《纽约时报》的一本书才知道其他地方大体也差不多。新闻业从总体来讲，还是需要有一丝愤激的一个行业，确实不适合出身高贵者或者说他们也不屑于从事这样的行业。

正是因为由这些接近底层的人来写底层的人和事，所以他们的文字往往才能更带着理解与同情，带着温度。因为他们其实是在写自己身边的父老乡亲、兄弟姐妹。所以，时隔多年以后重读，相信你依然还会涌起一丝的触动和感慨。在这样一个阶层分化、利益至上的时代，还是得有人为这些底层人的生存现状、为他们的苦痛与权利鼓与呼。在一个制度尚未健全、权利尚未获充分保障的社会，从某种程度上说，人人都有可能成为弱势群体，成为底层人。所以，表面上是在为他们鼓与呼，其实是在为你自己，为你可能的明天。

于2009年冬

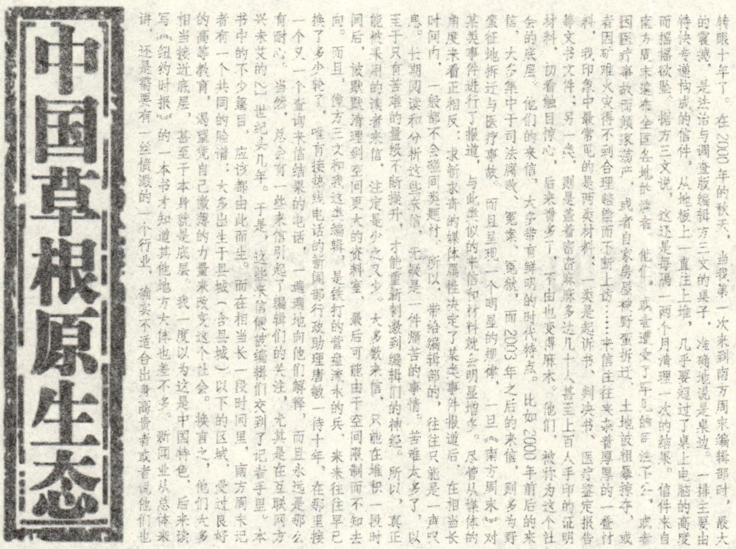

第壹辑

城市的背影

29 个农民的一次生死之旅

■ 余刘文

江西省婺源县的29位农民，为一次组织不成功的劳务输出付出了惨重的代价，这只是类似事件中一个极端的例子。

外出务工，已成为农民改善生活、增加现金收入、摆脱贫困最主要的途径之一，但是，文化程度低，对外部世界缺乏了解，城乡之间严重的信息不对称，使得外出打工之路显得艰险异常。为找工作四处碰壁，几乎是每个打工者都有的经历；上当受骗、花尽盘缠、流落异乡街头，也不是什么稀罕事。

谁来帮助他们

2000 年 6 月 14 日。

江西省婺源县溆溪乡东山村。

一份在村里少数人手中秘密传阅的去海南造林的招工表，突然激起了 30 岁的程德富远行的欲望。这是有理由的。程德富说："我 9 年没出过远门了，这是最难得的一个机会。招工表上说，月工资最低 800 元，最高 1500 元，我是奔着这 1500 元去的。而且，招工表上还有我们这里老县委书记的名字。"

6 月 16 日，程德富和其他 28 位乡亲出发了。

但是，6 月 27 日，他们又集体返回了家乡，而且，其中的 27 人已经染上了疟疾，在以后的治疗过程中，他们中的6人做了脾切除术，1人死亡。

此外，还有5个同样被招去海南造林的婺源民工，因感染疟疾，死在了返乡途中。

梦魇一样的打工之旅彻底地改变了他们的命运。20来个“捡回一条命”的民工至今躺在医院里。

家乡，卖了猪仔上路

以下是当初被秘密传阅的招工表的主要内容：

兹因印度尼西亚金光财团正在海南省大面积营造纸浆林基地，欲招100名造林人员，故通告如下：

一、招工对象：从事过林业生产的18至55岁身体健康的男女劳动力；

二、待遇：包饭，计件报酬，一般劳力平均每月可达800元人民币以上，最高的月工资可达1500元以上；

三、地点：海南省三亚、乐东、东方等地；

四、自带：蚊帐、毯、单衣、水壶、镰刀、锄头、斧头、大刀锯、路费300元。

招工表上盖有上饶地区对外经济协作办的公章。

程德富告诉记者，他就是在同村的程桂旺家里看到这份招工表才打定主意去海南的。

程德富告诉记者，他一家4口，老婆、孩子、母亲，种了3亩1分地，收入不多，基本够吃而已。结婚9年了，他筹备婚事欠下的5000元债还没有还清。“我实在是没有办法了，不出去打工不行了，光守着几亩田，明年儿子读书都会成问题。”

几乎用不着和妻子商量，39岁的程中绪（高中毕业）在得到消息的当天，就将家里唯一的一头猪卖了50元，第二天就匆匆忙忙上路了。“那天我一看到招工表，心里就踏实了，赶快把猪卖了，生怕赶不上这个机会。我猪也贱卖了，你总不能不让我去吧。第二天，我们村 5 个人，按照程桂旺的交待，在家里准备好家伙、行李，等车来接。”谈到打工过程，他说，“这 11 天就像是恐怖电影一样。”

6 月 16 日下午，一辆小货车沿路从潋溪乡的菩蕾圩、安口、圳下、湖村、东山以及梅林乡的王林村陆续“捡人”，满满当当地装了 29 个人朝县城赶。程桂旺（初中文化,42 岁）说：“到了县里,要换大车,因为带路的人我们都不认识，大家有点不放心，我代表他们去找来以前县政府招待所老所长，当面用他的手机给老县委书记打了个电话，老县委书记在电话里说，‘去海南干活是辛苦的，如果吃得了苦就去，吃不了苦就不要去’，他还说，‘去晚了以后就不要人了，在那里的工资是有保障的’，他还是地区协作办的老领导。打完电话，大家就上了去南昌的汽车。”

6 月 17 日早晨到达南昌。一到南昌，每人就交了 35 元钱车费，接着换乘另一辆长途卧铺车，直开海南。6 月 20 日下午，抵达目的地——海南省东方市某山区工地。

程桂旺说：“一到那里，又要我们每人交 200 元车费，大家都有点意外，钱一交都没几个钱了，很紧张。但没有办法，出来了就只好听别人的。我们到的时候，工地的样子实在令人失望，锅灶、住房什么都没有，当时正下暴雨，我们搭棚子用的油布，也是那个接待我们的姓俞的人临时下山去买的，老板原来根本就不准备给我们房子住的，大家的心一下子就冷下来了。”

程桂旺等人到达工地后第三天开始开山造林。江春保（39 岁，小学文化）告诉记者：“接待我们的那个姓俞的人当时指着一片林子对我们说，‘你们今天把这片林子砍掉’，但当我问他砍一亩多少钱时，他就很不耐烦地说，‘不知道，谁带你来的去找谁’。这样的事我们还能做吗？我当时就晓得上当了，但不做不行，回去的钱不够了，我就剩下几块钱。我们当天砍了一天的树，大概砍了 10 来亩，晚上回来自己烧白饭吃，没有菜，点煤油灯，看到这么恶劣的环境大家都很难受，想打个电话回家但找不到电话。”

程桂旺说：“第四天看不到管理人员，姓俞的也没露面，大家觉得没什么希望，所以开始离开那里，走时也不见有人管，因为是凌晨 1 点多钟出发的。我们一直走到天亮才走到公路上，在江边乡拦了一辆班车坐到八所，再从八所转车到了海口，从海口坐船到了海安，已经到了夜晚，大家弹尽粮绝，都睡在路边。这一天，大家只吃了一块钱的香蕉充饥。”

程中绪说：“大家把钱聚起来给程桂旺买了一张到广州的车票，让他去广州找他兄弟借钱救我们回家。我们在海安等他，天天盼他就像等娘一样，还好他回来了，借到了3000块钱，我们二十几个人都回来了。”

6月27日，29个农民终于回到了家乡，等待他们的是即将发作的另一头怪物——“莫名其妙的高烧病”。

回到家乡，“莫名其妙的高烧病”

如果说，这些返乡的农民对那11天的海南之行还有点讲谈的兴味的话，那么对接下来的与病魔搏斗的1个月则只有劫后余生的怆然和沉寂了。这些年轻力壮的农民很不愿意在乡亲面前讲自己的病。

程桂旺说：“我回家第4天开始发高烧，请赤脚医生看了3天，打吊针，用了260多元，但一点效果都没有，烧一点没有退，反而越烧越厉害，后来转到县中医院，不仅打吊针，还用冰降温，治疗4天也不管用，又转到县人民医院，第二天就做了手术，切除了脾脏。住了整整1个月医院，花了1.4万多元。”

10月19日，记者到婺源县人民医院找有关负责人了解到，县医院先后收治了35名这样的病人，其中6个做了脾切除术，当中死亡1个。“这些农民当时病情很严重，主要是拖的时间太长，造成贫血和多脏器的损害，甚至导致休克。”该负责人说，这种“莫名其妙的高烧病”是疟疾。

据县防疫站防疫科的医生介绍，疟疾是比较容易预防的，他说：“这些民工到海南时，当地人给了他们一种预防药，而这些人都以为是迷魂药，吃了以后就回不了家了，非得在当地干几年活才能回去，所以他们把发的预防药都抛掉了。”

介绍人，“每亩地能多给我两块钱”

一条错误的招工信息误导了29个农民，甚至改变了他们的命运，使他们清贫的生活雪上加霜，有的还付出了生命的代价。然而，这一切似乎没有谁来负责。东山村一受害人家属私下告诉记者，他们本来是埋怨程桂旺的，是他带来了这个“害死人的消息”，但这种怨恨又被程桂旺中途不失信用借钱解救的行为消除了，“他毕竟也是上当受骗被别人害了，说到底还是怪不得他”。

程桂旺是怎么获得招工信息的呢？

10月17日，程桂旺带记者到安口村找到了程春生，记者见到他的时候，他正在做早饭，没洗脸，形容憔悴，黄瘦，一副大病初愈的样子。他是记者采访的13个农民中唯一要求看采访证件的人。

“这个线索是程玄康（38岁，高中毕业）告诉我的，他说他也是听别人说的。我很想出去打工，工资这么高就更想去。为了证实此事，程玄康到县劳动局问过，劳动局说没有这回事，他就死心了。与此同时，我也跑到隔壁的菩蕾圩村去打听，菩蕾圩的人说有这回事，还叫我去找县医药公司看门的程老头问一问。我因此就到县里找到了程老头，他说确有其事，并拿出这张招工启事给我看，又让我去找住在农民街一个叫方金洪的人，说他是关键人物。程老头给了我这个人的手机号码。我找了两次才找到方金洪，一个50多岁的老头，据说是从福建退休回来的干部。方金洪又讲，到海南去有这么回事，但我一个人去不行，要找30个人组成一个生产队，还给了我两张招工表。方金洪答应我招到了人去海南造林，每亩多算给我两块钱，算是招工费。”

关于老县委书记签字的事，程春生说：“那是方金洪当着我的面加上去的，还写了他的手机号码。我回来忘记了告诉他们这个情况，大家因此就认为是老县委书记亲自签的字。”

受害人家属，付住院费只能卖房子

10月，村里的男劳力每天都下地去收谷子。汪五弟田里的谷子也熟了，但汪五弟没法去收，她一个人无法完成割禾、打谷、扎秆、搬运、担谷的劳动。因为汪五弟的老公王永根死了。10月17日以来，赶上连绵雨天，地里的谷子一粒一粒地剥落，汪五弟坐在门槛上，抹眼泪。她背后是连片古老的徽式民居，白墙黑瓦烘托着东山村这个年轻的新寡。

王永根（39岁，小学文化）从海南回来感到浑身没劲，妻子汪五弟劝他好好休息几天，他说可能是坐车太久的原因，没有什么了不得的，第二天就上山采茶叶去了。第四天，王永根开始发高烧，因为缺钱，坚持在村里请赤脚医生治疗，拖了4天，转到县人民医院，7月13日做了脾切除手术，但他还是死了，无声无息地躺在妻子怀里。

王永根留给妻子一幢断续盖了12年的新房，1万多元旧债，还有读中学的儿子和读小学的女儿。汪五弟说："还有他住院欠的几千块钱账没结，如果县医院来结账，我只能卖屋了。我最担心的就是这件事。还有儿子上学欠的415元学费，村里做了3个月担保，快到期了，还有女儿飞飞的学费……"

2.5万农民，自发出去打工

据悉，婺源县民工赴海南造林事件发生之后，惊动了一大批领导，当地公安机关介入调查婺源民工赴海南造林事件，明确责任方系上饶地区对外经济协作办。上饶地区对外经济协作办愿承担全部责任，但拿不出钱，有消息说他们向地区有关部门申请解决造林民工患病治病费、死亡抚恤金共63.3万元。

据了解，该经济协作办是首次以这种方式招工，而上饶地区劳动部门的负责人说，对外经济协作办并没有招工的权力。他们之所以盖了公章发了启事，是因为"海南造林的那个老板是上饶人，和经济协作办的人认识"。

婺源县劳动就业管理局负责人告诉记者："全县大致有2.5万个劳动力出省打工，绝大多数民工外出属自发性，自己流出去，带有相当的盲目性。民工外出务工的信息来源主要依靠乡亲口口相传，信息质量不稳定，风险都比较大。"但他又不得不承认，由于机制以及社会原因，现有的职能部门对劳动力市场的规范管理仍感吃力。

受辱救助站之后

■ 赵 凌

自2003年9月在救助站遭遇猥亵至今，严小艾和爱人王建国长期漂泊在广西南宁。在这个伤害了他们的地方，眼泪、下跪、嘶喊和法律，都没有让身心脆弱的严小艾得到精神和医疗上的彻底抚慰。目光决绝、精神失常的严小艾现在只会讲一句话："我没有犯法！"这是她对身外世界的唯一回应。

小便从她的裤腿里流了下来，还伴着血。严小艾全然无觉地被王建国领着，走在回旅馆的路上。一位走在身后的老人看到了，跑上去骂王建国："你看看你老婆都这样了。"

王建国慌忙中买了一些卫生用品。回到宾馆，帮严小艾脱下鞋子，鞋里已被鲜血染红。拿着鞋，王建国难过地蹲在地上。

这是在2004年6月13日的北京市昌平区。距离严小艾在广西南宁市救助站被保安猥亵整整9个月。9个月时间，严小艾已从当初轻度的情绪反应，变成了一个常人眼中不折不扣的精神病人。

显然，严小艾正在自己的世界里，而且那一定是个紧张的世界。她抱紧双腿缩在床上，目光呆滞，对眼前晃动的人影没有感觉。"我没有犯法！我没有犯法！"她嘴里突然发出的清脆声音，在安静的空气里让人不禁会打个冷颤。

受辱救助站

2003年9月，王建国和严小艾来到南宁寻找生机。

他们的理想是在家乡以外的地方开一个卖凉粉的小店。王建国说，在来南宁的火车上，装在严小艾身上仅有的一些钱被偷走了。无奈之下，两人前往南宁市救助站。此前他们早已获知，收容遣送站已经改为救助站，接收遇到生存困境、主动寻求帮助的人。“与以前的收容站比，现在很安全。”两个人这么想。

2003年5月刚刚翻建而成的南宁救助站，从外观上看非常漂亮。救助站为两层小楼，男下女上。严小艾被安排在二楼14号宿舍，同住一室的，一位是海南籍中年妇女，另一位是广西老太太。王建国住在一楼。

事情发生在9月14日深夜，他们来救助站的第五天。

按照救助规定，女性受助人员必须由女性工作人员负责管理，特别是晚上查房。这些规定条款被放大制作后，挂在救助站一面主要的墙上。

同样按照规定，保安不能介入对救助人员的管理，更不能替代管理人员夜间查房。这一切的规定，在当时的南宁救助站似乎形同虚设。时任南宁救助站站长的卓铭佳承认：“按照规定，晚上查房必须由两名值班干部和一名保安一起去，但当晚值班干部疏忽大意，只让保安一个人去了。”

这个叫马兴发的保安，就这样在凌晨时分走进了14号房间。严小艾睡在下铺，保安径直来到她床边。他捂住了严小艾的嘴：“别喊，不然掐死你。”同样的话，丢给了两位惊慌失措的同屋人。对严小艾的身体进行了持续10分钟的摸弄后，保安离开。

惊恐中的严小艾冲到门边想锁上门，却发现门从里面根本锁不上。

过了一会儿，严小艾又听到了上楼的脚步——那个保安又来了。

严小艾挣扎着缩到床角，又被强行拉了出来。她央求：“我已经40岁了，孩子也大了，我男人还在楼下呢，放过我吧！”保安没有被打动，一边说着脏话，一边将手指粗暴地插入严小艾下身。

天亮时分，保安第三次来到房间，以同样方式对严小艾进行了长达半小时的蹂躏。严小艾下身严重出血。

1800元返乡

王建国用头猛烈地撞击房间的铁门，他要求见领导、要求报警——在得知事发的当天早上。下午4时，救助站党委书记李雪华露面。王建国说，当时李雪华态度非常好，恨不得要跪下，对比自己年轻的王建国一声一个“大哥”地叫着。李雪华的态度打动了他们，“你们不要生气，我们一定会处理此事”。

一位副站长这样劝王建国：“手插在里面，不算强奸，别说一次，就是十次八次都不算啥。只要你们不报案，不告诉记者，你们提出的任何要求我们都答应。”

他们被安排至民政局下属的军供大厦住下。进房后王建国看到房间有电话，便答应住下来。救助站提出提供两张次日回陕西的车票和100元途中生活补助。

李雪华对记者说，事发后他一直主张和鼓励王建国报案，但遭到王的拒绝。

王建国说，这是谎言。当时救助站一行人一走，他马上拿起电话报警，电话却打不出去。总台说：“上面有话，你们的房间不能打。”王建国试图上街打电话报案，也被门口保安拦住。一次好不容易跑出去，手刚伸出去拿电话亭的电话筒，就被突然赶来的几个人压倒在地。严小艾也被反扭着送回了宾馆。

2004年改任南宁救助站站长的李雪华否认了这一说法。他说，电话只是没有开通，因为王严二人是救助对象，救助站不能负担其额外电话费用。保安阻拦并非限制自由，也是考虑到两人在广西人生地不熟，只是建议其少出门。

而军供大厦总台工作人员告诉记者，和长途电话不同，市内电话根本无需申请开通，而是自然开通。

王建国说，猥亵事发之后，严小艾开始的表现并不很激烈，就是不说话，光哭。李雪华在接受记者采访时也承认，离开救助站时，严小艾神智清醒。她还说，不要对那个保安处理太狠，他还年轻。

在李雪华和南宁市保安公司经理冯绍淇的劝说下，王建国同意离开南宁，并接受1800元的补偿。其中保安公司提供1000元，救助站给付800元。当时双方保证此事就此了结。

临行前夜，冯经理和其妻子前往军供大厦看望王严二人。听完事情的详细经过后，冯绍淇表现得也很生气。他的妻子在卫生间看过严小艾下身的伤后，抱着严小艾哭了半个小时，说这简直不是人干的事。

当晚，冯经理夫妇到街上买了很多吃的和营养品给严小艾，离开宾馆时已经凌晨一点。王建国说，那一天他心里挺感动，觉得领导能做到这一步也不容易。

9月17日，王建国携严小艾离开了南宁——这个来时带给他们憧憬、走时却伤痕累累的地方。他们走得很心酸，一是直到离开，都不知道那个保安是谁；二是没有机会报案。最让人担心的是严小艾身心俱损，下身持续流血难止，而且她越来越沉默，一天都说不上一句话。

王建国心想，离开南宁过些日子，严小艾应该能好起来。然而未曾预料的是，事情却越来越糟糕，越来越复杂，越来越痛苦和屈辱。

变脸和谎言

严小艾的精神并没有想当然地好转起来。离开南宁后的一个月里，王建国晚上经常被严小艾的尖叫惊醒。严小艾会突然指着门说，门外有人！

王建国难过地意识到，严小艾的精神真的出了问题。

2003年10月17日，王建国和严小艾再度来到南宁。目的只有一个：让救助站赶紧给严小艾看病。

但这一次气氛完全变了，这让王建国始料未及。一张张曾经极度真诚的脸，突然间变得“那么恶”。

在火车站，保安公司经理冯绍淇和王建国见面。冯绍淇说：“你怎么又来了？事情不是已经解决了吗？”王建国说：“严小艾病情加重，给看看病吧。”冯绍淇说：“看病不是我的事。”王建国追问保安的名字，冯绍淇说：“人已经被开除，连档案我都烧了。”王建国气愤难当，说：“你们这样我就去告。”曾经为严小艾的遭遇动情的冯绍淇突然翻脸：“你去告，告诉你阻力大着呢！一、你是外地人；二、这事已经给钱了；三、打官司拖死你。”

王建国六神无主地来到南宁市信访局。信访局接待人员听后感到震惊，让其到公安局报案。10月20日，王建国到南宁市公安局长岗派出所报案，公安受理。当时公安人员诧异：“这么大的事怎么现在才报？”一星期后，公安机关将保安马兴发抓获。20岁的马兴发对所犯事实供认不讳。

10月23日，在南宁市信访局的协调下，救助站书记李雪华和保安公司经理冯绍淇一同来到信访局。严小艾一见到李雪华，突然钻到信访局后面院子的水管下面，惊叫不止，小便失禁。王建国说，就是从那一刻起，严小艾大小便开始失禁至今。

2004年6月16日，改任南宁市救助站站长一职的李雪华也同样描述了当时的场景。他说："一看就是装的，一个精神病还能认出我来？"救助站一位科长也对记者说："严小艾是个40多岁的人了，什么没经历过，那几下子就成了精神病，谁信？"

新华社记者王勉、张周来接到群众举报后，经过调查率先报道此事。新华社的报道发表后，中央有关领导作出批示。

迫于压力，2003年10月24日，救助站终于把严小艾送进南宁第五人民医院（记者注：精神病专科医院）治疗。

入院3天后，新华社记者王勉曾前去探望。他回忆，当时严小艾表情木然，总在说，"我怕，我怕……床边有人站"，说着说着就哭起来。

经过几次专家会诊、专业测试，严小艾被诊断处于重度抑郁状态和中度焦虑状态，心理状态重度异常。随后，南宁市公安局委托广西龙泉山医院对严小艾作精神疾病司法鉴定，结论为：情绪反应，并肯定情绪反应与被猥亵有因果关系。

王建国和新华社记者都表示，入院之初，医院的态度还比较好，也向王建国通报治疗的情况。但到后来，态度起了微妙的变化。

住院不到一个月，医院唐副院长通知王建国，要严小艾出院，理由是病情好转、拖欠医药费——救助站已经拒绝支付医疗费。无奈之下，严小艾于11月24日出院。

2004年6月17日，记者向南宁第五人民医院唐副院长询问严小艾当时的真实诊断。唐副院长做出回忆的表情慢慢地说："严小艾这个事我听说过，但具体情况确实一点都不知道。"

出院后，严小艾转为门诊治疗。医生叮嘱，无论如何不能断药。于是王建国靠从救助站要钱买药。要钱的过程并不容易，严小艾的药物治疗也因此时断时续。

2003年12月18日，严小艾又断药了。王建国给救助站站长卓铭佳打电话，卓铭佳回答："一天两天不吃药不要紧。"之后，严小艾的门诊治疗彻底被迫终止。

12月27日，上海新民周刊记者杨江赴南宁调查。救助站为处理严小艾一事专门聘请的李技江律师告诉他："我们已经安顿好严小艾。"遗憾的是，当时严小艾就在杨江记者身边，已经两顿未食，"她眼中充满恐惧，手里紧紧攥着一块石头"。

三次下跪

为了给严小艾看病，王建国跑遍南宁"所有能找的地方"。这是一个机械枯燥、简单重复的链条，市政府、信访局、妇联、人大、救助站等等，王建国和严小艾像皮球一样，在这个圈子里被来回传递。仅各个部门互相开具的介绍信就是一沓。

所有最终的指向是南宁救助站的上级管理单位——南宁市民政局。而这里成为带给王建国和严小艾屈辱最深的地方。王建国说，他曾三次向民政局局长徐邦兴下跪，最后一次是2004年3月24日。徐邦兴让其离开，王建国不肯，徐邦兴随后拨了110。当派出所人员着警服出现在严小艾面前时，严小艾当即病情发作。她嘶喊而出的就是如今反复说起的那句话："我没有犯法！"

2004年6月17日，徐邦兴以"我并不了解严小艾的事"为由，拒绝接受记者的采访。

此次"110事件"给了严小艾巨大刺激。从那一天起，王建国说受到惊吓的严小艾病情开始真正恶化，他们之间连最简单的交流都不能实现。严小艾从开始的抑郁沉默变得狂躁不安，她抢小卖部的东西，骂脏话，咬人，见人就吐舌头。

2003年12月9日，严小艾作为原告向南宁市新城区法院递交起诉状，要求南宁市民政局、南宁市救助站支付医疗费、生活费等损害赔偿费用。法院不予受理，理由是"起诉人的请求属于单独提起的行政赔偿诉讼，应当以行政机关先行处理为前置条件，根据《民事诉讼法》和《行政诉讼法》的有关规定，起诉人应先行向有关行政机关申请解决，只有对行政机关的处理不服，才可以向人民法院起诉"。

广西华胜律师事务所律师梁标认为，法院不立案的理由说不过去。

第一，严小艾是在救助时受到伤害，接受救助属于民事行为；第二，即使是行政诉讼，其前提也是严小艾在多次向民政局申请解决无果的情况下才提起诉讼的。梁标说，再退一步，即使起诉民政局属于行政诉讼，那至少应该受理起诉救助站的请求。梁标是为严小艾提供法律援助的律师。

走投无路的王建国于2004年3月前往北京上访。他先后到过民政部、最高法院、全国妇联等等。就在他上访北京后一个月，4月14日，南宁市新城区法院突然通知，决定立案。

为何又决定立案？6月16日面对记者的询问，新城区法院立案庭副庭长徐立荣说，反正已经立案，问这个还有什么意思？

也是在4月，王建国听说了保安马兴发被判3年有期徒刑的消息。判决是在2月10日作出的，但并未通知受害人参加庭审。梁标律师感到遗憾，因为这意味着严小艾失去了提出刑事附带民事赔偿的机会。

5月14日，几经艰难波折后，王建国和严小艾终于站在了南宁市新城区法院的法庭上。开庭当日众多媒体记者前往，法院临时决定不公开审理。严小艾的诉讼请求非常简单，要求民政局、救助站、保安服务总公司三被告赔偿人身损害损失14600元并向严道歉。

之前梁标律师向法院提出对严小艾进行精神病鉴定申请。但因无力承担鉴定费用，最终无奈放弃。

三被告的法庭答辩理由非常一致，将责任全部指向保安马兴发，认为这是其个人行为而非职务行为。救助站还认为，“原告以自己得精神病为由无理取闹，完全是为达到其不良目的”。

颠沛流离的日子

在南宁讨要说法的漫长时间，是他们风餐露宿的苦难漂泊。他们在寒冬穿着单薄衣服露宿过街头；在垃圾箱里寻找食物；被民政局安排住在偏远的监狱附近的旅馆，整幢楼就他们的房间亮着灯；因没钱坐车到市区上访，从早上7点走到中午。

火车站附近的菜市场里，问起严小艾几乎每个摊主都知道。他们记得这两人蹲在地上剥丢掉的烂芒果吃，两个人的手全是黄的。

颠沛流离的日子让严小艾病情严重恶化。南国早报记者曾见到站在新城区法院门口的严小艾逢人就礼貌地鞠躬：“阿姨好！叔叔好！”

严小艾有时候会因饿而发病。一次她看到了卖烤羊肉的，说要“吃肉肉”，王建国当时身无分文。严小艾突然暴躁起来，狠狠咬住王建国右小臂，血一下就流了出来。卖烤羊肉的人当时被吓呆了，慌忙送给他们几串。

很多南宁市民给了他们帮助。一个女记者大雨天从报社追出来塞钱给他们，第五人民医院的护士给他们买饭吃，信访局门前其他上访的人纷纷解囊三块五块地给他们。最让王建国感动的是，家乡陕西铜川民政局托人带给他们1000块钱，说“你们在外面受苦了”。

5月24日，新城区法院作出一审判决：由南宁市救助站、南宁市保安服务总公司新城分公司预付严小艾医疗费1000元。南宁市民政局不承担责任。

独立主审法官王志坚对记者说，也只能这么判了。至于所谓预付，王志坚解释，就是先付1000元，如果严小艾在继续治疗过程中费用超出这一数目，可以再提起诉讼索要。

王志坚进一步解释，这个判决和严小艾是不是精神病没有关系。因为原告没有提出精神损害赔偿，也没有提供严小艾患精神病的依据。

梁标律师对这一解释也表示认同。他说，当初没有提精神损害赔偿就是因为当事人没钱做精神病鉴定。

王建国和严小艾再度来京寻求法律援助。目前由中国政法大学部分学生接济生活，并帮助募集钱款治病。8000元的住院治疗费对很多人来说都并非易事，几个年轻的大学生焦头烂额，但仍在作最后努力。这些未来将从事法律工作的学子，为严小艾起草上诉状，提出100万元的精神损害赔偿请求。

6月21日下午6时的北京昌平，王建国如同领着孩子一样牵着严小艾的手。他们依然在等待消息。王建国俯身问严小艾：“肚肚饿不？”“我没有犯法！”严小艾这样回答了他。

被踩踏者李红霞的短暂人生

■ 陈 红 苏 岭

在人潮汹涌的广州火车站，湖北籍打工妹李红霞，成为几百万名春运返乡者中，唯一一个因踩踏致死的人。对于提心吊胆的地方政府来说，这或许已属幸运甚至于奇迹。但对这名17岁的少女来说，却是失去了全部。她死后，有人将她归列为雪灾死难者，但在相对温暖的广州，她却至死没看到一片雪花。

他们为何要远离自己的土地？他们为何要像候鸟一样每至年关"死也要回家"？这名少女的短暂人生，为当下中国城乡二元体制提供了一个小小的缩影。

她想回家

她想回家，但那意味着必须先越过20万名拥挤的人潮以及近万名军警组成的多道防线。2008年2月1日，距离在这个国家已延续千年的农历春节还有5天，阴雨蒙蒙的广州火车站此时几乎是这个星球上人口密度最大的地方。一清早就来到车站的李红霞艰难地寸进着，面对人潮，车票更像是一张废纸。十多个小时后，红霞们似乎离车站越来越远。

又几个小时后，晚上8点，李红霞距离满载自己希望的列车更远了，因为开车时间已过。再过了一个小时，李红霞被盲从、汹涌的人潮踩在了脚下再也无法发出任何声音，正如她和她的农民工同伴们一直以来所表现的那样，辛苦而沉默。

作为中国对外开放的前沿，珠三角一向是这个国家的经济明星，巨大的地区经济差异持续吸引着上千万名打工者汇聚到这里，在为它创造着海量财富的同时，也以涓涓细流向中西北部各省汇寄着以千亿元计的劳务收入，支撑着相对单一的农村经济。

正是像红霞这样数以亿计的中国农民工，组成了地球上最大的制造车间，也正因他们的巨量与低价，造就了 made in China 这个品牌长久以来物美价廉的形象，他们撑起了中国持续多年高速增长的 GDP 数字，供养着世界上最多的人口，却很少有什么远大理想。带着一沓钞票回家过年，可能是绝大多数劳动者核心的期望所在，红霞也不例外。然而，李红霞最终带给家里的，却是一个迄今为止仍然保密的赔偿数字。

证明自己

出来打工的第一年，少女红霞希望回家过年的那份情感焦急而又纯真，"她走的前一天晚上还在不停跟我叨叨，"同在广州打工的大哥李应龙说，"她说回到家要先给奶奶 100 元，外婆 100 元……"

湖北南部的部分县市紧邻长江，以江水和大堤与湖南为界。李红霞家所在的村落——湖北监利县白螺镇薛桥村，就位于长江大堤一侧几十米，距离监利县城有近 4 个小时车程，如果想就近到镇上，则要沿着大堤走上 15 公里才能看见公路。

李家除了一台 21 英寸的电视机以外，就看不到什么能用的电器了，房子是当年借债盖的一幢有三间半屋子的平房，而数年之前，一家 7 口仅住在一间茅草屋里。1992 年，李红霞父亲李少华开手扶拖拉机出了车祸，胸椎粉碎性骨折，做了次大手术。他欠了大笔债务，再干不了重活，家中生计全担在妻子一人身上。李家至此掉入了贫困的深渊。

李红霞能够在这里长大完全是机缘巧合。在其父李少华心中，可能没什么事情比传宗接代更为重要了，当他的长子一出生就被发现是唇颚裂后，他立即选择要二胎，可惜的是次子后天患上病毒性脑膜炎成了智障患者，因此之后才有了李红霞这个丫头，最后当这个家庭诞生第四个婴儿时，终于欣喜地等来了他们想要的身体完全健康的男孩，以及因此而来的计划生育罚款。

随之，这个家庭越来越陷入窘境，当年幼的李红霞也患上病毒性脑膜炎时，所有人都几乎绝望了。“镇上的医院在老二得病时就误诊了，说是肺炎，”李少华斜眼扫了一下坐在一旁傻笑的老二，说，“老三得病还说是肺炎，我就带她过江去岳阳城里的医院看，人家确诊是脑膜炎，一针就好，比在镇上花钱都少，要不然也养活不到现在。”

当老大没钱念书、老二念不了书后，李家把红霞和小儿子都送入了学校，这是在这个小乡村里少有的能够改变命运的一条路。但显然，不论是学校还是家里，都并不认为红霞适合走这条路，而年年在学校考第一的小儿子则被全家寄予了厚望，甚至连学校都对两个孩子分别看待。所有人甚至校长都认为李家的小儿子能考上大学，而红霞不过是个庸才。

按照李少华的说法，有一天红霞回到家中对他说，学校老师说的话让她非常气恼，她不想上这个学了。李少华说：“她说老师当着全班的面讲，有些人花着父母的钱书也念不好，浪费，不如尽早出去赚钱。她心里很不舒服。”

而后，红霞在初二时就辍学了，16 岁的她待在家里帮忙，对此，李少华内心复杂。“他们都不会干农活。”他说。

对大多数这里的孩子来说，大学是个幻想，九年义务教育更像一个任务，当任务结束，幻想破灭，他们就会奔向四面八方，真正开始他们的人生，找一份与他们祖辈不同、拿工资的简单工作，每月寄钱，春节回家，结婚生子，生老病死。

上大学当然好，可惜在此之前，类似红霞和她弟弟这样的孩子必须通过严格的遴选，以及并非九年义务教育的柘木镇高中每年万元的学费考验，这笔钱大约相当于李家全年收入的一半。如果他们愿意为了未来赌这一把的话，最后一关他们将面对一个比一江之隔的岳阳城里孩子高得多的高考分数线。

红霞曾经就读的官薛中学校长夏齐民说，这里每年的初中毕业生大约不到一半能够升入高中，这已经比之前高出很多，而据他所知，这一半能够升入高中的学生里大约又有 1/5 能够考进本科学校。也就是说，初中到大学之路只有

1/10 的孩子能够走下来，成本很高。“因此大多数人一毕业就选择打工。”夏校长说。

当然，收获与风险成正比，可能的城市户口以及固定的收入，还是对很多农村家庭产生诱惑。也有人想到了变通的方法，红霞的表弟一家就全家都到江对面的岳阳市打工，还走门路花了 3000 元钱，给表弟买了一个城市户口，这在当地成为美谈。

中国的城乡二元户籍制度像堡垒一样坚固，却也并非铁板一块，而作为一个农民能够变身成为城市人，“即便是吃低保都是不一样的”，村里人说。这个村像红霞二哥这样的残疾人每年能享受低保待遇，但一年只有 60 块钱。

出门远行

按照中南财经政法大学教授赵曼调查湖北省农村的结果，国家没有给予农民工（或农民）与城市职工相同的社会保障待遇，原因就在于国家认为给予土地使用权，土地作为生产要素，其利用自身的产出能力以及土地流转承包价值能够给予生存保障。但这种保障是脆弱的。

李家就显然面临了困境，当红霞辍学超过半年，作出一个决定成为必然——去广州打工。母亲栗碧凤说，最初红霞不肯，但周围的邻居劝说：“你看你两个哥哥这样……你出去打工，起码可以养活自己。”于是，她同意了。

父亲李少华却有另外一种说法，他说女儿红霞是自愿去打工的，他不想女儿走，女儿是瞒着他被母亲放走的。不过，不论当时是怎样的境况，对于现在躺在自家麦田里的红霞来说，都已毫无意义。

母亲栗碧凤还记得当时送红霞到柏油路边，她看到红霞在强颜欢笑，就叫她不要笑，吓唬她说，回头想家有哭的时候。一言成谶，但最终哭的不是女儿。

2007 年初来广州后，李红霞在番禺南村镇某厂干了五个月。姑父赵四川在番禺石北工业区的彩龙表面处理厂当保安队长，打摩的到南村约 20 分钟。得知她想家后，五月初五，赵四川接她到自己这边玩，叫上老乡张新平和另一保安，四个人一起到附近的农庄钓虾。那是李红霞在广州唯一一次出门玩耍，很开心。“虾没钓起几只，烧烤吃，很香。”张新平比划着虾的大小，哀伤的脸重现欢愉。

在李红霞的恳求下，四天后，赵四川接她到彩龙厂上班。彩龙厂做塑胶表面处理，作业声音吵，而李红霞喜欢安静。不久，赵四川便把她送去明珠星钟表有限公司。

明珠星钟表有限公司是全球最大的石英钟生产企业，年销售额近 3800 万美元，年产石英钟 6000 万只以上，是个标准意义上的中国外贸出口企业。

明珠星钟表有限公司创始人刘锦成同样出身于监利县柘木镇农村，由于考上大学，成功跃过龙门，人生轨迹与他的诸多同乡迥异。1988 年，刘锦成从武汉大学国际法系毕业后被分配到广州工作。后来下海，他创办的公司逐步发展成为中国内地最大的钟表企业。

据员工所说，尽管他的企业远在广东，但十年前，企业里绝大部分员工都是监利人，迄今，监利人仍有 1/3 强。

红霞在这里的机芯生产线上干活，是无尘车间，每天工作八个小时，底薪加计件收入，她每月只能挣八九百块钱。

即使如此，类似红霞这样外出务工的农村剩余劳动力，仍然为其户籍所在省份带来巨额的回报。按照湖北省劳动保障厅的统计，仅在 2007 年，湖北省由劳务输出转移创造的收入就高达 130 亿元，而全省第一产业增加值（农林牧渔业）才 1400 余亿元，而这还仅仅是通过银行汇款渠道得出的统计数字。

在红霞的工厂里，由于是计件工资，红霞以及和她一个班组的伙伴必须拼命加快速度才有可能得到她们想要的额外报酬，这种绩效体系让红霞这样的工人自觉自愿付出大量的劳动，但即使如此，红霞的收入仍旧不会有质的飞跃，因为她只是个普工。

同在广州打工的大哥李应龙每天下班回到住处——他与妹妹红霞、姑父赵四川住在同一间宿舍里——主要一项生活内容就是听妹妹唠叨今天她们班组又完成了几万件，自己又干了多少千件活。“她每次都记得很清楚。”他说。

湖北省劳动就业管理局农村就业指导处处长李湘泉认为，在 2007 年全年湖北向外转移输出的 1000 万名农村劳动力中，大部分没有什么技能，只能从事技术含量低、收入微薄、重复性的体力工作，这种情况在湖北省总共 2140 万名农村劳动力中非常普遍。

自从来到广州，红霞就变成了工人红霞，她还来不及适应这里的所有一切，生产线上的同事全是乡下来的年轻女工，很多人是监利同乡，可也有很多人放纵自己，有些甚至白天当线工，晚上到酒店做另外的工作。粗话、下流话，随时从那些十七八岁的女孩口中冒出，李红霞对姑父说她不喜欢听，干脆就不跟同事说话。因此她的朋友很少。在这里，她唯一的目的就是赚钱，然后回家。

李红霞每月的收入中，自己只留 100 块，其余都由姑父赵四川帮她攒着。

赵四川时常也很想回家，比起红霞仅仅打工一年，赵在广东已经 11 年，“没有任何保障，老板随时可以让你去结工资”，房子也只能回到家里去盖，还因此借债 10 万元。但红霞还没有体会到她姑父的这种艰辛，对于 17 岁的她来讲，回家还是个简单的幸福，而直到惨剧发生前的一个小时，她仍然全心盼望着这段幸福之旅。

2008 年 2 月 1 日晚上 7 点，她不忘在电话里对家里说：“等我挤上火车再给你们电话……”

不归路

大哥李应龙说，红霞走的前一天他加班到很晚，早晨还在补觉，红霞蹑手蹑脚走掉了，但他知道她走了。他觉得自己这一年没怎么赚到钱，不好意思回家去，就任妹妹和其他老乡一起走掉了。

在这之前，因雪灾造成的春运断流已经达到了高潮。李红霞原来买的是 1 月 30 日到岳阳的票。到岳阳后，坐 22 路公共车，十来分钟后到城陵矶。再乘船，40 分钟后到监利县观音洲。最后打 10 块钱摩的，15 分钟后到家。

1 月 29 日，广铁集团广州站票务人员来到明珠星集团，退了 500 多张节前和节后往返团体票。李红霞也退了票。后来，听说铁路又通了，她就说她想回家，赵四川从准备退票的同乡手中，原价买了张 2 月 1 日晚 8 点的票给了她，安排远房表侄曾祥均和她一道走。

虽然挤了一天时间，但到了原订的开车时间，李红霞仍然在火车站广场外围的人海中。晚上 9 点，人潮突然汹涌，李红霞被旁人的行李包带绊倒，曾祥均赶紧弯腰去拉表妹，却也被人踩倒。幸运的是，他腹部压着一个箱子，帮他担负了大部分踩压之力，而身穿黑色外套的红霞却直到人潮稍微散开才得以被发现及实施救治。

被发现时，她的头发又脏又纠结，耳朵和眼睛全是血，一股血从鼻腔一直挂到嘴角，嘴唇紧抿，两处颧骨呈死血色。

包还在，临行前赵四川给她的800块也还在。手机被踩烂了。那是赵四川用过的旧手机，这一天他都没能打通。还有一只彩色小塑料管，烂不成形，可能是荧光棒。

红霞的死让远在千里之外的家人无法接受，二叔、父亲先后赶到广州，但他们能够知道的只是广州陆军总医院出具的胸伤和肾脏破裂的死亡原因，随后是火化，赔偿、抚恤，3天后，李家捧着骨灰、死亡证明、赔偿金返回了家乡。

对于李家来说，除了红霞的身份证，就再没有什么东西可以用来怀念早夭的女儿。红霞几乎没拍过照片，她少有的几张照片只存在赵四川的手机里。今年元旦，他新买回带摄像功能的手机，给正在看书的红霞拍了一张照片，那是个微笑的侧脸。

按照这个村庄的规矩，有青年人早夭，丧事不可以大办，李家甚至没有将这件事通知太多的亲属。直至如今，附近很多人还都没有听说过这件事情，一切好似往常一般，没有什么改变，只不过这个村庄的田地中央隆起了一个新的坟冢。

孙武胜的一天和十年

——从被欠薪的包工头到依法维权的“讨薪客”

■ 何海宁

他挎上皮包走出门，几个人一溜跟在后面，好似一支出征的军队。

“时势造英雄”这句话用在孙武胜身上似乎恰如其分。这名“英雄”现在每天做的事就是马不停蹄地为农民工讨薪。

2006年1月11日，西安市友谊路一栋不起眼的办公楼内。还不到8点，46岁的孙武胜已经出现在以自己的名字命名的维权工作室内。

没有工作人员，也没有来访者，这是这个房间一天中最安静的时刻。不过，这样的安静持续不了多久。

时针指向9点的时候，这18平方米的空间里已满是刺鼻的汗渍味和烟雾，5名工作人员都站着，所有可以坐的地方都坐着人，地上鞋印斑驳。又冷又硬的沙发上紧挨着6个人，12只鞋规矩地缩在沙发边，有沾满泥巴的皮靴、破旧的解放鞋、黑色的女式尖头鞋……鞋的主人表情出奇地一致：期盼、泛着笑容，所有的视线挤过人缝，聚拢在缩在工作室一角的孙武胜身上。

孙武胜半低着头，露出只有一撮头发遮盖的大脑门，他安静地听着来访者的诉说，偶尔翻看一些资料，或者微微抬起头，闪烁着两只像老鹰一样的眼睛。

“有10个孙武胜都不够用。”沙发上传来这样一句感慨。自从2004年5月这间工作室成立以来，因欠薪、工伤以及各类纠纷而上门的来访者踏破了门槛，特别是年末两三个月，来访者把工作人员都挤出了工作室。

孙武胜突然站起身来整理桌上的材料，他把东西都装进皮包里，对坐在沙发上的人说："张新年、陈佳林在哪咧？还有那个谁，赶紧走，上午去办你们的事。"

他挎上皮包走出门，其他人一溜跟在后面，好似一支出征的军队。61岁的张新年腿脚不灵便，蹒跚地跟在最后。

10年前，整个西安城知道孙武胜名字的只有跟随他的一帮乡党（即同乡）。那一年，孙武胜带着14名乡党来到省城，投身热火朝天的建筑业。

在家乡富平县底店乡，孙武胜是公认的"能人"。底店乡曾是有名的"水泥之乡"，生意红火那些年，他是村里仅有的3名推销员之一。孙武胜的弟弟告诉记者："当时能把水泥弄出去，还能把钱拿回来，那可不是一般人能做到的。"

不过，"能人"第一次包工也被拖欠了1万多元，承包的活越多，被拖欠的也就越多。随后的3年，欠账又多了几万元。

"那个时候，农民工被欠薪现象就已经非常普遍，无论在哪里干活，绝对没有不给钱的，但也很少结算得清清楚楚，好的能给70%—80%，差的只有一半。"孙武胜说。

孙武胜没想过去找劳动部门投诉，他经常到公司里面磨嘴皮子，但几次三番也只讨回了7000多元。而乡党也不再跟他客气，他一连4个春节不敢回家。1999年春节，乡党为了向他这个包工头讨要工钱，甚至绑架了他12岁的儿子。

对跟他出来打工的乡党，总是要有一个交待的。但结果就是，当年由于交不起3000多元的学费，孙武胜的儿子被迫辍学。这件事一直让孙武胜感到十分内疚。

一个四川老头自学法律打赢官司的电视报道启发了孙武胜。在看完这个节目后，他开始在西北政法学院旁边的一个书店里自学法律。只有初中文化的孙武胜在谈到这个转变时甚是得意："我这个人的阅历不是一般的初中水平。"

"孙武胜这个人很朴素，也很聪明。唯一的缺陷就是没有文化，但是问题一点就透。"孙武胜工作室的刘雷告诉记者，他的另一个身份是西北政法学院教师。

"学法律的时候手不释卷。你学不透，不会打官司就得请律师，这要花钱。当时咱没有钱，咱学透了就能利用它。"孙武胜的眼睛流露出一丝狡黠。

孙武胜开始打官司的想法很朴素，就是要讨回工钱，使自己能够回家做人。后来一发不可收拾，有农民工找他帮忙他就去了。

10点整，6个人出现在监察总队门口，其中包括工作室劳务信息组组长张海峰，他的另一个身份是某报记者。孙武胜工作室内的工作人员都有双重身份，孙武胜维权没有法律“名分”，每次出去办事，他都会带上一个工作人员，这些工作人员无一例外都是记者。有时候，他们还会提上一台没有充电的摄像机，拎在手上威慑对方。

张新年是一名来自陕西的包工头，他承包了一项大理石矿开采工程，151万元工程款，但完工后发包方只支付了20多万元便杳无音信。陈佳林来自四川，他的情况略有不同，发包方结算了工程款，却一直拖着不发钱。孙武胜想先通过政府部门加以调解。

在监察总队办公室，一名官员认为陈佳林的案件必须找省清欠办（陕西省清理建筑领域拖欠工程款工作领导办公室），因为监察总队没有权限调解劳动争议。

孙武胜安静地听完其中原委，反过来做陈佳林的工作，然后随即拿出张新年的材料，但得到的答复依然是找省清欠办。

一行人随即又赶到省清欠办，不料对于陈佳林的案件，省清欠办的官员告诉他们，今年省清欠办负责追讨工程款，不负责农民工工资，建议他们去找监察总队。不过，对于张新年的案件，清欠办同意帮忙给欠款一方转发一份投诉材料。这已让张新年如获至宝。

“打官司的话这两个案子100%赢，但时间太长了。”

孙武胜摸了一下脑门。孙武胜最得心应手的维权场合是在法庭上。他经常拿出厚厚一沓判决书炫耀：“2004年接了200多个案子，判了175个，输的只有几个。最忙的是4月份，有20天每天都在法院开庭，上午开完下午接着开，除双休日外，只有两天是没有开庭的。”

“孙武胜开始打官司的想法很朴素，就是要讨回工钱，使自己能够回家做人。后来一发不可收拾，有农民工找他帮忙他就去了。”刘雷说。

2001年春天，西北政法学院法律服务中心来了一个乡下人，挎着鼓鼓的黑皮包。当时还是大三学生的刘雷以为又是一个要求诉讼代理的，但是当这个人从皮包里掏出一堆法律书，开口就是一连串的法律术语，却始终没谈具体案情时，刘雷这才意识到，“他不是来寻求帮助，而是在寻求驾驭法律的本领”。

刘雷回忆说，一个星期后，孙武胜就开始写诉讼状。不过，第一次他竟然把公司法定代表人、项目经理、工长和结算的技术员都列为被告，结果当即被立案庭驳回。

前两次官司，孙武胜是为自己打的，都赢了。不仅拿回了被欠的钱，甚至还追加了几千元的利息。还从没有包工头上法庭追讨工钱的，提起这段经历，孙武胜至今还很得意。“我只是想试一下，没想到这一下子把钱拿回来咧。从那时候起，我就感觉到，法律确实是公正的；好好学法律，可以维护自己的合法权益。”

“我很讨厌他这一类人，他讨薪的手段很无赖。”曾经在法庭上输给孙武胜的五建公司法律顾问翟长豫说，“他没有法律知识，真正帮他讨回工钱的是国家法律和社会、政府对农民工的同情。”不过，现在他也被建设单位拖欠工程款拖得焦头烂额，但他斩钉截铁地说不会去找孙武胜：“全市5家建筑公司都不会去找孙武胜。”

对于对手的杯葛，孙武胜却举出韩信遭受胯下之辱的例子，认为正是他们最终成就了他，解释的时候依旧笑容可掬。

孙武胜能打官司的事情通过一个一个的小圈子迅速传开了。此后，孙武胜又以公民代理的方式陆续打赢了七八场小官司。“当时还有侥幸心理，但看到自己在法庭上把对方的专业律师问得哑口无言，我就觉得以后我可以做这一份工作。”

这个草根农民最终没有变成职业律师。但在2003年8月，孙武胜的事情被报道之后，他的手机就常常处于忙碌状态，到他家寻求帮助的人络绎不绝，他的声音也经常是沙哑的。不过，孙武胜自己一直都处于兴奋状态，工作室所有的工作人员都很佩服他这股精力。“他从处理案子中得到的快感是家庭生活、赚钱所不能比拟的，如果看不到别人眼中的感激，他心里的满足感就会减轻，成瘾了。”刘雷说。

面对空荡荡的工作室，孙武胜忽然莫名感到难受。

他想起当年梁山好汉在一场恶斗后，只剩下吴用一个人孤零零回到了山寨。

于是，他掏出手机，逐一给工作人员打电话。

张新年和陈佳林走后，孙武胜又忙着去调解一件工伤纠纷。这是2005年孙武胜工作室的重点。只要是工伤案件，无论多小，他都受理。“一般的律师嫌工伤官司花费时间长，而且没有什么钱赚，但我就是要打抱不平。”

郑时印早早就来到一家粮油厂门口等孙武胜。一次工伤几乎让他身无分文，现在家里老人病了，媳妇催他赶紧回家。他拿不出路费，只想向厂里要点务工费赶紧回去。

孙武胜的调解并不顺利，包工头和厂方互相推诿，孙武胜连郑时印的劳务关系都没法问清楚。最后厂方推托负责人不在，让孙武胜下午再来。

临走时，一名工作人员随口问了一句："你是干啥的？"孙武胜的回答断断续续："我是专门给农民工维权的。""哦，那你找包工头吧。"

孙武胜和工作人员外出办案最害怕对方刨根问底，因为，工作室没有法律上的“维权名分”，随时可能被取缔。2004年5月，孙武胜维权工作室几经波折才挂靠在市劳动局下面一家营利性劳动服务中心，虽然每月要交纳管理费1000元，不过总算能在办案时掏出一张介绍信来表示一下。

孙武胜的另一个担心是经费，工作室启动时，连工资、房租和管理费都拿不出来。幸好他身边已经围拢了一帮年轻记者和政法院校学生，他们中大部分人把这里看成了实现自身社会价值的平台。

不过，工作室开会时也经常会为收不收费的事情吵架，但孙武胜工作室至今仍然坚持只收几百元的办案费用，作为路费、通信费等，对于工伤更是分文不收。“孙主任是名人，有很多眼睛在盯着，不仅有民工的眼睛，还有司法机关的眼睛，他不能收费。”一名工作人员如此解释。

2005年，工作室的财务状况由于慈善基金引入终于得到缓解。孙武胜和他的工作人员领到工作室成立以来的第一笔工资。在拿到当月的工资信封后，孙武胜背过身，用毛巾捂住脸，无声地淌着眼泪。“我心里很内疚，干得这么累，还不能给大家发工资，还要别人来帮助。”

2005年5月招聘了一批大学生。在第一次给大学生发工资时，孙武胜又哭了："当初我给没有文化的农民发工资，今天能给这帮大学生发工资咧，心里高兴。"

他的内心深处一直隐藏着一股悲凉："以前女人要缠脚，就产生了缠脚布。现在女人不缠脚了，就没有缠脚布。过去社会平稳地发展，不会产生农民工群体。

可是现在，当真正为社会流了汗、出了力的人却拿不到血汗钱，就应该有人来保护他们。我这个人的出现，恰好弥补了这一点。”

孙武胜告诉记者，2004年除夕那天，工作室还来了4名农民工，有一名进门后趴在桌子上就哭。最后，是孙武胜自己拿出1000元打发他们回家过年。人走后，孙武胜面对空荡荡的工作室，忽然莫名感到难受。他想起当年梁山好汉在一场恶斗后，只剩下吴用一个人孤零零回到了山寨。于是，他掏出手机，逐一给工作人员打电话，祝福他们过一个好年。

他每天除了第一件事和最后一件事能够按照计划外，其他事情都是在无序的状态下行进。刘雷等人宛如在拉着一头倔强的老黄牛，让他按照既定的方向耕种。

下午1点，孙武胜回到工作室，面带疲惫。还有6个来访者在那里等着。吃面时，他解答了两个案件，接听了3个电话。即使去洗手间，也有两个来访者跟在他身后不停地问。

下午2点45分，孙武胜又要出门了。他要去上午去过的那个粮油厂，还要去处理一件十分棘手的案子。

去的路上，由于投诉人指错了路，工作室的司机突然发起火来。工作人员摆卫军告诉记者，在工作室待久了的人几乎都有一种令人窒息的焦虑感。“有时候会莫名其妙地发脾气，这也是为底层的生活现状打抱不平的一种方式。”

下午的调解并不顺利，粮油厂的负责人“依然不在”，而那件棘手的案件也被证明果然棘手。正在这时，工作室来电话说，有一个工伤求助，孙武胜于是决定立刻赶过去，但等待孙武胜的依然是不顺利。这明显影响了车上的气氛，孙武胜迷迷糊糊地睡着了，直到下车也没有缓过神来。

回到工作室，有两个从河北曲阳专程过来的人正坐在沙发上等待。孙武胜立刻精神了起来，他满脸笑容地和他们握手、寒暄，然后像小孩子一样趴在墙上的中国地图上查找“曲阳”。讲完案件后，临走时来访者不住地叹气：“来这里就像回到家一样，至少有个人热情地接待我了。”

2005年是孙武胜维权工作室非常重要的一年。孙武胜不再着眼于个案，而是更加注重群体性的纠纷，注重工伤案件。他还两次走进校园，给大学生讲述他的故事。

这一年，他起草了一份《农民工进城务工工资保障条例（建议稿）》，准备递送政府部门，希望能够唤起相关立法。另外，工作室也正在进行一个涉及两万名农民工的社会调查，目前已经完成9003份。

这主要是智囊团在背后推动的结果。而他自己则更喜欢有挑战性的个案，更喜欢面对财大气粗的大公司。

“孙武胜存在着个人英雄主义情结。他喜欢斗，对方越有背景他越有兴趣。有些案子没有普遍适用性，但是他觉得打赢越特殊的案子越有荣耀。”刘雷说。

孙武胜最敬佩的人物是毛泽东。他的大脑门里装了两样东西，一是民事诉讼方面的法律条文，二是中国共产党的长征故事和古代侠义、谋略故事。他觉得长征之所以能够成功，是因为中共领导善于团结同志的缘故；他又从《三国演义》中得出以弱胜强、以少胜多的哲学道理。

他在钻研如何团结一群人走向胜利，他也意识到自身的不足，尝试着互补长短，但实际上他除了每天第一件事和最后一件事能够按照计划外，其他事情都是在无序的状态下行进。刘雷等人宛如在拉着一头倔强的老黄牛，让他按照既定的方向耕种。

刘雷等人希望能够借助媒体光环笼罩下的孙武胜品牌打造出一个全国性的普法平台。目前已经有石家庄、兰州和郑州等农民工大量涌入的城市的法制类媒体邀请孙武胜举办维权分站。孙武胜很兴奋，唯一遗憾的是缺乏经费。

可能孙武胜没有意识到，这一年他开始变成农民工讨薪过激行为的调解人，或者是农民工开始用一些过激行为来吸引孙武胜的介入了。

2005年12月6日，100多名农民工举着横幅在省政府门口讨薪。两名农民工代表来到工作室寻找孙武胜，要他赶紧过去稳定局面。孙武胜一到信访办，很多政府官员都跟他打招呼，还给他搬过来一张椅子。他坐下后才发现原来其他人都站着。“我的身份比别人都低咧，很尴尬。”后来，孙武胜这样说。

“农民工讲不出来的话，我能够代表他们讲。”孙武胜心里很踏实，知道农民工们都很信任他。

越接近年关，欠薪越是难讨。孙武胜这几天不停接到电话，说哪里又有农民工要堵路了，希望他赶紧过来帮忙调解。他接到信息后就像救火员一样赶了过去。

春节前来访者似乎比上一年少了，周末有时候只剩下工作人员。西安市在2003年开始成立了解决拖欠农民工工资投诉中心，专门受理农民工的欠薪纠纷，2003年帮助农民工讨回1.2亿元工资，2004年为3000多万元，2005年为1600万元。

孙武胜已经开始筹划2006年的大动作，他准备举办农民工夜校，召集农民工群体中文化素质比较高的人参加法律培训。“这估计在全国都是没有的咧。”孙武胜挥着手，就好像已经在讲课一般。

这天快21点的时候，孙武胜才吃晚饭。妻子正在12平方米的出租房里等着他。妻子从老家过来看病，两天后她到医院检查，孙武胜却连一个电话都没有。“到最后还要我打电话向他汇报。”妻子很抱怨。

他在没有暖气的房间里安静地翻看着材料，然后把材料装进皮包，躺在一张农民工送给他的床上准备睡觉。明天还有很多农民工在等着他，还有很多突发纠纷在等着他……

民工第二代的尴尬城市生活

■ 师 欣

4年前，北京社科院学者韩嘉玲针对北京市流动人口子女做了一项调查。其中有这样一个问题，你是哪里人？答案有两个，一是老家人，二是北京人。韩嘉玲说："我后悔当时没有设定第三个选择：不知道。"但收上来的问卷中，有不少孩子在问题旁边画了一杠，另写道：中国人。这个结果令韩嘉玲心酸。"他们从小在城市生活读书，却不能成为城市中的一分子，是制度把他们排挤到城市的边缘。确切地说，应该称呼他们为'城市新市民'。"

20岁的万龙：现在的日子令他不满，未来的日子他很茫然

万龙以卖鱼送货为生。和鱼腥味一起飘来的，是他压抑不住的烦躁。他每天6点30分起床，骑车进货。中午1个小时，骑车给餐厅送鱼。下午4点半到7点，继续骑车给餐厅送货。日日如此，年年如此。"我的生活除了市场就是马路，再有是饭店，没有别的了。"

10年前，万龙的父母瞅着家里的3亩田地年收入还不足1000元，便两手空空地从安徽无为县来北京打拼。开始时卖菜，后来扫大街，有了鱼摊才逐步稳定下来。4年前，万龙没有考上县城高中，便来到北京与父母团聚。起初，他特别兴奋。"每天6点钟就起床，总是第一个来到市场，中午也不休息，一坐就是三四个小时。”后来，他就懒了下来，心也随之烦躁不安。没事的时候，别说在鱼摊坐3个小时，1个小时对他来说都是煎熬。“什么人都没有，就你拿把椅子坐着，受得了吗？我最长只能坐1个小时，超过就心烦。”

万龙转过的地方很少。“北京那些好玩的地方对我没有什么意义。我倒更愿意和朋友在一起。”其实万龙没什么朋友，他交往的人不外乎和鱼摊有关，还有网友。他每次上网都要事先跟对方声明：“我是外地人，你愿意跟我聊吗？”记者与他初次见面后，手机上便出现了“我们可以做个朋友吗？”的短信。以至后面几次交谈中，这句话都像誓言一般，被拿出来问，万龙要得到肯定的答案。

说起北京人，万龙心情复杂。11岁放暑假那年，万龙第一次来北京。谈及对北京的最初印象，他脱口而出：“北京人太霸道，看不起外地人。”这样的印象，以后不断得到印证：“坐公车，你如果碰到外地人，说声对不起就没事儿，要是碰到北京人就没那么简单了。上次我不留神踩了北京人一脚，老说对不起，还是不行。”

3个星期前，父母帮他开创事业，给他新租了一个小鱼摊。但万龙已经开始厌倦卖鱼了。可他还能做什么？到北京的第三年，经朋友介绍，他站在大街上散发电脑学习班的广告，结果只做了3天就拂袖而去。“那太没有意思了，简直是浪费时间。”2004年年初，他又学了点电脑维修组装的基本常识，却从来没修过电脑。

现在万龙希望自己这个小鱼摊能挣点钱，这样年底他就买一台组装的电脑。“如果这鱼摊挣不到钱，明年我就出去打工，打天下。”究竟何为“天下”，他却“说不清楚”。万龙又说他想换个城市。“这个城市跟我有什么关系？连鱼摊都是父母的。在北京我就像一个捡破烂的。”现在鱼摊每个月净赚2000多元。父母没有过高期望，只希望他能留在身边踏实地卖鱼，赚钱后回老家盖房子娶媳妇，小两口再出来打工。然而，他对未来是茫然的。

万龙对爷爷奶奶有着深厚的感情，偶尔给他们打个电话问问身体情况，但很少会想到家乡，除非心烦的时候，他脑海里才会掠过曾经和小伙伴一起烤白薯、抓野兔子、到河沟里游泳的快乐时光。“我肯定不会回去，有能力就在好的地方生活，别人有的我都应该有。”停顿了一会儿，他说。

8岁的曼曼：太多的艰辛，会在她心上留下些什么呢

曼曼的家位于距南京市区15公里的燕子矶笆斗山，离长江几十米远。她的父亲来南京打工20年了，以在长江边上挖野菜卖为生，一天挣十几元钱。

曼曼曾有一个4岁的弟弟猫猫和一个6岁的妹妹燕燕。

2004年3月的一天，燕燕死于上吊自杀。她当时站在院子里的洗衣机上，拿起一块大的湿毛巾，挂在洗衣机上方的铁丝网上，然后打了一个结，把头伸了进去。那个中午，父母不在家，3个孩子躲在家里玩。“爸爸走的时候交代我，一定要看好弟弟妹妹。”曼曼说。曼曼和弟妹们几乎没有去邻居家玩过。“妈妈说，他们会嫌我们脏的。”曼曼眨着大眼睛，“爸爸说不要让弟弟出去，因为他出去看到别的小孩的玩具会抢过来玩。”

干完活后曼曼练习写字，燕燕一个人在院子里玩，她爬上洗衣机，眺望对面的幼儿园。燕燕喜欢上学，几天前，燕燕就和父母闹着要上幼儿园。母亲说：“我们家穷，上不起幼儿园。”

“她突然叫了我一声，‘姐，王林也在幼儿园里面呢，他在做游戏’。王林是和爸爸一起来南京打工的老乡的儿子。”曼曼回忆，燕燕好像使劲地对着幼儿园的窗户叫了几声，但是对面的窗户是紧闭着的，他听不见。“后来她走过来对我说她不想活了，她想死。我没在意。”曼曼说。

一会儿，弟弟在院子里看见燕燕站在院子里的洗衣机上，湿毛巾打了个结挂在洗衣机上方的铁丝网上，脖子缠在里面，鼻子流血了，舌头也伸了出来。他连忙把燕燕的脚朝洗衣机上搬，并哭着喊大姐出来。曼曼从屋子里跑出来，“我想去解开湿毛巾，可怎么也解不开”。两个孩子折腾了一会儿，越来越害怕，就跑出去找邻居帮忙。邻居们都还记得当时的场景：8岁的曼曼把手放在妹妹的鼻孔下，感觉没气了，吓得跪下拼命磕头：“快救救妹妹啊！”

出事后曼曼变了，妈妈说她老是一声不吭地瞪着眼睛看人。半年多过去了，父母几乎没怎么见她笑，她的脸上有了和大人一样的表情。猫猫也变了，变成了一个狂野的孩子，一刻都不想待在屋子里，就想在房屋外面飞跑，拿着个棍子上蹿下跳。猫猫老是跑去弄坏别人家种的东西，邻居就有闲话了，说他是个坏孩子。曼曼听到了，抓住弟弟就打，毫不留情。以前弟弟出去了，她去哄回来，现在

拖住就打,那打的架势让母亲也呆住了。“我真害怕弟弟再出什么事。弟弟不乖,我就打,打了就不会出事了!”曼曼说。

2004年9月底的一天,在家附近的十字路口,母亲推着一辆大自行车,猫猫就在车前站着。一辆1.5吨重的小油罐车从他们身边转弯,大车子上的铁架子刮到了自行车,母亲想把孩子护住,自己跌倒了,自行车倒在她的背上,油罐车的车轮子从自行车身上碾过。随后赶来的曼曼吓坏了,对着路人就跪,大声喊:“救救我妈!”

父亲去交警大队和司机协商处理赔偿事宜。除了两万多元住院费,生活残疾补助费、误工费等一共协商赔了两万多块钱。谈到生活残疾补助费,交警问他:“你是城市户口还是农村户口?”父亲回答:“农村户口。”交警说:“那按照生活残疾补助规定,农村和城里消费水平不一样,农村的要少几乎一半。”父亲说:“可是我们住在城里啊,消费水平是一样的啊!”

父亲咨询过律师,如果打官司可以获赔更多的钱,可他花不起打官司的钱,也不一定打官司就真的能多多少钱。“人家是城里人,路子多啊!你看,医院开的证明说是断了两根骨头,法医残疾鉴定的时候说,片子上明明是4根骨头断了啊!”

8岁的曼曼现在在附近的公立燕子矶小学上学,学校给免了1000元赞助费。曼曼的两个眼圈总是黑黑的。她每天晚上做作业最早要做到晚上9点钟,最晚要熬到晚上12点。因为父母都只读过一年级,基本不怎么认字。没人教她,她一个人蹲在那琢磨半天。“作业做不完,老师要凶的。”有两回,曼曼都是湿着裤子回家。“作业做不出,紧张得尿身上了。”“我和另外一个孩子是班上最笨的孩子。第一次考试只考了4分。”曼曼说,“为什么别人家的孩子都有父母教呢?”

12岁的娇娇:在城市的中心向往城市

娇娇出生第二年就跟随打工的父母进入北京,生活、成长、受教育都在城市里。离开家乡10年,娇娇总共才回去过3次。她不愿意回老家。“我,算城市人吧。在北京这么长时间了。回老家,人家都说,从北京回来的。”娇娇不无骄傲地说。

娇娇现在的家在北京西城区甘家口，是城里高楼间的“盆地”——类似城乡接合部那种大片逼仄的平房里。她的父母在菜市场卖鱼。娇娇是在菜市场玩大的。娇娇原来在北京最大的打工子弟学校——行知学校丰台区总校上学，2004 年 9 月 1 日学校被勒令拆掉了。由此，她进了离家比较近的一所公办小学读书。

菜市场对面就有一所小学，几年前，爸爸有意让她转到这里。行知学校离家实在太远了，还要穿越铁路。两年前北京公办学校取消赞助费的时候，爸爸曾带她去那小学咨询。校长先问娇娇：“你爸爸做什么的？”回答：“卖鱼。”然后校长告诉旁边的爸爸：“明天就带孩子来报名吧。顺便带上 40 条草鱼，40 条胖头鱼，都要两三斤重的那种。”娇娇的爸爸粗算了一下，这些鱼差不多有 1000 多元。“怎么比赞助费还多？”他当场和校长大吵了一架，转学之事告吹。娇娇只好进入现在的学校，这学校只要入学考试成绩合格就录取。

一个星期前，娇娇在新学校参加了首次期中考试。数学 97 分，位列第一。她挺开心，觉得这样同学们就不会小看她了。

娇娇不仅要适应新的环境，还要对付不时冒出来的“对立”。以前在打工子弟学校，一到下课时间，娇娇就和一帮同学疯打疯闹。这边，下课后几个女生跳橡皮筋，从不让娇娇参加，娇娇要么识趣地留在教室里写作业，要么一个人去玩体育器材。

在班上，对于父母的职业，娇娇一直小心地掩盖着，但同学们还是知道了。有一天，轮到她做值日。一个女生被老师留下来改错。娇娇打扫到她脚下，让她挪开地方。女生反骂道：“你家是臭卖鱼的，管得着我吗？我爸是总经理！”“臭卖鱼的怎么啦？”自尊的娇娇一脚踢到对方桌角。对方也毫不示弱，两个女孩扭打起来。平时有心事，娇娇都装在肚子里不跟父母提，那天回家却忍不住哭了。父亲气愤地劝说着女儿：“没有我们卖鱼，北京人吃得上吗？”娇娇有时脱口而出的话显得宿命而成熟，比如，“我和班上的同学不一样。因为我们身份不一样。他们是北京人，我是外地人”。尽管新学校教学条件比原先好得多，娇娇还是很想念行知学校。“那边的老师像我妈似的，下雨天会把自己的伞借给我。”

娇娇对记者说出了这样的理想：“爸爸妈妈很辛苦，每天三四点就起床。

妈妈卖鱼，一到夏天手就烂。我希望他们也能有一份在单位的那种工作。”“希望将来我能住在一幢大楼里,有自己的房间。在有办公室的地方上班,受人爱戴。反正就是和其他北京人过着一样的生活。”

农民孩子的矛盾

王春光，中国社科院社会学所研究员，用另一个阳光的词语来指代这群孩子：“城市新生代”。他强调，新生代的孩子依然在延续父辈的孤岛化生活。但与上一代不同的是，第二代已经不满足于被当作城市的过客和外来者。他们很难作出和父辈一样的决定：待不下去就回家乡。“要知道,这个人群肯定不走了,回不去了。可又不像城市人可以规划自己的人生，他们不知道明天，无法也不敢规划未来。”《新京报》的一份调查反映了这一强烈趋势：对于将来想留在城里还是回到农村，77.5%表示想留在北京。他们普遍对农业、父母这代人持否定的看法。他们在农村的社会交往圈变得越来越小，对农业活动缺乏感情和兴趣，甚至会批评农村人“太土，不卫生”。

但是，城市并没有给他们提供机会的平台。随着社会竞争越来越激烈，他们向上提升自己将越来越难。他们或许只能在彷徨中生活。

这些孩子，一方面庆幸自己来到北京读书，从而比家乡的同龄人有了更多的见识和生活经历，另一方面，他们对城市又敌视而隔膜。他们不愿意重复父母的生活，也不认可周围城市人的状态，羡慕崇拜城市人，又觉得那些都不属于自己。

“既不能融入城市社会,又难以回归农村社会。这会造成对自己身份的不明,‘我是谁’。”王春光说，在这种情况下，社会认同就会趋向游民化，他们会意识到自己被主流社会排斥在外，而这种边缘化的感觉和意识，反过来又会阻碍他们重回主流社会的步伐。“成长时期是社会化的关键时期，如果无法认定自己,他们就是漂泊的人,何为漂泊？就是自律性降低,无须为自己的行为负责。”王春光曾在深圳采访过几个农村孩子，对方明确表示：干不好就去抢。

“学校是最自然的融入过程。虽然这些孩子在公办学校有诸多不适应，但是让他们越早进入公办学校越好，这样他们更容易进入城市主流生活，在城市拥有更多的朋友。”韩嘉玲强调。

但是，某些已经进入公办学校的孩子，因为忍受不了歧视而离开。北京一家媒体记录了一个女孩8岁时离开公立学校的情形：“课间操的时候，我头晕，就回到教室。他们（本地孩子）回来就说丢了一支笔，非说是我偷的。我特别难受，跟谁都没说，压在心里。我就让爸爸把我调到这个打工子弟学校来了。”

两个月前，中国青基会、希望工程北京捐助中心开展了一次活动，通过报纸征集，让10个农民工的孩子与10个北京孩子“同在北京手拉手”，报纸上事先登出了参加活动的农民工孩子的愿望：

侯丹丽　看看故宫

侯战强　能去课本上写的景山看看

闫磊磊　想有属于自己的《奥特曼》故事书

丁亚文　吃一次生日蛋糕

陶　帅　住一次楼房

孙赢赢　去动物园看老虎

陈　欣　想要一个新书包

李贝贝　得到一本英汉词典

李蓉蓉　去一次动物园

张　军　希望能去香山爬山

而他们想教给城里小孩的是：

劈柴、叠炕（叠被子）、拖地

做清炒土豆丝，特别好吃

炸油饼油条、包包子

炒饼丝、擦盘子、倒立……

10个北京家庭满足了10个农民工孩子一天的心愿。这些孩子的心愿竟是如此朴素简单。

现代三毛回家记

■ 关 军

临时家庭、职业爸妈，这些能不能让冰冻了心的流浪儿回归人性温暖的一面？还是只能成为他们人生中一段短暂得来不及回味的甜梦？

2005年4月中旬的周末，13岁的辛晶洁难得摆脱繁重的学习任务，低着头想了半天心事。她犹豫再三，终于略带怯懦地对妈妈提出一个请求："我想给那个妈妈打一个电话，可以吗？"

辛晶洁的请求当然得到了满足，而且她的这个妈妈和电话一端的那个妈妈还简单地寒暄了几句，交流着对她们共同的女儿的培育心得。

"那个"妈妈姓李，曾与辛晶洁相处了18个月，"这个"妈妈姓梁，刚刚与辛晶洁相处了不到18天。事实上，她们都与这个女孩没有任何血缘关系。

2003年秋天，郑州市救助保护流浪少年儿童中心（以下简称"中心"）开始尝试以"类家庭"模式救助无家可归的流浪儿童。因为学业优良又"比较听话"，辛晶洁成为最早两个"类家庭"子女之一。到目前为止，这样的"类家庭"中心已经建立了4个。

2005年4月初，中心又开始尝试家庭寄养式的救助，即把流浪儿童阶段性地寄养在真正的家庭当中。作为"类家庭"救助模式的一个成功范例，辛晶洁又成为首批被寄养的两个孩子之一。

这个电话，就发生在"类家庭"的妈妈和寄养家庭的妈妈之间。

2号家庭

“这是爸爸妈妈，未来的一段时间里你们要生活在一起。”“试试吧。”

辛晶洁那个以血缘关系建立的家也在郑州，那是一个近在咫尺却再也回不去的地方。“她的家庭背景实在太难搞清了。”与辛晶洁比较熟悉的中心工作人员说。

大家只是隐约知道，辛晶洁的亲生母亲已经过世，她称呼一个看上去约有70岁的老头为爷爷，据说那个人其实是她的亲生父亲。这个人因为多次结婚，生育众多儿女，为了逃避计生部门的处罚，就不让辛晶洁及其妹妹称自己为爸爸。

辛晶洁和妹妹在家里不仅处于辈分的混乱中，而且一直是多余的人。2003年，“爷爷”把她们带到成都，自己又找了一个女人，然后像丢弃垃圾一样先后把她们丢在成都的街头。

后来姐妹俩辗转进入成都市儿童救助站。由于流浪儿童大体遵循属地管理的原则，辛晶洁最终被送到郑州“中心”。2003年10月，中心征求辛晶洁的意见——是否愿意体验一种类似家庭的生活。“试试吧，不好就回来。”辛晶洁说。

辛晶洁打量着她的新家：2号家庭。

这是三室一厅新装修的楼房，在郑州火车站附近的苗圃花园社区，除了齐全的家具、电器和玩具，还有客厅和卧室的墙上贴着的作息时间表、各种文明行为准则、保护儿童权利的宣传画。

对于家庭生活，辛晶洁的头脑里几乎没有概念。

挑战开始了

他们的脸上似乎密密麻麻地写着对所有人与事的敌对、无所谓和不信任。

“爸爸、妈妈”，辛晶洁酝酿了好久，那一天终于还是没有叫出口。

也许是长期自我压抑的原因，辛晶洁一天说不上几句话，每当与人交谈，她总是把头埋得很低，双手揉搓着衣角。

几天之后，辛晶洁感觉到了一种冲动，很自然地喊出了“妈妈”，然后是“爸爸”。

但她还是拒绝向任何人谈起自己过去的经历。最初的一两个月，她习惯于静静地观察这个家庭，看看这些陌生人到底要做些什么。

后来辛晶洁渐渐了解到，新的父母都是河南许昌人，此前都是郑州一所私立学校的老师，爸爸路怀德学的是历史，妈妈李敏学的是中文师范专业，为了照顾“类家庭”的儿女，他们自己的女儿在不满6岁的时候就交给姥姥照看。

2003年夏天，有朋友说“中心”正在招聘“类家庭”的家长，推荐路怀德去尝试一下。路怀德与妻子一直希望做些公益性质的工作，但是，“流浪儿童”——他们的热情在这几个字眼面前停顿了一下。明显低于以往工作的收入是可以忍受的，更少地与亲生女儿沟通是可以忍受的，可是他们能在多大程度上忍受这些孩子的坏习惯？

比起学校里的孩子，流浪儿童更需要同情和爱，夫妻俩以这样的理由彼此说服，并相约作好面对各种困境的准备。“或许要辨别他们每句话的真伪，要遭到孩子的消极抵抗，要纠正大量的固执的生活习惯，那又如何？”夫妻俩在想，“不管怎么样，这是一份有意义的工作，得把家长‘扮演’得像一些。”

但是到了“中心”，真正见到流浪儿童的时候，路怀德还是“心里咯噔一下”。让他惊讶的是面前那几个孩子的眼神，里面像是蒙了一层灰，苍凉而空洞。他们的脸上似乎密密麻麻地写着对所有人与事的敌对、无所谓和不信任。这些幼小的心灵深处，埋着怎样复杂的一个世界？

路怀德和李敏对视了一下，他们意识到，挑战开始了。

“家”是什么

他们显得那么敏感而脆弱，比普通孩子更在意是否被歧视，是否得到同情。

2号家庭目前有4个孩子：王瑞、董巍、段嘉遥和杨笑雨。他们的“类家庭”生活史多则半年，少的只有半个多月。

在他们之前，已经有20多个孩子在这个家庭居留过。“中心”最初组建“类家庭”的时候，已经明确提出一点：“类家庭”的干预机制是过渡性的，不是永久性的。一方面，中心有自身不具备监护权的忧虑；另一方面，帮助有条件的孩子尽可能返家也是救助工作的出发点。

与当初的辛晶洁类似，每个孩子来的时候都在无所谓地想，试试吧。

他们经常忘了锁门，不知道关灯，没有洗脸洗手的习惯……好在这些孩子具备了超常的适应能力，这在接受文明生活方式上也有所体现。

事实上，突然降临的尊重与关切比新的生活规则更难让孩子们适应，他们甚至对此非常警惕。

怯懦的王瑞还清楚地记得，自己是来了一天半之后喊出了“爸爸妈妈”，喊虽然喊了，但他对陌生住宅里的这些陌生人还是充满警惕。“陌生人在我心里意味着恐惧，而家就是虎穴。”

这是他的第几个家，连王瑞自己也说不清楚。来自陕西的他曾随母亲改嫁，曾被丢给爷爷，曾两次被过继给别人（其中包括一个看门人），曾再次回到生父身边，最后还是被生父遗弃。后来他被一个同乡骗到郑州，饱受欺凌和压榨。

到了2号家庭之后，当时15岁的王瑞感觉有些“不对劲”，怎么与自己无亲无故的“爸爸妈妈”对自己这么好？“以往在陌生人身上吃过很多亏，不敢相信眼前的一切。”他处处谨小慎微，生怕做错什么，连吃饭都不敢多吃，不时看看父母的神情。用了很长时间，爸爸妈妈的体贴真切起来，他才确信自己没有生活在梦幻当中。这时候他周围的人也突然发现，原来王瑞喜欢唱歌，喜欢搞点小的恶作剧，是一个非常活跃的大男孩。

前几天，爸爸妈妈带着孩子们去二七广场附近的商业区玩，看到一个灰头土脸的孩子拖着一个和身体差不多大的编织袋，正在沿街捡瓶子，杨笑雨拉着妈妈的手说：“我以前捡瓶子，最多时一天能捡20块钱的呢。”顿了一下，他又很小声地说了几句流浪生涯中牙被打掉、脸被打破的遭遇。

杨笑雨看上去只有六七岁的样子，偶尔表露顽皮一面的时候甚至显得比这个年龄还小。而刚进入2号家庭的时候，他时而说自己9岁了，时而又说10岁了，时而说从来没见过亲生父亲，时而说见过一面，后来又说每天晚上都和父亲在一起，只是感觉不到父爱。“流浪儿童普遍习惯了说谎，这其实是一种被夸大的自我保护意识。”路怀德对此非常理解。

路怀德和李敏从来不会主动问起孩子们的过去。“刚开始的时候，偶尔会听到孩子在一起吹牛，说自己当初如何如何吃得开，甚至说自己一晚上偷了6万元钱。他们显得那么敏感而脆弱，比普通孩子更在意是否被歧视，是否得到同情。”李敏说，“到了后来，和爸爸妈妈亲近了，他们会在不经意间谈起一点过去的悲惨生活。”

“这个人敢于承担责任”

“你们够幸运的了，刚一见面就可以喊我爸爸。这不是一个随便的称谓，它意味着要承担责任。”

曾经有一个好朋友很看重路怀德的教育理念，希望他做自己孩子的“干爸”，路怀德一再拒绝，直到几年后才答应下来。后来他曾把这个故事讲给孩子听。“你们够幸运的了，刚一见面就可以喊我爸爸。这不是一个随便的称谓，它意味着要承担责任。”

在与孩子们一起看他们喜欢的金庸系列电视剧时，路怀德会有意识地问他们最崇拜谁，“我希望引导他们认同萧峰，因为这个人敢于承担责任”。夏天在街头看到还穿着棉衣乞讨的人，他告诉孩子们：“流浪只是一种生活方式而已，不应该遭受歧视。但流浪的生活毕竟是相对落后的，在现代城市里流浪，其实就是在与文明对抗。”

有一次，王瑞在他的日记体作文中写道：“这个家对我真好，只是，我多希望妈妈也像我以前的妈妈那样喊我‘瑞瑞’啊！”李敏看到这段话，就和王瑞解释说，你现在是大孩子了，叫你全名恰恰是对你的尊重。

王瑞是家里最大的孩子，弟弟们发生了争执，或者做了什么违背文明守则的事情，他会部分地承担起家长的职责，给予温和的提醒。16岁的他只是在半年之前才体会到手足之情。“以前在陕西的家里，弟弟的死活我都懒得管，因为一旦惹他不高兴就会遭到继父的毒打。”

李敏说，刚开始组建“类家庭”时，流浪儿童大多表现出强烈的排斥同伴的心理，尤其新成员进来时，他们会觉得自己的家和利益受到了威胁。“你看他们现在哥哥弟弟的叫得多亲切，偶尔有什么摩擦，也学会了宽容地处理。”

在2号家庭的衣柜里，一年四季的衣服摞得像一座山峰，都是楼上楼下的邻居送来的。

当初负责选址和筹建的中心职员张虹说，把“类家庭”放在一个成熟的小区里，就是为了让它更像一个真正的家，孩子们也可以有完整的社区生活。

在苗圃花园社区，最初得知这样两个特殊家庭落户在自己身边的时候，1号和2号家庭的左邻右舍没少皱眉头。当大家看到孩子们周日集体清扫楼道，排队上学和放学，见到每一个邻居都礼貌地问好，恐慌与排斥很快转换成了关怀。

民主生活会

“我只有一个愿望，就是可以继续叫您爸爸，您就答应我吧。”

周六的傍晚，孩子们帮妈妈洗完了蔬菜和水果，并排坐在了客厅的沙发上，他们等待着例行的周末民主生活会。

开始是分别总结自己本周的得失，接下来是每人提一条合理化建议。

杨笑雨举起小手发言，他检讨了自己前几天犯的一个错误——妈妈烙的油饼非常好吃，晚上睡觉的时候，他把大家吃剩的油饼藏到了枕头下面，搞得满床油污，而爸爸妈妈查找责任人的时候他又百般抵赖。爸爸当时很严肃地对杨笑雨说：“以后你暂时不要叫我爸爸了，我承担不起。现在的家庭又不存在打骂，我的儿子怎么可能连这么点责任都不敢承担！”

总结完得失，照例是每个人提一个小心愿。王瑞想每周看更多的电影，董巍想要一支圆珠笔，段嘉遥憨憨地摇头说没啥要求，杨笑雨则不好意思地站起来说：“我只有一个愿望，就是可以继续叫您爸爸，您就答应我吧。”

路怀德欣慰地点了点头，看得出来，他在努力掩饰自己的感动。

当着孩子们的面，爸爸也温和地批评了妈妈，起因是前天杨笑雨在和王瑞打闹时碰破了额头，妈妈较为严厉地斥责了王瑞。“你看王瑞被批评后心里很难受，晚饭都没怎么吃。咱们教育孩子一定不要急躁，不要有家长式的威权，尊重他们也是尊重自己。”

爸爸这种开诚布公的批评，看上去更像是演示给孩子们的。他希望营造一种气氛，那就是大家在这个家庭都是平等的，都有发言权，都关心他人的感受。这天的会上还通过了一项“决议”——以后四个小伙伴洗澡的时候两人一组，一来是因为新来的段嘉遥和杨笑雨对于洗澡还比较外行，二来也是有意培养他们的协作精神。

会议结束之后，爸爸在电脑里给大家播放了一段豫剧——他希望培养孩子们尽可能多的兴趣。王瑞说自己最喜欢刘德华，并嘲笑幼小的弟弟杨笑雨连这样的大明星都不知道。段嘉遥哼唱起最近很流行的《两只蝴蝶》。这时，王瑞突然没来由地说了一句：“也不知道晶洁妹妹在那边过得怎么样。”

等待父亲节

这个沉默寡言的孩子显然一直在等着第一次为爸爸妈妈祝福节日的时刻。

辛晶洁告别2号家庭的时候，路怀德和李敏商量，决定把她获得的“三好”学生的奖状留在墙上，“这是唯一能标记一段生活的东西”。

很多时候，路怀德与李敏忘了自己是在“扮演”父母，他们完全入戏，恍惚觉得这就是自己的孩子而非工作对象。

虚拟的家庭生活偶尔会有一种不真实感，尤其是当某些孩子离开“类家庭”而另一些孩子填充进来的时候——路怀德说那感觉就是“自己的一段时光被带走了”。

在辛晶洁离家一个星期之后，李敏还是无法适应新的节奏和氛围——她总是下意识地把闹钟调到早晨6点半，那是辛晶洁准备上学的时间；准备晚饭的时候，她会期待轻轻开门的声音，然后回想着辛晶洁每次在背后轻拍自己的肩膀，对她说“妈妈我回来了”。

“毕竟是共同生活了18个月啊，到后来，我看一眼她的表情，就能大体知道她的心事。”李敏说，接完辛晶洁打来的那个电话，她忍不住哭了起来。“以前家里有三个女孩的时候，我干活累了，她们会围上来一起帮我捶腿。”李敏偶尔会陷入对往事的美好回忆。她记得有一次辛晶洁难得地表露了一下情感：“妈，你真像我的亲妈妈。”李敏笑了：“为什么说‘像’，难道不是吗？”辛晶洁不好意思地低着头：“我的意思是说，你的容貌和神情看起来都越来越像我妈了。”

当那些桀骜如野马的孩子感受到真实可信的爱，他们是如此愿意迅速把自己变成温顺的小鹿。而男孩子的表达方式和女孩子不同，某些时候带来更多惊喜。

4月的一天，段嘉遥在饭桌上提起自己想在网上下载崔京浩演唱的《父亲》的MP3。“父亲节要到6月的第三个星期日呢，你不如那时候再献给父亲。”一向沉默寡言的董巍突然冒出一句，随后接着说下去，“母亲节是每年5月的第二个星期日，我在3月份就都查出来了。”

董巍是2004年秋天来到“类家庭”的，他显然一直在等着第一次为爸爸妈妈祝福节日的时刻。

学校里的角色转换

儿子们的身份是学生，妈妈和爸爸的身份是老师，幼小的他显然还无法很自如地在几种角色间转换。

辛晶洁坐在公办学校上课的时候，1号和2号家庭的7个孩子则坐在苗圃社区的一间平房里，这是为他们开办的“救助小学”。阳光很充足地打在墙壁和地面上，时常有火车从外面的土坡上掠过，把阳光切成若干条直线。

年龄最小的杨笑雨捂住嘴巴做了一个鬼脸，因为他刚刚对着妈妈喊了一声“妈妈”。这是在课堂上，儿子们的身份是学生，妈妈和爸爸的身份是老师，幼小的他显然还无法很自如地在几种角色间转换。

“类家庭”的教育一直是路怀德和李敏最头疼的问题。虽然进入正规学校是最理想的途径，但要遭遇很多现实难题。

中心工作人员几经努力，终于把辛晶洁送到一所公办小学从二年级读起，13岁的她站在同学中间有点鹤立鸡群。接下来，更多孩子的教育只能先由几位家长承担起来。

最初是1号家庭来到2号家庭合并上课，“救助学校”就算开学了。后来“中心”又到外面租房子，几度漂泊之后才有了如今相对稳定的这个校舍。现在终于实现了全日制教学，而且经常有郑州的大学生赶过来，义务为孩子们授课。

课间的时候，杨笑雨走到李老师面前，深深鞠了一躬，说：“对不起。”接着重复了一遍，接着又重复了一遍。李老师愣了，“什么事情让你反复道歉啊？”孩子笑嘻嘻地说：“没什么，我是在练习礼貌用语呢。”

“对不起，没关系；对不起，没关系……”杨笑雨自言自语地重复着，飞快跑向户外。

“我只有过这一个家”

这些命运中带有更多不可知因素的孩子离开“类家庭”之后，就如同被投进湍急水流的浮萍。

2005年4月，在物色到两个合适的家庭之后，救助流浪儿童的尝试被推进到最高阶段——家庭寄养。

辛晶洁寄养的那个家庭，一对夫妻和他们16岁的儿子都热心公益事业，他们非常愿意把家庭的欢乐拿来与这个13岁的女孩分享。大家都期待着融合很快完成，以便寄养式救助像“类家庭”一样获得成功经验。

然而并不是每个流浪儿童都有辛晶洁的好运气，正如一位“中心”工作人员所说，“类家庭”毕竟多了一个“类”字，还不是真正意义的家庭，而寄养制也远没有普及，多数孩子接受短期培育后还是要回到以血缘建立的家庭。“这完全取决于他们的个人意愿。”中心负责家庭工作的张虹说。他们希望在“类家庭”的居留能让孩子寻找到对家的感觉，培养起对家的依恋。按照2004年年底的统计，从“类家庭”返回老家的孩子80%稳定了下来，不再出外流浪。

但是现在的孩子们显然表现了对这个临时家庭的依恋。愿意回到以前的家吗？面对这样的问题，他们大多连连摇头。

王瑞想起小兄弟肖培的经历，他可不想自己成为肖培。

14岁的肖培在2号家庭有过一个月的短暂生活，他留恋这里的友善，但是不愿受任何的约束。离开“类家庭”之后，他被送回老家，又很快跑出来流浪，这样反复了多次，成为屡送屡返的一个典型。

路怀德与李敏两人有时会猜测：当肖培带着在中心和“类家庭”得到的尊重以及所接受的儿童权利的理念，回到贫穷而破碎的老家，重新面对家人的冷眼甚至打骂，他会怎么看待这个世界?

尽管自己的亲生女儿如今一年也见不上几次，路怀德夫妇对于孩子的成长并不是很担心，因为女儿6岁以前的完整的教育过程都出自他们之手，“基础打得好”。而流浪儿童的教育却并没这么容易，他们基础就没打好，在“类家庭”接受的也仅仅是阶段性的培养（有的只驻留了三两个月）。更让人忧虑的是，他们面对的世界远比普通孩子更加不可知。

这些命运中带有更多不可知因素的孩子离开“类家庭”之后，就如同被投进湍急水流的浮萍。

“当你面对一个流浪儿童的时候，可以认为这是家庭问题；当你面对一群流浪儿童的时候，只能说这是社会问题。”路怀德说。

王瑞希望自己能一直生活在“类家庭”里，直到成人。“到时候我就争取像爸爸妈妈那样，能为‘中心’工作。”

董巍认真地说：“我只有过这一个家。”他眨着眼睛，“像是在做梦”。

流浪苦少年，犯罪后备军?

■ 傅剑锋

扒火车过来，被“黑老大”捡了当小弟，第一次犯罪从火车站开始，一朝失手被警察送到流浪儿童救助中心，严重的进少教所或少管所，出来后，往往又走上老路。——这是流浪在广州的问题少年的典型命途。

国务院妇女儿童工作委员会办公室等机构对北京、杭州、上海等九城市进行抽样调查推算，全国流浪儿童应该在100万至150万名之间。

“他们是可怜的一群人，又是很危险的一群人。如果这个社会抛弃他们，他们也一定不会再对这个社会怀有善意。他们随时可能成为城市犯罪的后备军。”一位跟踪拍摄这些流浪少年达一年之久的摄影师说。

人物：方国国

“你们都以为贼很可恶，从来不会害怕，也不会有心理压力，其实你们错了，我们也很紧张，像我，每次偷的时候都特别害怕，倒不是怕被抓住受惩罚，受惩罚是应该的，我不怕，我最怕的是别人看我的那种眼神，那种骂你是贼、看不起的眼神，我特别害怕。”

南方周末记者在广州市一个城中村的小餐馆厨房里看到了曾经的问题少年方国国。

厨房外艳阳高照，厨房里打下手的方国国挥汗如雨。

这个17岁的少年已有很多白发。他说以前从来没有，是进少教所后长的。他在广州流浪数年后因抢劫被抓，解教后被介绍到桂姐餐馆已工作数月。

他看上去很干净，皮肤白，待人接物安静羞涩。只是手上布满了各种伤痕，他说这是偷东西时被打的。他曾经在广州街头凶神恶煞地抢过手机，扯过耳环。

他平淡地笑笑："我5岁就开始偷东西了。"

"手和脚差点被追我的人砸烂了"

我5岁的时候，妈妈就到上海打工去了。我是湖南农村的，家里很穷，后来爸妈都不要我，我就和一个朋友扒上火车来到了广州，那年我14岁。我们许多人都是扒火车来广州的。

出站后，我和朋友坐在车站口，袋里没有一分钱。半小时后，一个30多岁的男人走过来问我们饿不饿，吃完东西后，就把我们卖给了一个老大。广州少教所里的兄弟，十个有九个是这样被老大捡过来的小弟。

老大威胁我，不抢就打死你！第二天一早，老大就带我去"实战演习"，先看其他小弟怎么现场抢夺手机，然后就把我带到另一个闹市区。老大指着一个女人叫我快去抢，结果我太紧张了，第一次作案就被抓住了，拘留了24小时。

第二天放出来后，我跑到公园草地上大睡一觉。醒来发现，两个裤口袋都被刀片刮开了，幸亏里面老大给的5块钱还在。那时我忍不住就笑，太荒谬了，一上手就被同行盯上了，真是大水冲了龙王庙。

拿这5块钱吃了早饭，我还是觉得很饿。这时，三个20多岁的小伙子走过来，说要带我去吃东西。他们对我很好，饭后带我去见了另一个老大，他们没有强迫我干这个。我在他们那里住了几天。有一次我看到他们在付房租，一个月400块钱，我很羞愧，我不能白吃白住啊，就想再干一把，报答他们对我的好。

接下来的几次都很成功，但进少教所前的那次作案特别惨，手和脚差点被人砸烂了。

那次我在棠下小区抢了一个女人的手机，没命地跑，女人边追边喊“抢劫了，抢劫了”。我转了个弯，冲出一个男的来抓我领子，被我一把甩脱了。我继续往前跑，没想到前面有两个骑摩托车的保安，他们把铁棒一横，我高速撞在铁棒上，整个人“呼”地摔到了旁边的阴沟，一下晕了过去。

等我醒过来，手和脚已经被绑起来了。一个肥婆，那是像周星驰《功夫》里那样的大型肥婆，拿了块砖头走过来，嘴里一边念着“打烂你的三只手！打烂你的三只手！”一边用砖头尖猛砸我的手，我想这个肥婆一定也被人抢过手机的。

那个被我抢了手机的女人就用砖头砸我的脚，一边砸一边嘴里嚷着：“谁叫你跑这么快，砸烂你的狗腿！砸烂你的狗腿！”这样被打了十多分钟，幸亏便衣来了，她们停了手，否则我的手脚一定会被打烂。

我没想到的是，便衣来了后就朝我的心窝里猛踹一脚，我又痛得差点晕过去。

当时我恨死他们了，一颗眼泪都没有掉下来，心里在大喊：你们打吧，总有一天我要把你们全宰了！（他略带激动，眼神里似乎有仇恨。说完后表情又突然变了，变得平静。）

但是，从少教所出来，在餐馆里天天做苦力后，我的想法变了。我觉得是他们让我知道了我应该做一个好人。

如果再在路上碰到那个打我的肥婆，碰到那个打我的警察，碰到那天打我的所有人，我都会走上前去，向他们说声“谢谢”。

“我现在没有一个同龄朋友”

这次被抓是在 2005 年 8 月，我在少教所里关了一年半。我在少教所里就想好了，我再也不能走老路了。

你们都以为贼很可恶，从来不会害怕，也不会有心理压力，其实你们错了，我们也很紧张，像我，每次偷的时候都特别害怕，倒不是怕被抓住受惩罚，受惩罚是应该的，我不怕，我最怕的是别人看我的那种眼神，那种骂你是贼、看不起的眼神，我特别害怕。我不想再看到这种眼神，我只想做个好人。

一起关在少教所的那个云南哥们，是我最好的同龄朋友。他说出去后还想继续干，我反复劝他，他说改不了。出来后，我们通过一封信，就再也没有消息了，我真希望他现在没有去干那个。（他从床底下拉出一只小皮箱，信藏在皮箱里，皮箱是他全部的家产，箱子里边只有几件衣服和几本励志类的书，还有漫画，他说是好心人送的。）我觉得里面的人都很够义气，他们才是我的朋友，我在外面根本没有朋友，我不相信外面的人。我差不多天天要和餐馆里其他工人吵架，他们看不起我，不相信我。所以我并不喜欢这里，我想我干段时间一定会走的。

不过，餐馆老板桂姐对我很好，每个月给我七八百元工资。我是被少教所的领导张清友介绍到桂姐这里打工的。现在，我每天6点起床干活，下午5点下班。厨房太闷热，我经常流鼻血。

下了班常常感到很空虚，我和宿舍里的其他十个人合不来，不知道有什么共同话题，人家说一个话题我可能会跟着说，可是我找不到话题，我不太会说话。（他沉默了，有些闷闷不乐。）只有上网能打发下班时间，可以向别人倾诉我的心事。我的工资基本就花在这上面了，我存不下钱。

我有个网友，是个上海女孩。我给她说我的流浪故事，可是我说这是我朋友的故事，她听着听着就哭了。我们是音频聊天的，我听到她哭的声音了。

小时候，我很喜欢鸟，也喜欢猫。我抓了许多鸟，把它们养起来。我就是想抓住它们，因为我的生活中太少有能够抓住的东西了，没有亲情，也没有朋友……我抓了它们是想照顾它们，可是，后来这些鸟没养好，都被我养死了。

“她会帮我找妈妈的”

说起小时候，那也够惨的。妈妈只在我六岁和七岁的时候回来过两次，后来再也没有消息。到现在我还记得她的模样，但是已经记不清她做过些什么事了。

爸爸根本不关心我，他除了卖垃圾就是买六合彩。他整天都不回家，就知道赌赌赌！有一次我的脚上跌破了一个十厘米长的口子，不停地流血，回到家就晕过去了，爸爸才带我去看乡村医生。医生说如果打麻药的话可以缝8针，不打的话只能缝4针。爸爸为了省点钱去买六合彩，竟然要求医生不用给我打麻药，最后连线都没给我拆，现在还在腿里呢！

他都不知道我生日是什么时候。小学五年级时，老师让每人写一张自己的简介，包括姓名、生日、父母等内容。我空下了生日一栏，老师以为我不会写，就叫旁边的女孩子替我写。可不管那女同学怎么问，我都说不出来。老师以为我在故意捣乱，当着全班人的面大声问我：“方国国，你的生日到底是什么时候？”我大声回答：“我不知道。”全班哄堂大笑，我羞愧得想马上跑掉。

我从小就学会了做饭、炒菜，我做的饭还可以，可是我只做我一个人的，我不管他们，他们也不管我。后来爸爸也出去打工，只剩下我和哥哥。我只能每天吃粘粑，如果去偷吃缸里的米，就会被哥哥暴打。我要活下去，所以5岁就到外面去偷东西了。

有一次我发高烧，三天没吃一点东西，哥哥还是不管我。爸爸回来看到我快要死掉的样子，才流下一点泪。这只是他唯一可怜过我的一次。

后来我都快要活不下去了，就带着一个朋友入室盗窃，不小心被爸爸知道了，就逃出来了，就这样来到了广州。

想想家乡的人，只有初中时的班主任何老师是我的亲人。当时班上经常丢东西，老师可能也已经意识到是我，但他从来没有说出来过，他只是劝我要走正道。在少教所，我给何老师写过信，没过几天他就回信了，他在信里说我本性很善良，后来的一切只是家庭环境不好造成的，他要我好好改造，我一直很感激他。

到7月份，我想趁桂姐给我放假，回家乡去看看老师，还想在家乡把身份证给办了。但我决不会告诉我爸的，也不想见他，我趁他不在家的时候，把户口本偷出来就是了。

我还想把妈妈的照片偷出来。广州市少年宫的关老师答应过我，如果我有妈妈的照片，她会帮我找妈妈的。

前几天，方国国在厨房里泡烂了脚，老板桂姐给他放了一天假。

泡烂脚的原因是他没有防水的鞋，整天在厨房里洗锅洗碗，穿着拖鞋在水里浸泡时间过长。

借着这一天工休，他一拐一拐地来找记者玩。记者带他去吃肯德基，他非常腼腆地要求别点太贵的东西。

他说他对报社这个地方感兴趣，记者就带他去参观印刷厂和办公室。站在高楼俯瞰，他看到了鳞次栉比的高楼，看到了南北延伸的广州大道，看到了一路远去的珠江。他轻轻地说："我觉得这个城市不是属于我的。"

人物：郑敦明

"我不知道出去以后会发生什么……这样出去以后我一毛钱都没有，只能再去偷去抢。我见过很多这样的人，他们只能偷只能抢，虽然现在很后悔可是也没有办法了，我还见过直接被枪毙的。没办法了，我也只能去犯罪，被抓，坐牢，还很可能被枪毙。"

郑敦明15岁，身高却只有一米三四的样子，他瘦而黑，看起来像个10岁的孩子。

他9岁时因被父亲丢弃到广州而开始流浪，因为抢劫和无家可归被警察送到广州市救助保护流浪少年儿童中心。

他只知道自己是广东五华县人，家里开过一家小商店，具体地址再也想不起来了。救助中心也还没找到他家的具体地址。

因为无人认领，他已经在救助中心待了一年多了。他一直想回家，在恳求南方周末记者帮他找亲人时，长长的睫毛蓄满了泪珠。

“我不偷不抢就没法活下去”

我在广州流浪了四五年，什么地方都睡过，什么垃圾都翻着吃过。

广州没有一个好人。我在广州这么多年，没有一个人理过我，没有人在乎我，就算我死了也没有人知道，我死了也是很渺小的。如果今天你不来这里跟我谈话，就算在街上碰到我，你也不会理我的，我也不会理你。

想到这些我其实不难过，就像我爸爸在广州扔下我时说：“不管你死不死在外面，都跟我没有关系。”

广州人和我爸一样，没有把我当一个存在看待。（记者非常惊诧，没想到一个才15岁的孩子会说出这样的话。他说这话时含着泪水，这使记者推想，这几句话他可能是已经想过无数次了。）

我爸会扔掉我，和我自己的不争气有关。小时候我天天偷老爸的钱，他每次都拿一个很粗的棍子打我。妈妈反对爸爸这样打我，他们两人经常因为我吵架。我9岁时偷了300元，爸爸又往死里打我。妈妈说：“你再打他，我就死给你看！”爸爸说：“那你死给我看吧！”妈妈就喝下农药死了。

爸爸很恨我，就再也不要我了。

我在广州碰到了一个老大。老大教我偷东西，开始时偷铁、不锈钢去卖，后来就是入室盗窃。老大真不是个好东西，我跟了他两年，偷回许多东西，他只给我一点钱。

老大是个20多岁的江苏人，只有我一个小弟，一般情况下不会打我。他没钱的时候，会爬到电线杆上去偷电线。后来他吸上了白粉。

他吸毒以后我每天要给他偷成百上千元。有一次我去偷东西被抓住了，他们把我打得死去活来。我也没办法，在那种情况下，我不偷不抢就没法活下去。

“只有被亲人打的时候我才会哭”

后来我离开了老大，和五六个同龄的朋友一起抢手机。抢一部手机能卖几百元，够我生活十几天。有钱的时候大家就去网吧打游戏过夜，有时也睡出租房，没钱的时候一起睡马路。

前几年我有一次爬二楼去偷东西，撬开窗户的时候听到有人在开门，那人看到我就喊“抓贼”，抓住我以后就打我的背和脚。我当时没有哭，被不认识的人打我从来都不会哭，只有被亲人打的时候我才会哭。

从派出所放出来后，我又和五六个朋友一起去偷去抢。我们都是兄弟，没有老大。他们中有父母离婚的，也有从小没家的，反正，我们就是些没人要的孩子。

但有一次偷东西，现在想起来还很后悔。那次我偷了一个中年男人 10000 多元。后来，发现他连续好几天都在哭，在找他被偷走的钱。我从他对别人的哭诉里知道这钱是用来为他儿子治病的。

这个爸爸多好啊，如果我爸有他一半好我就满足了。当时我很想把钱还给他，可是已经花掉差不多一半了，我没有勇气去还钱。为这件事，我难过了很长一段时间。

有一次偷东西又被警察抓。我要警察把我送回家，那个警察很好，他告诉我，把我送到救助站后，可以让救助站帮我找到家。当时我很高兴，太高兴了。但到现在我都还找不到家……我想，回家以后，如果我不犯错，爸爸一定不会再打我了。（他开始流泪。）

“我不知道出去以后会发生什么”

我在外面混一天算一天，我现在只想有个家，有爸爸妈妈可以疼我，我可以乖乖读书。现在那些有家的孩子很不珍惜，他们只会问爸爸妈妈要钱，他们根本不知道父母的立场。那些有钱的孩子都被宠坏了，没钱的孩子可以自力更生，有钱的孩子什么都不会做。我以后要是有了孩子，我不会给他钱花。（他又破涕为笑。）我在这里一年多了，只让我出去过一次。那次阿姨带我们去参观博物馆，刚出大门时，有种要回家的感觉，可是走在半路上的时候，又觉得不可能……

救助站的叔叔阿姨都对我不错。对我好的叔叔阿姨只在这里。对我好也只是暂时的，我总是要出去的，不过就算出去我也会报答他们的。

我不知道出去以后会发生什么。外面的世界很大，我没有文化没有知识，出去还是会毁了我一辈子的。

“六一”儿童节叔叔问我有什么愿望，我说我真想多读点书，读了书我才能找到工作，可以不干坏事也活得下去，这样对社会也有贡献。

但是像现在，我出去又这么小，干活也没人要，我又没有身份证，又没文化，我能干什么？这样出去以后我一毛钱都没有，只能再去偷去抢。我见过很多这样的人，他们只能偷只能抢，虽然现在很后悔可是也没有办法了，我还见过直接被枪毙的。没办法了，我也只能去犯罪，被抓，坐牢，还很可能被枪毙。

记者和郑敦明的谈话是在沉重的气氛中结束的。

和别的孩子千叮咛万嘱咐不要说出真名不同，郑敦明叮咛的是一定要说出他的真名。这个聪明的孩子想到要记者帮助他找到家。他告诉记者，爸爸的名字叫郑武球，妈妈的名字叫树花（音），他想通过报纸再次恳求爸爸，别抛弃他！

广州市救助保护流浪少年儿童中心的工作人员告诉记者，这种情况在救助中心很普遍。每年他们都要花费巨大的人力物力为这些孩子找家。

这个救助中心成立三年多以来，共送3000多名受助儿童返回了家乡，但像郑敦明这样因为找不到家而长期滞留的，每年仍有120名左右。

黑煤窑下的利益黑洞

■ 李 梁

28个饺子

2004年2月5日（农历正月十五）上午，山西省灵石县王禹乡回祖村。阳光暖洋洋地照在窗台上，村民霍玲玲慢吞吞地煮起了饺子。10时左右，吃完了早饭，她特意留了28个饺子在锅里，等昨晚到矿上上班的丈夫王春新回来吃。

到下午1时左右，仍然没见王春新回来。霍玲玲寻思，得到煤矿老板甄毓秀的家中问问。昨晚11时45分，就是甄毓秀把熟睡的王春新从床上叫走的。而且昨天一天，甄毓秀把在家休息的王春新叫过去了十多次。

赶到甄家，只有他哥哥甄树全和一个亲戚坐在屋里。霍玲玲看到甄树全脸色极为难看，“脸上的肉都在跳”，感觉出了什么事。她赶紧往外跑。

坐在妹夫的摩托车上，霍玲玲沿着山谷向煤矿飞奔。井口围了一大堆人，县上的领导已经赶到，警察在井口周围拉起了警戒线。得知王春新和甄毓秀等28个人都在井下，霍玲玲呆了。

在村子的另一角，早上9时30分左右，矿工吴铭（化名）吃完早饭，在屋场上四处溜达。他没走多远就听见议论：甄家煤矿出事了，早上七八点钟时，井口浓烟滚滚。

挖了20多年煤的吴铭“心里猛然一沉”。他赶紧回家，叫了两三个村民，骑着摩托车直奔矿上。

约在10时15分，吴铭等人到了井口。井口浓烟已经消散，从地底下冒出的气体中有股甜味。一些在其他黑口子（即黑煤窑）上班的矿工听说这一消息后，自发赶来营救。

此时，甄家煤矿已是人声鼎沸。大难临头，回祖村的男女老少陷入了前所未有的惊恐。

人为酿就的惨祸

自2004年2月7日起，遇难矿工的遗体被陆续抬出矿井。6名村民、22名外地民工的遗体被统一运到介休市殡仪馆的太平间。加上汾西县陈家垣煤矿死亡的一名外地民工，矿难的死亡人数达到29人。

山西省公安部门经调查取证，已初步确认这是一起涉嫌私挖滥采、争夺煤炭资源、发生过激行为、造成人员伤亡的刑事案件。

早在2003年，回祖村村委会主任甄毓秀私开的煤矿和相邻的汾西县永安镇陈家垣煤矿的矿井被打通。双方为争夺煤炭资源，多次发生冲突。回祖村村民说，双方打架的次数太多了。在井下，哪方开采越界了，对方便用炸药把井下巷道炸塌堵死，光2003年就前前后后炸过5次。

最近一段时期，双方解决问题的手段有些不正常。从2004年1月底到2月3日，双方在井下两次发生激烈冲突。

2月3日晚，甄毓秀认为汾西的黑口子已经挖到回祖村煤矿的地界内，让煤矿上带班的工长袁文成带5个矿工进坑查看。袁文成和5名矿工在巷道里和汾西的人遭遇，“被他们用猎枪逼到巷道死角，矿灯也被没收，吓得都尿湿了裤子”。汾西的人将炸药放好后，才让他们走掉，然后将坑道“放了顶”（即炸塌）。

此事令袁文成大受刺激。当夜他从矿井出来后，便打电话给甄毓秀辞工不干了，随后数天闭门不出，没想到因此逃过一劫。

2月4日深夜，甄毓秀带领27个矿工赶到矿上，携带炸药下井，准备报复对方，随后，井下发生了两次爆炸。

新华社报道称，陈家垣煤矿的矿主庞龙虎向警方交待，2月3日，他买了5箱土制炸药、6袋引信。4日晚，派陕西籍民工吴某等4人把炸药、雷管安置在坑口，之后引爆，导致矿难发生。4人中现有1人死亡，3人在逃。

2月10日，死亡矿工的遗体被拉回村。2月11日，回祖村全村出动，搭起灵棚，请来乐队，为死者举行了一场热热闹闹的葬礼。

几抔黄土，数堆新坟，昔日生龙活虎的矿工早早长眠。

黑煤窑的“背景”

记者走访回祖村和汾西县永安镇陈家垣村，发现出事的这两个黑煤窑，每一个都不简单。

有知情者向记者透露内幕：庞龙虎并非这一黑口子的矿主，“充其量是个替死鬼”，真正的老板是在汾西县势力颇大的陈建华。

据知情者称，陈建华是汾西县后加楼村村支书，汾西县人大代表，这几年因为缴税比较多，拥有“劳模”在内的不少荣誉。此人有好几个黑口子，手下常年养了一帮人充任打手，庞龙虎只是他的一个亲信。

汾西县委一位负责人向记者透露，前几天，陈建华从美国旅游回国时，在机场被山西省公安部门抓获。此前，汾西县人大常委会已依法罢免他的人大代表身份。

知情者透露，陈家垣煤矿有“三大股”和“五小股”之说。三大股除陈建华外，还有永安镇的一个小名叫“瓷娃”的人和城关镇后加楼村的计某。瓷娃手里有五六个黑口子，还开了一个铁矿，富甲一方。三大股中又套了两小股，他们并非真正入股，但手持暗股分成。

回祖村矿主甄毓秀也有一个特殊的身份：回祖村村民委员会主任。早在20世纪90年代，甄毓秀便当过村委会主任，中间空了几年，新世纪重新挪回了村委会主任的位置。

甄毓秀的煤窑原为四证俱全的回祖村村办煤矿的回封井。1998年，回祖村将此井以7万元的价钱卖给了王禹乡的任在江。随后，甄又从任手中将这口井搞到手，一直开采至今。

有知情者称，这还不是甄毓秀的第一个煤窑。早在20世纪90年代，他就在村里有证煤矿的边上开过一个小煤窑，一直开采到废弃为止。

依靠黑口子挖出的利润，甄毓秀很快发家。他在县城有房，一家人都住在县城，自己新买了一辆红色桑塔纳车。

村民们对甄毓秀的印象是："霸道，没人敢惹他。"也有村民告诉记者，甄毓秀"为村民办过一些事"。他和县上许多政府部门的人很熟，村上有人打架被抓到县公安局去了，通过他就能把人要回来。

2001年和2002年春节，甄毓秀给回祖村每人发了一袋面。这也让许多村民认为甄毓秀"发财不忘乡亲"。

地下煤炭经济

甄毓秀家在村里有叔伯兄弟几个以及苗家5个外甥。自20世纪90年代初担任回祖村村委会主任后，甄毓秀的兄弟和几个苗姓外甥便依靠这棵大树开起了黑煤窑。

苗家五兄弟除老大苗宝龙没有小煤窑外，其他几个都靠开黑煤窑发了大财。

村民们估计，苗家兄弟中最有钱的是苗三龙。他家有两辆小车、一辆装载机和一辆大卡车，在县城还买了房子。他在回祖村的房子也装修得十分豪华。进去过的村民告诉记者，"估计花了几十万元"，彩电上万元，卫生间里装上了城市居民也极少有的桑拿浴房。

甄毓秀的煤窑出事后，不知是害怕政府调查还是有其他担心，苗家几个兄弟一个个不见了踪影。

在王禹乡煤管站（一说是乡企业办）工作的王某，几年前就在回祖村的后河弄了一个小煤窑，做起了煤老板，雇了包括当地村民在内的几十名矿工上班。

按老矿工吴铭的说法，回祖村的黑煤窑有10来个，而有背景的，就已经占了一半以上。

灵石县国土资源局的一位负责人向记者坦陈，基层干部涉及非法煤窑经营已经"不是新动向，几年前就有了"。

2月13日下午，记者从回祖村返回灵石县城时，在山路两侧不时可以见到一些洗煤厂和焦化厂。同行的县煤运公司一位工作人员气鼓鼓地说："这些小厂按政策早就该取缔了。"

一种地下煤炭经济在这里已悄然成形。

从禁到罚

灵石矿难发生后，山西省政府决定立即关停所有的小煤窑，并再次在全省开展非法小煤矿综合整治活动。

灵石县国土资源局的一位干部说，每年政府不知派出过多少执法队，现场断电、断水、封炸井口，对煤老板罚款、拘留甚至判刑，“可以说，我们能用的方式都用了”。

效果究竟如何？在回祖村里挖了20多年煤的吴铭说：“这两年村里小煤窑最为兴旺发达，村里光外地矿工就有三四百人。”

为什么呢？王姓前窑主向记者说出了其中的奥妙：“查封到了下面就变成了检查，检查就是罚款，罚款就是放行。”

回祖村有父子俩开了一个小煤窑，每天出煤5到10吨。这两个看起来老实巴交的煤老板说，去年煤窑的鼓风机、电动机等设备被乡上搬走了三四回，每次交了500元到1000元不等的罚款，就又搬回来了。

2003年5月，山西对黑煤窑开展大整顿。灵石县国土资源局巡查，发现回祖村废弃矿井（即甄毓秀的矿井）“有被挖开采煤的迹象，立即进行了制止”，并对甄毓秀拘留了6天，处以12万元的罚款。

甄毓秀的煤窑一天出煤达百吨，净利润至少上万元。村民们说，这次是他“马失前蹄”。甄毓秀神通广大，“除非遇上省、市检查组突击检查”，常常是别人的煤窑关了，他的煤窑还照样出煤。

事实上，这些煤老板并非真不在乎罚款，这些钱最后都要通过节省煤矿各项开支、克扣矿工工资等方式得到补偿。诚如王姓前窑主所言，罚款最终都转嫁到了矿工的头上，他们要承受更大的安全风险和更重的剥削。

有关人士透露，查与罚还有一个意想不到的副作用：煤老板和某些职能部门人员正是通过这一途径，建立了日益密切的联系。

灵石县公安局一位警官告诉记者，有很多次县里国土、公安部门联合下去查禁小煤窑，大队人马到了山上，老板和矿工已人去窑空。

被煤改变的“生态”

灵石县位于吕梁山区东部，全县人口24万，县城人口约4.5万。煤炭产业是全县的经济支柱，占县财政收入的70%以上。

地处群山环抱之中，小县城却饱受煤尘污染。每天傍晚到清晨，整个县城被呛人的煤烟笼罩。记者看见，街上的冰都是黑色的。

“别看县城一般，灵石可是个藏龙卧虎的地方，有钱人多的是。”在县城开小面包车的牛师傅表情复杂地告诉记者。

细细一看，果然，灵石县城看起来“灰头土脸”，街上的豪华轿车却特别多。沿着县城街道散步，随处可见丰田、本田、帕萨特、尼桑、奥迪等豪华轿车穿行而过，宝马和奔驰车也不时可以见到。许多车是刚买的，还没有挂牌照。

这些豪华轿车的主人，绝大多数是煤老板。在灵石县煤运公司工作的杨某告诉记者，近年来煤价大涨，一吨一般的煤卖价高达270元，质量差的也可以卖到150元，而包括工人工资在内的生产成本每吨只要38元。所以开上一个小煤窑，“等于弄了一台印钞机”。

杨某曾亲耳听过煤老板们在酒店里打招呼，这个伸着手指头问：“今年你赚了几百？”那个摊开手掌：“不多不多，500不到。”连“万”字都省略了。

在这个晋中小县城，黑色的煤块导演了一幕幕“一夜暴富”的喜剧。依靠时代的奇特造化，一些人成为喜剧的主角。然而更多的人注定只能是永远的观众，他们的收获又是什么呢?

回祖村是黄土高原上的一个普通村庄，距离王禹乡政府六七里路，距离灵石县城约35公里。多年的煤炭开采严重破坏了当地的生态环境。通往回祖村的山路路面上覆盖着一寸多厚的煤灰，脚踏下去烟尘四扑。一辆大卡车经过，搅起的煤尘遮天蔽日。走在村里，一阵大风刮过，全村都笼罩在黄黑色的烟尘中，十多米远便见不着人。

回祖村村民人均土地约有3亩，主要种些麦子和玉米。因为天气常年干旱，麦子亩产仅200多斤，玉米亩产400斤，村民靠种地只能糊口。

家里生活要开销，村民之间有人情礼送，孩子上学更要大把的钱，所以明知道下煤窑危险，为了手中有些活钱，许多村民甘愿冒险下煤窑挣钱，少数有能耐又有胆量的就自己搞黑口子。

从表面上看，小煤窑“给了村民一条活路”，但矿主们为省钱，小煤窑的安全设备极差，村民在煤窑工作，除了让家人整天担惊受怕外，一些人的命运也被永远改变。

村民王春新兄弟5个，除老大病死外，3个死在黑口子里。老三十多年前死在苗家的煤窑里，老二2003年农历二月二十一日死在苗三龙的煤窑里。王春新1999年在苗家煤矿挖煤时，被砸成大腿粉碎性骨折。即使这样，在2004年2月4日晚上，老天仍然没有放过他。

死者已矣，生者戚戚。王春新们死了，他们的家人却从此承受家破人亡的伤痛。

王春新的妻子霍玲玲身体有病，无法下地干活，两个孩子一个上高二，一年学费就要5000多元，另一个上初中，一年学费最少也要3000元。王春新一死，一个普通家庭一夜之间陷入绝境。

黑色的煤也改变了村民的身份。一些人成了煤老板，一些人成了雇工，乡村社会相对单纯融洽的邻里关系迅速出现了裂变。

过去甄家和村民们关系很融洽。开黑口子赚钱后，兄弟两个“车来车往”，和村民们见面连招呼都不打。王春新等一些曾在苗家矿上干活的村民都受过苗家兄弟的打骂，村民们敢怒不敢言。

吴铭和王春新是好朋友。2月13日中午，记者来到吴铭家，他正和一个矿工就着半盆猪肘子喝闷酒。王春新等人出事后，吴铭和几个矿工下了决心：“以后饿死也不下井了。”

“我痛恨这些黑口子老板。”吴铭喝多了竹叶青酒，一副脸红脖子粗的样子，坐在肮脏的沙发上骂骂咧咧。

寻访让总理落泪的铜川矿难遗子

■ 苏永通

“记的（得）那是一个暑假的星期天，爸爸妈妈还有我一起到外头玩。我们骑着自行车进了沟里头。我们来到河边玩水，一起捉小鱼小虾。……我爬山的时候翻了几个跟头，爸爸哈哈大笑……接着我们来到一片草地上……下山的时候我看见一只小白兔在吃草……啊，这真是一个快乐的星期天！”

在国庆节的假期作文里，11 岁的牛津还在编织着美丽的梦想。

2005 年 1 月 2 日，温家宝总理搂住这个遇难矿工之子，潸然落泪。2004 年 11 月 28 日，陕西省铜川陈家山煤矿发生特大矿难，166 名矿工遇难。这一天，陈家山矿中小学校里有 70 多个孩子同时失去他们的父亲，其中包括牛津的父亲牛铁奇。

2005 年 10 月 23 日，在距离铜川矿难将近一周年的时候，本报记者专赴铜川，寻访这个受到总理关怀的小男孩。

伤心逃离

从陈家山煤矿出发，汽车颠簸了两个多小时山路，终于到达铜川市区北关。两地之间有 90 多公里路程。

放暑假后，章革委（牛津的妈妈）就带着小牛津住到城里大姨家，开学后又搬到一处出租房里。“就是为了给孩子换个环境，以后再也不能在那种地方待了。”

按章革委在电话里交代的“路线图”，记者先绕过一座6层的“新的高楼”，穿过一处倒塌的厕所，走进一处深深的庭院，终于找到他们的住所。

牛津正坐在桌前写作业。

牛津不再回矿上上学了。从山里转到城里的好学校并不容易，章革委通过朋友的关系，一句“总理拥抱过的孩子”，终于说动了校长，从山里学校转到一所城里的好学校。

章革委和学校约定，不暴露孩子的身份，除了校长和个别老师。“这里的同学们都不知道温爷爷来过我们家。”牛津说。不过开学第一天踏入学校时，宣传栏上正贴着《温总理来到我家》，这是3月1日牛津发表在《德育报》的一篇作文，但母亲很快让学校把报纸撤下来。

从矿上“休了假”的章革委当起了全职的陪读妈妈。

母子俩靠着每个月800元的抚恤金度日，章母会定期托人把钱捎来。“就这些钱可以勉强维持度日，平时不敢有头疼脑热。”

章革委算了账：每个月房租加水电费100元，煤气65元，奥数班50元，英语补习50元，画画40元，唱歌60元，学校早餐40多元，这些“固定开支”就有400多元。余下才是生活费用，连上厕所都得精打细算。“上一次三毛钱，一天三趟，一个月两人就得60块钱。又不能包月。”

10月24日中午，章革委煮了两碗酸汤面，这是他们最经常吃的食物。一块多钱的一斤面，足够母子吃一顿。这是农历“霜冻”的第二天，已经到了穿秋裤和毛衣的时候，屋里的炉子还没生火。这里1吨煤300元，在矿上只需要200元。

牛津走到墙边，右手贴头顶上比划了几下。“长了3厘米。1米46。”两颗小兔牙咧开羞涩地笑。

这里距离学校很近，步行不到五分钟即到。临走时，他对章革委说：“妈妈，您也出去转转，到街上走走，对身体也好。”

有一天，牛津硬拉着妈妈到公园里，看到湖上的船，孩子哭了。原来父亲和母亲曾带他来这里划船，当时下错了车站，父母两人轮流背着牛津步行数里才到公园。

孩子上学后，章革委就独自一人坐在屋里，往事像电影一样一幕幕在脑海中重放。“一家三口的日子真的很幸福。只有这样回忆，才能让我继续支撑下去。”

孩子一夜间懂事了

在很长的时间里，矿上的一景一物，都会触动章革委的情绪。

10月24日上午，陈家山矿区的大路上，阳光洒在慢慢游走的人们身上，两旁的小摊非常热闹。“看的多，买的少。”一位卖饼干瓜子的妇女说。

“11·28”矿难警示碑4月落成，上面镌刻着8个大字：“安全为天 警钟长鸣”。

1月底，中央电视台曾经带着牛津母子游了北京，参观了北京大学和清华大学。牛津说：“以后想上北京大学。”在同仁医院，有些斜视的牛津接受了免费的治疗。“但没完全治好。”

在铜川矿务局旗下，陈家山算是一个“大矿”，年设计产量150万吨。出事那天，这个只有一个矿洞的煤矿已经完成了200万吨的年生产目标。

煤矿至今没有复工，工人每天的工作是“维修”。矿上人家还没生炉子，冬天用煤价格仍然不变，但“得从外面进煤”。

记者找到牛津姥爷阴冷狭窄的公寓，在这里，母子俩曾度过了最艰难的半年。半年里，章革委几乎足不出户，听到邻居下班回来上楼的脚步声，心头都会一颤，觉得好像是孩子他爸回来了。春天到了，一个父亲扬起外套，为两三岁的女儿捉蝴蝶，看到别人一家和乐的情景，章革委喃喃自语：“没有父爱太可怜了。”

妈妈精神恍惚，本来就内向的牛津变得沉默起来了。楼上的老师对章革委说，孩子孤僻了，不大和别的孩子玩了。

自从1月2日总理来过之后，记者踏破了门槛。“每次记者来，他就躲到一旁，回来后眼睛红红的，肯定是哭过。”在充满雾气的玻璃上，牛津用小手指写上：“爸爸，我想你；爸爸，我爱你。”

在去农村奶奶家过春节的车上，牛津突然对章革委说：“妈妈，你以后要是死了，我会把你和爸爸埋在一起。”

本来不知道怎么和儿子解释“死”的章革委非常震惊：“原来娃什么都明白。”

这个沉默的孩子竟开始安慰天天以泪洗面的母亲："妈妈你不能这样，我们说好了，谁也不许哭。"

8月29日（农历七月廿五），章革委过生日。牛津在众人面前唱起他最拿手的《妈妈格桑拉》，听得大家纷纷掉眼泪。

"作为一个妈妈，不能把痛苦露在脸上，只能自己藏在心里。"章革委说，她很长时间都没考虑到自己的情绪对孩子的影响。"后来，有孩子开始指指点点，说他没有爸爸。"章革委才下决心带牛津出来。

"城里学生"

从矿上来到城里，妈妈带着牛津"到处看"。这位母亲把所有希望都寄托在孩子身上。"人家城里孩子什么都会。"

在儿童文化宫，妈妈为他报了一个合唱班。一位女老师一眼就认出了母子："你就是牛津，你就是牛津妈吧？在电视里见过。"并开始关切地询问。章革委马上把这位老师拉到一旁，说："以后别在孩子面前说这些。"

连简谱都不会的牛津，在这里学的是五线谱，谱纸上标着密密麻麻的"do re mi"。"老师说明年就可以考级了。"但母子俩都说不清考什么级。

两天前，妈妈又为他报了美术班。不知素描为何物的牛津画了一个立方体，在画纸背面，孩子歪歪斜斜地写道：这是我第一天画的画。

"他还想学篮球、游泳，我就说好，这是短期投入，学会了就不用再学了。"章革委说，只要孩子喜欢就尽量满足。

但奥数是"长期投入"。在这里，牛津第一次听说奥数。章革委马上为他报了每周六、日上午的班。因为教材版本不同，周三和周五晚上还有各两个小时英语补习。暑假里，妈妈还让牛津学了一期300元的贝斯特英语。

"作业不多，在矿上时得成本成本地写。这里星期五下午3点就可以放学。"牛津最高兴的莫过于，"学校的课外活动好多好多"。

这几天，牛津迷上了《天文百科》，"里面讲到人造卫星，还有神舟五号。"

搬家时，牛津央求带上了爸爸的几本书：两本旧的牛津英语词典、《毛泽东读诗批文鉴赏》、《首脑论》。他希望和爸爸的英语一样好。但妈妈说，牛津总是记不住单词，背了几遍，很快又忘掉。“他不是特别有灵气的孩子，接受能力比较差。”

章革委去问奥数老师，“老师说还可以”，这位妈妈松了口气，还是担心，“矿上的基础跟这边没法比”。

除了书之外，其他与爸爸有关的东西都不敢带，章革委悄悄地藏了一张照片压在箱子里。没想到有一天，牛津竟翻出来照片，独自一人抹眼泪。

不完整的爱

矿上几乎所有人都知道牛津，知道他是牛铁奇的儿子。

出事之前，牛津的生活是令孩子们羡慕的——爸爸是副总工程师，上过大学，而许多小伙伴的父亲都是双手挖煤的。“印象中他的爸爸是坐办公室的，画图纸的，不必下井。有个老师布置的作业太多，爸爸到学校一说，马上调换了班级。”

“现在最困难的时候总算过去了。有时候孩子还会蹦出一句爸爸怎样怎样。”章革委说，但她还是尽可能让孩子忘记痛苦的回忆。

“但无论如何，母爱再多也是不完整的。”同事和姐姐多次给她介绍对象，“不为自己考虑，也要为牛津考虑。”

有时候大人说起这些，牛津会问：“妈妈是不是要找个新的叔叔？”妈妈说，没有。

从各地来的信中表示希望和她组建家庭的人也很多，都被拒绝了。“有一位上海先生说他从电视里看到床边有个插座，对孩子安全不好，应该换个地方，信里还夹带了10块钱。”这让章革委非常感动，“我们需要爱，（这个人）要有爱心，心胸要宽广，能给牛津父爱。但是现在这样的人太少了。”

妈妈试探：“牛津，要是你不姓牛可以吗？”

牛津：“怎么可以？爷爷姓牛，爸爸也姓牛。”

尽管章革委不再提父亲，这个概念却让牛津无法回避。

英语老师问：“你爸爸是干什么的？”回来后，牛津问妈妈怎么写，妈妈说：“就写我爸爸是工程师。”

写作文，老师出了题目：你最爱谁？牛津的答案还是“爸爸”。

章革委说，希望不要忘记帮助那些普通的矿难工人的遗孀。

井下的抢救工作一直在持续。8 月 22 日，章革委打听到，最后一批遗体已经上来了，其中包括牛铁奇。

矿难一周年快到了，章革委不想让孩子回去参加任何活动。5 月份，天气回暖的时候，章革委曾在牛津的要求下，带他去看了一下爸爸。那个时候，牛津爸爸“还没上来”，墓碑靠在一边。100 多个墓碑密密麻麻，牛津道：“妈妈，这么多人……”妈妈说：“爸爸和叔叔们在一起。”

少年血泪铺就“黑工之路”

■ 朱红军

近两个月，关于山西众多黑砖窑扣留大量未成年人充当苦力的消息，在河南省上千个失子家庭中飞快地流传。百位父母自发组队，遍访山西运城、晋城、临汾等地的数百家窑厂，一条血泪铺就的“黑工之路”由此被逐渐揭开。

2007年6月9日至12日，河南全省公安展开专项行动，共解救被强制劳动的未成年人29名。山西运城等地警方也展开了类似行动。在公安部的协调下，更大规模的跨省解救行动已在酝酿中。

加急求救信直寄总理温家宝，上面是一位46岁母亲的泣血呼喊：“救出我们被魔鬼哄骗、绑架，而生活在地狱中的孩子吧！”

在这位母亲身后，是近千个丢失爱子的河南家长。

2007年6月11日，母亲羊爱枝发出了这封信。最近两个月来，关于山西众多黑砖窑扣留了大量未成年人充当苦力的消息，在河南省上千个失子家庭中飞快地流传。包括羊爱枝在内的数百位父母自发组队，遍访山西运城、晋城、临汾等地的数百家窑厂，一条血泪铺就的“黑工之路”被逐渐揭开。

在最初发起的6位家长中，已有两人幸运地找到了自己的孩子。其中一个竟是被担架抬出来的——这个17岁的少年当时大面积重度烧伤，双脚已变形。

5月，河南电视台都市频道曝光此事后，闻讯前往电视台求救的家长居然超过1000人。

39岁的电视台记者付振中尽管再三克制，仍在报道中使用了“罄竹难书，惨绝人寰”的标题。“不去现场，你永远无法想象那样的触目惊心。”他说。

这是一条怎样的“黑工之路”？到底有多少少年深陷黑窑？他们经受的是什么样的折磨？解救之路为何如此艰辛？南方周末记者为此赴河南、山西展开调查。

万里寻子

2007年3月8日，河南郑州市民羊爱枝未满16岁的孩子王新磊离奇失踪。

走遍数百个网吧、张贴数千张寻人启事后，羊爱枝几乎绝望了。但3月底，河南孟县一位家长按寻人启事拨通了她的电话，重燃了羊爱枝寻子的希望——那位家长的两个孩子，幸运地从山西一处黑窑厂逃脱。

4月初，羊爱枝踏上赴山西寻子的征途。在运城、晋城、临汾，可怜的母亲甚至长跪在砖窑厂门前，询问孩子的下落。虽然没人见过儿子王新磊，但她发现：这些几乎与世隔绝的砖窑厂里，埋藏着惊天秘密。

“我跑了不下100家窑厂，”她说，“几乎每处都有孩子被强迫做苦力。”有些孩子甚至还穿着校服，印有“郑州某某中学”。而亲见的场景令她肝肠寸断，“他们蓬头垢面，赤手光脚，砖车拉不动时，监工就在后面用鞭子抽……”

有孩子避开监工的视线，跪下恳求羊爱枝把自己带走；或偷偷地塞给她纸条，上面写着家里地址和电话。

羊爱枝尝试着带走他们，但失败了——有监工对她抡起了大棒。

回到郑州后，她觉得个人之力难以维系寻子之路。通过《大河报》上的寻人启事，她很快寻找到了同盟者：巩义的张山林、郑州的柴伟等一共6家人。4月20日，家长们再赴山西。在晋城地区高平市、临汾地区洪洞县等地的公安局，羊爱枝蹲在局长办公室门口，声泪俱下，终于拿到了当地公安部门出具的协查公函。在当地派出所的协助下，他们一举解救了数十位未成年人。

在郑州火车站工作的母亲小桃，是这些家长中最幸运的一个。3月6日清晨6点多，她15岁的儿子赵海洋在上学路上，被一陌生人以要求帮助搬纸箱为名，强行塞进面包车。赵海洋先是被转卖到河南焦作一处砖窑，待了一周后，赵海洋逃跑未遂。当夜，被包工头紧急卖到山西。

5月初，小桃在山西晋城的鲁村砖窑厂，幸运地找到了自己的儿子。当赵海洋被母亲一把拥住时，竟是一脸茫然。

然而，像小桃这样的幸运家长毕竟太少，黑砖窑实在太多，而他们的寻访又频繁遭遇阻力，家长们被迫转而寻求媒体的帮助。

民间解救

5月9日，河南都市频道记者付振中与家长们一道赶往山西。经实地探访后，那些被摄像机偷录下的场景，令所有观众怒不可遏——

在山西万荣县六母村附近的4家窑厂中，每家都有一二十个孩子，其中最小的8岁，在砖机前机械人一般干活。被问及籍贯时，孩子恐惧地看着手拿三角带的监工，木讷地摇头。

河南家长寻子的消息，已在窑厂主中互相通气。部分窑厂转移了孩子，甚至有窑厂监工看到有人来，就提前用高音喇叭报警。即便这样，仅付振中目睹的孩子便不下200个。

而自发的解救行动，虽与采访相伴而行，但困难重重。

河南省烟草局一位家长在电视上认出了自己的儿子，但等他赶到窑厂时，孩子已经被转移走。窑厂主当着警察的面嚣张地说："我们这没有啊，你拿出证据来！"

16岁少年刘乙峰，汝州人，在黑煤窑做工48天后被解救。在当地派出所的要求下，窑厂主才给了700元工资。

4月27日，16岁的朱广辉被解救出来，窑厂主迫于压力支付了600元工资后，送到山西永济市城北派出所。第二天，朱广辉自己坐中巴车回郑州，结果中途被当地劳动局一监察员拉下车，介绍到了另一个窑厂。这个监察员还收了孩子300元"中介费"。一个月后，面对家长们的质问，这位监察员面红耳赤，都市频道的摄像机记录下他试图把钱还给孩子的尴尬场面。

朱广辉曾答应家长，一起指证害过他的黑心窑厂主。但当天下午，孩子莫名其妙地失踪了。此时，他的父亲正在赶来接他回家。截至目前，孩子依然去向不明，付振中难掩担忧：“会不会又被掳走了？”

当解救孩子的画面播出后，意想不到的场面出现了——自5月下旬起，打往电视台的热线电话已累计2000多个，上千名失子家长手拿相片，来到电视台求助。而数百位家长则自发聚集山西运城，追随前方的记者和羊爱枝，奔波于各地的窑厂之间。

但由于窑厂主们的提前转移，真正获救的孩子只有40多个。

黑窑内幕

逃出虎口的孩子，描述了那些黑窑厂的状况——大都依山坡而建，三面为土山，一面是出口，出口处狼狗当道。监工和包工头也住在出口处。平素只要大门一锁，监工居高临下，整个窑厂状况一目了然。

而砖窑基本处于僻静处，孩子们被运来时多半不熟悉地形路况。即便他们跑出大门，也不知该逃往何处。

17岁的张文龙6月8日终于回到了河南巩义的家。2007年3月初，他在郑州火车站被人贩子以迷药设局，沦为“黑人”。

随后3个多月时间里，他一直被禁锢在山西洪洞县曹生村三条沟砖厂。4月26日，当他和另外3个黑工被迫去还未冷却的窑口出砖时，被滚烫的红砖严重烫伤。

但工头没有把他送进医院，甚至买来的烧伤膏都是过期的。他还鼓动孩子用土法治疗——用黄土往伤口上抹。“这样的情形，如果继续感染，完全可以致命。”一位医生说。

5月底，当地警方前往一窑厂进行外来人口登记工作时，发现了悲惨的场景，张文龙得以逃出魔窟。在山西焦化职工医院进行紧急治疗时，他向医院职工要了手机，给正在永济寻找他的父亲打去了电话。

张文龙的父亲说，孩子目前反应迟钝，常常语无伦次。但被南方周末记者问及砖窑时，孩子咬着的牙蹦出了“监狱”的字眼。

本报记者从孩子断断续续的回忆中，勾勒出这家窑厂的惊人黑幕——

苦力们清晨5:00起床，午夜12:00收工。一日三餐均为凉拌包心菜或萝卜，馍是冷的。他们3个月吃不到肉，只能眼看监工们享受狗肉和啤酒。由于缺水，黑工们都是3个多月不洗头、不洗澡，甚至不洗脸，虱子遍身。

他们睡在工棚里，床就是铺在地上的棉絮。为了防止工人在黑夜逃跑，监工会在夜间锁住工棚大门。整整一夜，吃喝拉撒全在这黑黢黢的工棚里完成，腥臊味曾令许多寻访到此的家长闻之即吐。

原先允诺的工资是每月800元，但直到他们被解救时，分文没有。

6条猛犬就终日守在门外，出逃是不可能的。张文龙称，他亲见来自陕西汉中的一个同龄人，逃跑未遂被打成了残废。

当警方去施救时，又发现了8位行动迟钝的工人，怀疑其为残障。

2007年春节前后，窑厂两位工人被监工殴打致死。都市频道记者暗访时，甚至从当时埋尸的工人口中听说，在埋掉他们时，两个人似乎还有呼吸。

当地警方后来只公布了一位甘肃籍青年“刘宝”被监工用铁锹拍死的情节。而最新的消息是，6月6日上午，殴打致人死亡的砖厂打手赵延兵被警方抓获并押回洪洞。

运输线路

这条充满着暴虐的“黑工之路”，究竟是怎样的链条？

南方周末记者大量接触了寻子家长以及被解救的孩子，并得到当地警方的配合，一条初步的运输线路得以揭示。

类似贩卖未成年人往山西从事苦力劳动，十几年前就有发生，但多为个案。巨大的利益驱动了这个地下产业的发展，它的迅速网络化、规模化令人吃惊。那些十六七岁、具备一定劳动能力、但又易于被威吓控制的孩子，越来越多成为猎物。

起点从人贩子和黑中介开始，他们多在火车站、长途汽车站等地搜寻目标。遇到合适对象后，往往采取“介绍高薪工作”等方式，将孩子诱骗至临近的出租屋。

目前，已有人贩子甚至以赤裸裸的绑架方式掳掠孩子。羊爱枝的儿子以及被解救回来的赵海洋，均是在清晨6点多，在大街上被人贩子以帮助搬箱子为名，直接塞进面包车的。

经一获解救的孩子指点，南方周末记者在郑州火车站附近、商代遗址旁观察过这样的一个出租屋——独立的二层小楼，一铁制楼梯通上，四周窗户都被砖封闭。房子位于老城墙内侧外乡人混居处，治安条件差。

张文龙就在这里被关了24个小时。等人数达到一定规模——比如五六个甚至更多，人贩子就会派专人联系面包车，实施运输。可以核实的一条运输路线如下：从郑州先至新乡、焦作——这里仍在河南境内，也有部分黑砖窑；再越河南境抵山西晋城，至运城、临汾地区，以及下属各县。

为避免后患，同车孩子往往沿途被拆散，尽量避免同乡相认的可能。

一旦进入窑厂，窑主会扣留孩子的行李、证件，并重新起名，应付人口登记和家长的追寻。

在人贩子和窑厂主之间，还有着另一重要的角色——包工头。每隔一段时间或适逢有关部门检查，他们将承担孩子的转移任务。多名孩子对记者回忆，包工头一个电话，他们就会被专门押送转运到其他窑厂。

在临猗县，有窑厂主无意间透露：最近风声紧，黑工已经被转移到永济了。赵海洋最先被转卖至河南焦作的王村砖厂，在一次逃跑未遂后，他又被连夜转移到山西晋城的鲁村砖窑厂。显然，一张职业化的运输转移网已经悄然形成。

罪恶之源

黑工之路背后，是令人心惊的暴利诱惑。

经记者调查表明，人贩子介绍一个未成年黑工，可得介绍费400—500元。少年刘乙峰回忆，他亲眼看见窑厂主点钞票给来人支付费用。5月，郑州铁路分局曾抓获一名人贩子，在拨通其手机上的电话后，有窑厂主公然在通话中砍价。

但这只是利益链条中最不起眼的一环，更大的空间存在于窑厂主和包工头之间。

在山西，黏土资源比比皆是。与煤矿相比，一个砖窑的成本要低得多——只是人力成本、经营手续和税费。大部分黑窑毫无身份可言，窑厂主多为当地人，他们利用本地资源负责应付手续和检查，将窑厂承包给外地的包工头，包工头再雇人生产。

已被查封的山西洪洞县三条沟砖厂的情况恰是如此。窑厂主为该村支书之子，因其关系，该窑手续全无，却能照常生产。生产承包给了河南人衡庭汉，每出1万块砖，窑厂主支付其360元。而现在每1万块砖的市场价，为2000—3000元。

不难看出，窑厂主榨取的利润在10倍上下，留给包工头的只是蝇头小利。

作为“食物链”的下端，包工头在既得利益有限的情况下，必然要克扣工人工资，或设法寻找更低廉实用的劳力。易于控制的成年残障人及未成年人，自然成为猎取目标。

失子家长们的寻访经历，还让他们怀疑：“和黑煤窑一样，黑砖窑背后的保护伞，很容易想象到。”一位家长说。

跨省解救

令人振奋的信息正在传来，就在南方周末记者在郑州采访期间，6月9日至12日，河南全省公安机关已展开“打击拐骗强制他人劳动专项行动”第一次集中统一行动。在此次行动中，共从黑窑厂解救被强制劳动的未成年人29名、智障人员10名。警方还刑事拘留涉嫌强迫他人劳动、非法拘禁等犯罪嫌疑人58名，行政拘留62名。

更大规模的跨省解救行动已在酝酿之中，并将于近日展开。

6月13日，南方周末记者在河南省公安厅获悉，河南省高层已专就此事作出批示，有领导将此系列行动提升到重塑公安机关在人民心目中的公信力的高度，“如果是在座各位的孩子，大家将心比心，我们该怎么办？”

而此前关于此案究竟属于刑侦口管，还是治安口管的内部争议，也不再被提及。

河南省公安厅一位官员对南方周末记者表示，彻底打击黑砖窑的非法用工，以及如何防止今后死灰复燃，还有赖于劳动监察、工商管理等多部门配合。至于跨省解救，则更需两省之间的协调合作。

山西运城等地警方近期也展开了类似的专项行动，解救了不少黑工。而家长们希望的是，除去他们视野所及的地区，山西其他地区亦有大量黑砖窑存在，彻查范围应该更加广泛。

据悉，河南省公安厅已经把“山西黑窑厂强迫未成年人做窑工”的犯罪行为，紧急上报公安部，请求公安部督促山西警方清查黑窑厂，解救在山西黑窑厂受奴役的那些河南孩子。

羊爱枝的孩子还一直没有线索，现在她把所有的希望寄托在两省彻查打击上，她说：“也许有一天孩子就会回来。”

6位发起家长中，已经有两位得偿所愿。另外几位以及更多的家长，则依然循着这条罪恶的“黑工之路”，在山西与河南之间大海捞针。

第贰辑

特殊的群体

“我有艾滋但我要结婚”

——走近一对特殊恋人

■ 宋　田

他们的心事

这对恋人像一对黑暗中的土拨鼠，把自己深藏在贵阳市城北的这栋8层破旧楼房里。

2002年11月12日清晨7时，24岁的刘月明从被子里坐起来，看了看身边还在熟睡的女人，开始穿那套深黄色旧西装——他少数几件“体面”的衣服之一。冬日的阳光透过挂在窗前的方格窗帘，洒进不足7平方米的卧室。

每天总是刘月明先起床，他认为这是男主人应该做的，而床上像猫一样娇弱的女人是需要他体贴照顾的——他28岁的未婚妻葛岳琴是一名HIV（艾滋病病毒）感染者，而他是健康的。

但刘月明觉得，从目前看，他和葛岳琴的生活并没有异于常人。唯一不同之处就是在床头多了一个纸箱子，这是他们的秘密——箱子里堆满了他们收集来的有关艾滋病病毒的资料。平时纸箱盖都紧紧闭着，不让人翻动。

在邻居面前，刘月明和葛岳琴十分谨慎，因为一旦让人知道葛岳琴身上携带HIV病毒，她肯定会被房东和其他房客赶走。他相信他们都是善良的，但要让他们接受一个艾滋病邻居，刘月明不敢冒这个险。

这套面积只有30余平方米的两房一厅是租来的，刘月明和葛岳琴占了其中一间卧室，另一间卧室则住着一个中年男人。房东每月向两个房间的房客各收 100 块钱。

在这对恋人的左邻右舍眼里，他们是特殊的邻居——刘月明、葛岳琴都有过吸毒的经历，两人被当地警方带走多次，也都进过劳教所。不只一位邻居知道他们的吸毒问题。但葛岳琴说，那都是过去的事情，她和刘月明都戒了。

刘月明望着窗外，心事重重。

窗外，背着箩筐、挑着担子的农村人向城里拥去，推着小车的小贩也开始了一天的生计。这里位于贵阳城区北部的边缘，和所有城市的城郊结合部相仿，总是显得杂乱无章而生气勃勃。这一切，刘月明非常熟悉，连空气中散发的那股说不清的味道都那样亲切。

刘月明从小就生活在这一带，如果不是遇到身边这个女人，他也许就是窗外这些忙碌平庸而快乐的人群中的一个，但刘月明认为自己从来没有后悔过——因为他爱她。

刘月明消瘦的脸上有了点淡淡的笑意，他给自己点了支烟，朝窗外缓缓地吐出烟圈，好像在面前绽放一串串小小的节日礼花。

他和葛岳琴打算不久后结婚，他们已经恋爱了近 5 年了，该结婚了。

他们曾经以为这是奢侈得不可能实现的想法。两年前，刘月明家一个邻居生了双胞胎，可把这个小伙子馋坏了——“结婚真好”，稳定，温馨。

但刘月明和葛岳琴当时没敢提出来。按刘的感觉，也就是近几年，社会对艾滋病病人的宣传多了后，才感到一种稍微宽容的气氛，而这种气氛鼓励了他要结婚的想法。

但他仍不太自信，他不知道与 HIV 感染者结婚会带来什么样的压力。

十几天前他获得了一个试探的机会。那是一次专为 HIV 感染人士举办的见面交流会，他和葛岳琴在会上向贵阳市疾病控制中心的防治医生们吞吞吐吐地表达了“想结婚”的愿望。这些医生是他们很信任的，“相信不会取笑我们”。

艾滋病防治医生的惊喜和鼓励，反倒让他们感到吃惊。医生们惊叫着说，有勇气和 HIV 感染者结婚，实在太罕见了。

消息在不久之后传开，刘月明和葛岳琴一下子成为这座城市的新闻人物。平时很少打招呼的邻居们根本想不到原来报纸上登的声名大振的那对情侣，就在他们身边住。

这两天，刘月明和葛岳琴觉得生活就像被人施了魔法，发生了很多变化，鼓励的、表达惊奇的、询问的、采访的，都来了。刘月明腰间的呼机又响了，他关掉了，这变化来得太快、太突然，他有些不适应。

刘月明摇摇头，把目光从窗外收回来，转头轻轻叫醒了女人。每天让她多睡一会儿，这几乎是刘月明的习惯。

而每次提到这个细节，葛岳琴总是骄傲地宣称：他真的太好了。

他们的爱情

他们的爱情，于5年前突如其来地降临。

1998年初，24岁的葛岳琴认识了开出租车的刘月明。那年刘月明才20岁，比她小了4岁。认识葛岳琴的人都说这姑娘俊俏，看着比实际年龄小。但当时包括葛自己在内，没人知道她已被感染了艾滋病病毒。

葛岳琴很珍惜刘月明这个比自己小的恋人，认为自己找到了归属。她有段很不堪的感情史，这段经历让她吃尽了苦头：

葛岳琴高一没有读完就离开学校，那时才16岁，一边在家里帮父母照看铺子，一边“玩了好几年”。到了23岁，她混烦了，想找份工作——但这时，她才明白，自己的选择机会是多么少：文凭没有，技术没有，耐心也没有。被职业中介骗走几百块钱后，葛岳琴放弃了求职。

这时，葛岳琴开始认识一些在街面上“有面子”的朋友。其中最有“搞干”（贵阳方言，有面子、有本事之意）的一个成了她的男友。一个月后，葛岳琴去他家，门没锁，推开进去，吓了一跳，那个男人正对一张锡箔纸吸着什么东西。在他的劝说下，葛岳琴走出了人生最危险的一步——抽了第一口白粉。

3个月后，葛岳琴就成了瘾君子。他们于1997年底分手，而此前他们已经尝试过静脉注射。所以葛岳琴怀疑，自己就是那段时间，从她的前男友那里染上了艾滋病病毒。

刘月明的父母家离他们租住的房子不到1公里，原来务农，由于城市扩张，他家的田地变成了一片楼房，从城市中心搬来的城里人成了邻居，土地补偿后，刘月明一家也从“农民”变为靠两间门面为生的“城里人”。

认识葛岳琴后,刘月明学会了吸毒。刘月明记得,那是认识葛岳琴的第三天。

他是家里最小的儿子,以前很受亲戚、邻居喜欢,说这孩子“勤快、老实”,但这一切在他沾上毒瘾后就彻底变了。

刘月明叹道:“没有人理睬我了,哪个愿意招惹吸毒的呢?”

回想往事,让葛岳琴百感交集地叹了口气。她弯曲着被香烟染黄的手指,疼爱地替躺在病床上的刘月明揉着刚拔掉针头的苍白手背。为结婚忙了这些天,刘月明的胸膜炎于11月16日意外地发作了。

这里是贵阳市疾病控制中心专为艾滋病感染人士设置的活动场所——“关爱苑”。一间不足8平方米的小病室,看起来和普通病房没什么区别,只是墙壁上贴着一溜宣传画:“HIV的防治方法”、“艾滋病的传染渠道”等等。因为和医生熟,刘月明作为“家属”,就暂时住进了这里。

给刘月明治病的钱是贵阳市疾病控制中心提供的,为他们的结婚而兴奋着的医生们不希望因为刘生病而耽误婚期。一切都已经安排好了,25日左右从贵阳出发,到北京去结婚,先参加一个关于艾滋病的公益活动,然后在12月1日举行婚礼——那天是世界艾滋病日。

北京,还是读小学时去过一次,提起这个,葛岳琴有些兴奋,一旁的刘月明还算平静。

恐惧和生活

1998年11月8日,贵州省皮肤病性病防治所在当地一间戒毒所设置的监测点对入所的吸毒人员抽血化验时,发现了一例可疑血样。12月15日,正式结果出来了,那份血样带有HIV病毒。血样的标签上,是“葛岳琴”三个字。

当时这份病理通知就是贵阳市疾病控制中心流行病科科长胡绍源送的,而葛岳琴已被警方从戒毒所送到当地一个劳教所,为了减轻她的心理负担,老胡还不敢当面说出实情——撒了个谎,说可能是种“特殊的肝炎”。

葛岳琴说当时自己觉得很奇怪,怎么劳教所很快把她送回了戒毒所,戒毒所也不留她,反而通知她家让领人回家,问是什么原因,他们就支支吾吾,只说“去防疫站问胡科长”。

葛岳琴的母亲去了趟防疫站，回来后脸色铁青，却什么也不肯讲。磨了半天，她才跟女儿开了口——染上了艾滋病。

葛岳琴的第一个反应是：肯定弄错了。她搜肠刮肚，以自己有限的医学知识来缓解恐惧——“我不像生病嘛，又不发烧，又不拉肚子。”

但事实是冷酷的。“我真想一死了事”，葛岳琴把自己关在家里，谁也不想见。每次出门，看到邻居们说话，她总会认为是在议论她，谁提“艾滋病”三个字，她就寒毛直竖。每当宣传艾滋病防治知识时，葛岳琴都要去讨要一堆资料，自己关起门来慢慢琢磨。

刘月明是她的命，她惊恐地把他拉去抽血化验，但被拒绝。在另一次戒毒检测中，才确定刘月明没有被感染。

葛岳琴流着泪，提出要和刘月明分手。刘月明流着泪拒绝，他说自己离不开她。刘月明紧张地照顾着绝望的葛岳琴，她两次自杀，都被警惕的他救了下来。

这一切，他们都瞒着刘月明的家人。从谈恋爱起，两人就一直住在刘月明家。因为吸毒，时常招来很多不三不四的人上门，这弄得刘月明的家人不胜其烦，觉得在同村人面前抬不起头。

为让两人走正路，刘月明的母亲给他们盘下一小间门面，作洗烫店。生意有了起色，刘月明非常兴奋，他拼命洗衣，“手都洗烂了，就想攒钱买台旧洗衣机。”

可惜，每天的收入都换了海洛因。时间长了，客人也少了，小店最终关了门。

到后来，一些新的传言开始出现，说葛岳琴有一种不光彩的病。至于什么病，村里人也说不清。

流言不时传到家人耳里。在鸡埘旁，被母亲叫去问话的刘月明说了实情。“我也活不了几天，肯定也染上了。”虽然检测说自己没事，但刘月明也不敢相信这是真的，宁愿相信自己日子不多了。

餐桌上，刘月明、葛岳琴面前单独摆了两个盛着饭菜的大碗，家人们则用另外一套。这让刘月明很不是滋味。

2002 年 3 月，刘月明决定搬出父母家，在外面租房栖身。

葛岳琴没有工作，全靠刘月明给临时有事的出租司机代班过活，日子时常有上顿没下顿。“最穷时，身上只有 4 毛钱，买个包子还不够。”

宽容与关爱

50 多岁的胡绍源是贵阳市疾病控制中心流行病科科长。

自从给劳教所送了葛岳琴的病历材料后，他花了整整 3 年时间打听葛岳琴的下落——这是他的工作，只要发现一例 HIV 感染者，他们就必须定期跟踪，为对方提供指导。但根据葛岳琴留在劳教所的地址，他却扑了空，一家人已经搬了。

他说自己不感到奇怪，从 1994 年发现贵阳市第一例艾滋病病例至今，胡绍源和 HIV 感染者打交道已有 8 年。感染者们的回避、消失，已是常事。“他们害怕被孤立、被歧视。”

2002 年 10 月，胡绍源终于找到了葛岳琴。一见面，老胡即向葛岳琴伸出手来，握住了对方。这是第一个知道她的病情还敢和她握手的陌生人，葛岳琴的眼眶湿润了。让胡欣慰的是，葛岳琴手里已经收集了一大沓有关艾滋病防治知识的小册子。

“那天，我们去得最早。”第一次参加“关爱苑”的活动时，葛岳琴心里非常紧张。同时被医生们请来的，还有另外 4 名感染者。不知怎的，一看到这些人，葛岳琴的心中一下又放松了许多。“他们和我一样，他们对我不会有歧视。”

几次活动下来，葛岳琴发现，自己身上发生着微妙的变化，即使面对一些参观的陌生客人，她也变得坦然了。

在病友中，葛岳琴最让人羡慕，因为她身后站着爱她的刘月明。

但好事多磨。登记结婚办得并不顺利，葛岳琴和刘月明心里都有些烦躁，还破天荒地吵了架。问题出在葛岳琴身上，因为在当年被送劳教所，她的户口不知怎么的，已经被派出所给注销了，没有户口，办不了结婚证。不过这倒能想办法恢复。

好人还是多，不少人都在帮着刘月明和葛岳琴办这个事情。反倒是小两口过惯了信马由缰的生活，一旦要集中精力办一桩复杂而头疼的事情，一时还难以适应——他们不时迟到、失约，常常弄得想帮他们的人心急火燎。

这也弄得胡绍源很紧张，他一再安慰为刘月明他们办事的热心人，“没办法，他们就是这样，以后会好的”。胡绍源既担心刘月明和葛岳琴吵架，又担心两人办不下结婚手续，心情烦躁后会继续吸毒——他不希望好事没有结果，“结婚、组建家庭，对艾滋病病毒感染者的康复绝对有益”。

家　人

最近，胡绍源还把双方父母请到自己的办公室，为刘月明和葛岳琴缓和与家人的关系。

“不是胡科长出面，我妈不会腾这套房子给我们。”从出租房新搬进自家的房子，葛岳琴说心情不错。她说，结婚以后，她想领养一个娃娃，她喜欢女孩子，刘月明也是。

11月16日上午，28岁的葛岳琴平生第一次坐上主席台，在当地举行的一个防治艾滋病活动的启动大会上发言。她和刘月明牵着手走下会场时，很多双陌生的手向他们伸来。

面对众人，葛岳琴、刘月明都戴着宽大的墨镜。会后，她对我们说：“如果到北京，我希望自己不要戴墨镜。”

但会议一结束，回到那幢单元房，刘月明和葛岳琴依然如往常一般谨慎，小心地把手中的艾滋病宣传资料的封面盖住，以免被邻居看到。

刘月明被家人说了一顿。几天来，媒体记者约他见面的电话不断，甚至打到了他父母家。

“这件事情折腾得越小越好，”刘月明的母亲不时瞟一下门外，“我们家还要在这里住下去，子子孙孙的，还是要留个好名声。”

这两天的电视、报纸让一家人提心吊胆，他们生怕邻居们问：“照片的那个人咋个像你家刘月明？”

他们担心，一旦知道的人多了，会给这个大家庭带来更多的麻烦。“以前他们吸毒就已经让我们丢脸丢够了，再把这个传出去咋得了？”

刘月明的住家一带和广州的城中村相仿，被城市的扩张淹没了土地，昔日的庄稼地栽满了楼房，虽然看不到村庄的痕迹，左邻右舍大多是城里的陌生人，但毕竟原来的乡亲住得不远，彼此知根知底。

刘月明的父亲头天夜里醉酒哭了一场——老汉逛街时，从一些老熟人那里听到一些风言风语，他有些受不了。对于小儿子和将来的儿媳妇，老汉的心情复杂极了。

一个乙肝村的现实与期待

■ 江 华

这是一个乙肝肆虐的村庄，出生在此地的李昌平为此在新书《我向百姓说实话》中发出呼吁："救救我的乡亲，我愿意用一生偿还！"

中央领导和湖北省委、省政府的关注让"乙肝村"看见了希望，但一切美好的设想和计划还有待踏踏实实地贯彻。

乙肝：令人痛心的"兴旺"

从湖北省监利县城出发，一番颠簸之后，弃车从舟，小船沿洪湖边最大的人工河道螺山干渠逶迤前行。

让人惊讶的是，兴旺村周围几乎没有别的广告，映入眼帘最多的是电线杆上、墙壁上血红大字的乙肝治疗广告——某某护肝片、著名专家乙肝大会诊……一切都在提示，这里是乙肝肆虐的地方。

从1999年开始的三四年间，兴旺村已经先后有12个青壮年死于乙肝和肝癌。在兴旺村二组，全村235口人中只有劳动力113人，而死于肝病的人中，30—45岁的有6个，45—60岁的6人。

乙肝，已经成为兴旺村最大的威胁。

兴旺村是个主要依靠水路交通的闭塞村庄，在1949年以前，是洪湖的湖心。

几个墩台是湖中的小岛，在农业学大寨围湖造田后，这里慢慢蜕变为洪湖河网中最为低洼的人群聚居地。人为的改变，阻塞了原来畅通的河渠，兴旺村民开始和鱼虾、鸡鸭等等一起，吃喝拉撒全在那几乎滞留不动的水中。

乙肝陆续夺去青壮年的生命，让人们感到生活环境有些不对劲。2003 年春天，终于有媒体将农民的困境和恐惧传播到高层那里。

2003 年春天，湖北省监利县兴旺村开天辟地的热闹，来自北京、湖北省、荆州市及县里的各路行政官员和技术官员抵达这里，对乙肝村的问题进行深入的调查。村主任、支书徐祖保感慨地说："村子的人命真的'关乎天'了！"

随着一份国家领导人批示的文件的层层下达，被乙肝病毒严重困扰的村庄得到了前所未有的关注。尽管还有很多现实难题需要解决，但村民们还是感觉到越来越多的希望。

2003 年 5 月 23 日，在中央领导及湖北省委、省政府领导的关注下，联合调查组出具了一份专家提供的调查报告。

根据湖北省疾控中心、湖北省中医学院以及荆州市、监利县有关单位专家组成的联合调查组所公布的数据，在兴旺村总共检查的 876 人中，阳性（含表抗阳性，大、小三阳）40 人，阳性率为 4.56%；其中兴旺二组检查 53 户 211 人，有乙肝病史的家庭有 21 户，阳性率为 10.86%。"与全国 10% 的平均带病毒率相当。"

报告说，兴旺村二组死亡的 12 人，主要是死于肝癌、肺癌和晚期肝腹水、肝硬化、急性黄疸性肝炎等。"这可能与当地饮用水水质恶劣等因素有关。"

但兴旺村的徐祖保主任和当地一位政府官员认为，真实情况比这份报告更严重。"一些有病的人根本不想暴露自己，早就跑了。"

按照当地官员和医疗工作者保守的估计，在乙肝传染严重的二组，乙肝带病率可能已经达到 60%，或者更多。

一潭死水里的恶性循环

2004 年 1 月 7 日凌晨 6 时，拥有 1711 口人的兴旺村还处在宁静之中，按照当地的习惯，早饭的时间在上午 10 时左右。

早上 7 时左右，兴旺村的宁静被嘎嘎叫的鸭子打破。300 多户村民的几千只鸭子纷纷跳进水沟水塘里。

随后，村民们开始陆续起床，机船的马达声响起，在通往周河集镇的河道里，舢板和机船比肩而行，村民们大声地说着话。一天的日用品需要在这个时候去采购。

在笼子里下过蛋的鸭子们开始在水里拉屎。

此刻，村民们把积攒了一个晚上的屎尿也陆续从屋子里掂出来，倾倒到水港。当然，全村比孩子人数还多的狗的排泄物，也被人清到水里。

上午 10 时左右，家家户户炊烟袅袅。掌管家务的妇女们提着桶从水塘沟港里取水，在厨房里，浑浊的水被直接舀进锅里，沸腾，煮饭。

自从兴旺村由湖心变成陆地之后，这种传统一直保留。

但是乙肝让农民对这样的习惯产生了强烈质疑：水到底是不是传染的途径？

"漂白粉、明矾这些东西，在我们这里哪会用得上！"村里一位大姐指着自己家屋后的水塘说，"我们就吃这水，直接吃！"

屋后的垃圾一直堆到水塘边，绵绵细雨中，门前污浊的水流到水塘内。

沟港中，一个挖掘船正挖淤泥，后面的水港一片浑浊，淤泥的臭味随着雨丝迎面吹来。

"我吃着这水就觉得臭！根本和外面的自来水不一样！"一位在长沙打工回到兴旺村二组、染着黄头发的小伙子说，"我已经不习惯喝这样的水了。"

兴旺村有一条水路与外界相连，这些沟港的水可以变为活水。但是由于兴旺村的地势比较低，螺山干渠（与兴旺村一堤之隔）的水位会在汛期上涨，为了防止倒灌，每年 3 月份的时候，与外界相连的水路的闸门就要关闭，一直关到 10 月份。在这段时间内，经过漫长炎热的夏季蒸焙，兴旺村已经处于一片死水中。"这段时间，水开始发绿，咕嘟咕嘟冒泡！"徐祖保说。

更让徐祖保难过的是，每到雨季，只要降雨 100 到 200 毫米，整个兴旺村就一片汪洋，死鱼、死牲畜、粪便、垃圾都迅速地从暗处漂到河道内。"一片白色！"他说，"可是还要吃。"

有些比较殷实的家庭，实在吃不下这里的水，自己建了压把井，井深约 20 米。

但他们万万没有想到，从压把井流出的清澈的水竟然无法饮用，清水的含铜量很大，达不到饮用标准。

“上次联合调查组来二组的时候，揭开锅，里面的饭全是黑色！还不如吃脏水。”二组的村民只好放弃清澈的水，继续饮用沟港、水塘里的脏水。

湖北省卫生厅文件（鄂卫生文［2003］51号）报告说：兴旺村二组生产生活饮用水源老林长河上、中、下段以及农户压把井的5个饮水区域的CODcr化需氧量、氨氮和溶解氧均超标，兴旺村老林长河已不能作为集中式生活饮用水地表水源地。

兴旺村的“乙肝后遗症”

现实条件需要改善，而徐祖保更担忧的是“乙肝后遗症”。

徐祖保说，兴旺村就是因为乙肝而无法兴旺，农民生产发展的钱全部被乙肝夺去了！

兴旺村2002年人均收入800元，2003年仅仅有500元。

因为乙肝，兴旺村很多劳动力能力弱化，生产资金短缺，很多农户无法投入再生产；因为乙肝，兴旺村很多外出打工的人都被清退回来；因为乙肝，二组私人债务每户平均至少在2万元以上，合计在100万元之上。同时，二组村民还欠公家的钱数十万元。

兴旺村，目前欠政府债务170万元。

兴旺二组吕海平、吕遥平、吕黄平的母亲，现在仅仅剩下吕黄平一个人，其他儿子都因肝病先后去世。吕黄平又有“大三阳”。现在老人住在一个破旧不堪的土质房子里。

老人根本没有生活来源，做些鳝鱼篭（注：逮鳝鱼的工具）卖，维持生活。“一个篭卖几毛钱吧。”

当她向人们展示自己的“作品”时，70多岁的老人家被泥地滑得四脚朝天倒在地上，村子里的年轻人发出了轻轻的笑声。

老人没有回头，站起来，拍拍沾满泥土的屁股，眼泪一下子无声地流淌下来。

吕海平去世后，妻子何红美唯一多起来的就是七八万元的债务和在监利县城上高中的儿子每年的学杂费。

对患有乙肝并越来越严重的她来说，生活下去的基础是什么，不知道。

何红美在2002年，吃了700多元钱的药；2003年，没有吃过一片药。

2003年，何红美种了3亩水稻，收了2000斤稻谷，卖了1000斤谷，共计430元。

现在能支撑这个家的是远在珠海打工的大女儿、二女儿。大女儿从15岁就出去打工了，今年19岁，整整4年。

何红美说小儿子上高三一年需要9000元。她显然在夸大这种数据，她企图通过这种夸大的困苦，得到一些来自政府和好人的帮助。

吕神旺的妻子和儿子正在吃早饭，乙肝夺取33岁丈夫生命的时候，她才29岁，目前她又是血吸虫病患者。

在吕神旺家门的墙壁上，贴着A4纸的“乙肝防治知识问答”。“如果‘上面’早贴这个，村子里能有这么多病人吗？可惜神旺看不到了！”吕的遗孀叹口气说。

目前的兴旺村，最兴旺的地方是“李天庙”。庙内香火旺盛，村主任说：“我不想阻止他们，尽管我是无神论的共产党员。”

他解释说，村里人有钱治乙肝的时候，还能够支持一段时间，后来钱少了，就只好来烧香祷告了。

等待接续的资金链

2003年3月24日，中央电视台《经济半小时[ ]》栏目就兴旺村乙肝得病率高的状况进行了报道，引起中央、湖北省的重视。中央、湖北组派联合调查组对兴旺村的乙肝状况进行调查，要求改善兴旺村的水环境，对兴旺村进行改水、改厕，并拨专门款项。

2004年初，记者在兴旺村看到了各级政府的公文和中央、湖北省高级官员的批文：

> 省专家组建议：县乡各级政府应对类似兴旺村这样的贫困村制定优惠政策；有关部门要保证村民有厕所，有卫生清洁水；有关部门加强普及防病治病常识；健全三级预防保健网络……

2003年3月25日，中央电视台报道的第二天，监利县委书记杜在新主持召开现场会，专题研究兴旺村的情况，明确指出“确保年底前让村民吃上卫生放心水”。此外由财政支持，解决兴旺村行路难问题。

可是，截至2004年1月7日，兴旺村实现的目标是：82米深、花费4万元的深水井已经完成，但是配套资金不到位，兴旺村仍然没有喝到卫生水。

那口已经打好的井（深82米，水质符合标准）建在兴旺小学教学点的一个角落里，被封着，上面连着水管，再没有其他配套设备，虽然现在可以从里面抽水出来，但是只能满足周围几户。村主任告诉我们，目前村里只拿到5万元的改水资金，其中4万元用来打井，“根本不够，还要建泡晒池、机房、水塔！”因为这项资金，徐祖保已经两次去省城，五次去市里，去县里不计其数。

如果村民喝到卫生水的所有资金30余万元不能到位的话，兴旺村只能望井兴叹。

改厕资金应该到位10万元，但是到了2004年初，仅仅到位5000元。

值得乐观的是，兴旺村已经有了一堆堆红砖。兴旺村二组，很多农户家的外面都可以看到散落的红色砖头和沙子——在一座正在兴建的厕所前，主人兴奋地告诉我们，政府出了钱后，他自己要贴点，在里边再建一个洗澡池，估计需要800元左右。“建好后，环境肯定会好很多！”

“很多材料钱和泥瓦匠的工钱都欠着，现在年关将近，谁还愿意欠钱！而且当初省上拨款是对整个兴旺村的，现在只能重点给二组了！”村主任说。

在二组一家较殷实的屋内，刚刚用白色瓷砖镶嵌好的厕所还有些潮湿，乳白的洗漱盆、蹲便器，主人花费了不少的资金。女主人笑着说：“就等来自来水了！”在记者采访过程中，县职能部门又落实了包括实物在内的1万元投入。村主任、支书徐祖保还是有些失望——本来想把“欠”二组的3万多元都拿到手的。而据徐祖保所知，省有关部门下拨的相关资金10万元已经到达县里。

不过，让徐高兴的是，政府仍然为村子里提供了1000份的乙肝疫苗。0—7岁儿童都得到了接种。

他不满足这个，他希望当地村民尽快改变混吃混用的习惯；政府对村民卫生常识教育缺失已久的课也需尽快补上。

“没有这些，再多的疫苗也没用。”徐说。

医疗困局：无法麻醉的现实

兴旺村原属于监利县周河乡，2001 年，周河乡在欠下天文数字的债务而无法运作后合并到现在的汴河镇——当地老百姓称之为“乡破产了”。

原周河乡拥有的公共卫生机构破产关闭后，被民营老板建成了纺织厂。

周河乡公共医疗机构的丧失，促成了个体诊所的成立。现在整个周河行政责任区的集镇上，有 5 家诊所。“我们根本没有接过一个乙肝病人，也不卖治疗乙肝的药物，没有人敢在熟人这么多的地方买药。”一个个体医生说。

谈到以前的公共卫生机构，他说当时医院里设备很齐全，有 B 超、X 光等。

据监利县志载，1991 年周河乡卫生院门诊 30501 人次，住院 2024 人次，业务收入 20 万元。

兴旺村只有一个乡村医生张作奉，他只是负责医治头疼脑热之类的病。

在村诊所的房间里，墙上挂了一行各种病情求诊人员的档案记录。张作奉说，村里即使有人得了乙肝，也不会来这里医治，“怕别人知道，这里也没有条件！……”

在兴旺村 40 多分钟车程之外的是汴河镇卫生院。2002 年 8 月开始，汴河镇卫生院无法运行，关闭 4 个月，从 2002 年 11 月 17 日开始改制，实行承包，成立经济合作实体，重新开张。

即使如此，医院仍然步履维艰。

据该院办公室主任郑德斌介绍，汴河镇卫生院虽然“承包”，但依然要承担政府职能——疾病预防。2003 年镇政府预算对镇卫生院公共卫生的投入为 9 万元，到目前只到位 5000 元。SARS 期间，汴河镇投入 2800 元，院方支出 3 万元。10 月份，卫生部专家组织的“查早期胃癌”的检查中，镇里支出 500 元，院方支出不下 5000 元。

“缺口部分，就成为医院的亏损。改制之后，本来是为了甩包袱，但是现在又背上了更重的包袱！”郑德斌说。

本来地方财政的 8% 应该投入公共卫生建设，但是汴河镇 6 万人口，一年投入 9 万元，平均每人 1.5 元——即使这笔资金，也因为政府机构运转资金赤字而无法到位。

兴旺村目前财政亏损170万元，有欠政府的，有欠高利贷主的。

“农民需要最基本的医疗保障。”汴河镇徐幼青副镇长说，他是被媒体曝光后的兴旺村复兴计划的主要负责干部。

农村，需要庞大资金和良好的医疗体制，乙肝已经让兴旺村无法经受更大的负担。

从医30年、“负责卫生防疫”的兴旺村卫生室的张作奉医生感慨地说：“农村还是搞合作医疗体制好！”说完，他笑了：“我真是瞎说，农民这么多……”

2004年1月7日，当记者离开兴旺村的时候，村里传来一阵阵鞭炮声。

徐祖保兴奋地告诉我们，这是兴旺二组农历羊年唯一的喜事——一个新郎娶妻。2004年1月8日，他们家要摆喜酒。几个方桌已经放在房外的空地里。要知道，兴旺村在数年的时间里，没有喜庆的鞭炮。

“她这新郎也得了乙肝……”徐祖保说。2004年的兴旺村，到处存在着没有改变的现实导致的隐患。

所幸的是，政府正在作艰难而漫长的努力。政府拯救兴旺村的蓝图和计划，需要踏踏实实地实现。

吕又平在船上等待，吕黄平在地上等待。当地政府也在渴望着。

肺结核恐惧下的乡村

■ 成 功

“妈妈，我的病是不是很严重、很难治？还有几天可以好啊？”头戴两个粉红色蝴蝶发夹的刘文媛一边撒娇往母亲李带珍的怀里钻，一边睁大眼睛天真地问。

面对活蹦乱跳的女儿，已经委屈很久的李带珍再也忍不住了，眼泪吧嗒吧嗒直往下掉，“这孩子能吃、能睡、能闹，谁会想到得了这种病？”

2004年6岁的刘文媛就读于湖南省邵阳市隆回县高坪镇小学，去年拍X光片检查发现了肺结核的先兆，并且“越来越严重”。

2003年4月10日，李带珍带着女儿刘文媛到湖南省中医药研究院附属医院检查，发现“两肺纹理增强、增粗”。而2004年5月17日，在长沙航天722医院的检查结果显示：“两肺纹理增强，双肺结构略有模糊。”2004年8月17日，去新化县人民医院检查时，刘文媛的情况进一步恶化，“双肺门影增浓，结构模糊，双肺纹理增强、紊乱”，医生建议要再次复查。

每天晚上，李带珍总是在床上翻来覆去，她怎么也想不通，“为什么孩子会得肺病？家里人也没有得过这种病”。她常常会在半夜里突然爬起来，坐在床上。“你老这样迟早会疯的！”丈夫只能安慰李带珍说，“肺结核也不是什么不治之症。”

和李带珍有相同遭遇的父母并不只有一个——在湖南省隆回县，许多父母陷入了和李带珍一样的疑虑中。他们的孩子都曾经在去年注射过卡介苗。

波及千人的疑虑

据隆回县委、县政府的一份调查报告称，1999年至2001年，原高坪镇防疫保健所临时聘用的防疫专干黄武英为侯田片区15所小学和侯田中学的2000余名学生接种卡介苗。2003年1月，高坪镇防疫保健所委托乡村医生杨旺财、周英华为雪界小学65名小学生接种卡介苗。

最早发现接种卡介苗问题的是高坪镇三星村雪界小学一年级8岁的学生袁源。

2003年元月，接种过卡介苗的袁源突然出现颈部淋巴结肿大症状，胳膊上注射部位发生肿痛溃烂，孩子的家长担心了。同年9月26日，经邵阳市结核病防治所初步检查和复查，确诊袁源患有“右上肺结核”。

20多天后，这起“偶然”事故便得到了初步解决。10月19日，隆回县卫生局组织县卫生防疫站和主要责任人乡村医生杨旺财、周英华与袁源母亲杨建红达成医疗纠纷调解协议。协议认定“袁源接种卡介苗后出现的局部症状和肺部情况，和接种疫苗操作注射过深有一定因果关系”，同时协议还决定“袁源的治疗按政策减免抗痨药品费”，并且一次性赔偿3500元，分别由杨旺财承担1500元，周英华和高坪镇防疫保健所各承担1000元。

袁源接种疫苗后患上肺结核并获得赔偿的消息不胫而走，在乡间几经扩散后，这起看似偶发的“卡介苗事件”引发了一场波及千人的大面积肺结核恐慌。

“我们当时处理经验不足，为尽快平息事态，才签了这份调解协议。”事后，隆回县卫生局副局长焦志军“懊悔不已”，“省里结核病专家把我们骂得半死，说种卡介苗不会发生肺结核，签下协议反而在群众中落下一个把柄：让人误以为种卡介苗和肺结核之间存在因果关系，造成了不必要的恐慌。”

高坪镇越来越多的家长陆续发现，自己的孩子在接种卡介苗后，出现了“有鸡蛋大小的红肿卡疤”、“局部化脓”、“溃烂流出黄白色脓液”等症状，更有小孩被确诊为“肺门淋巴结核”。家长们开始将质疑的目光投向县卫生防疫站的疫苗上。

据隆回县主管卫生工作的副县长陈慈英介绍，2003年11月她在长沙开会时，就有群众给她打电话，反映高坪镇有270人因打卡介苗引发结核病，她当即要求县卫生局调查此事。

2003年12月4日，隆回县卫生局和县防疫站对高坪镇侯田片区接种了卡介苗的学生进行了一次大面积调查，调查报告最后结论称："在调查的519人中，仅发现可疑结核病人1人，大部分属接种后加重反应的现象，个别可能和注射操作技术人员操作欠妥有关，但此疤痕不会引起结核病，也不会对身体造成危害，无需作特殊处理。"

这份调查报告立即招致学生家长们的质疑和不满。还是12月，应高坪镇大石村的袁隆平、回小村的汪海燕、凤形村的袁丽和雪界村的袁源的强烈要求，隆回县卫生局和县防疫站组织这四名学生去湖南省结核病防治所检查。

2004年3月31日，经湖南省结核病控制办公室主任医师杨华林、彭达平等检查后得出结论，结果确认袁隆平、汪海燕、袁源均患肺结核，但认为"与接种卡介苗无关"，而另外一位女学生袁丽则是"由卡介苗引起的局部硬结与个体差异有关"。

这一诊断结果，非但没有起到平息恐慌的作用，反而让许多本来还在观望的家长一下子慌了神。

随即，许多爱子心切的家长纷纷带着孩子四处求医，近赴长沙、邵阳，远到四川、云南、贵州、广州、武汉等地的医院进行检查，结果不少人发现孩子肺部存在不同程度的问题。

一时间，肺结核成为高坪镇上空的乌云，压在每个高坪人的心头上。

紧急成立工作组

因为问题一直拖而不决，2004年8月11日，高坪镇200多位学生家长带着孩子来到县卫生防疫站上访。

事情发生后，隆回县县委、县政府成立了专门的领导小组解决这一事件，主管卫生的县委副书记刘玉江任"高坪卡介苗恐慌事件处置领导小组"组长。县领导还对工作组提出了一个要求："一定将'卡介苗事件'5天之内平息下来。"

8月14日，隆回县委、县政府又紧急调集56名高坪籍政府工作人员回乡"做工作"，加上卫生局、防疫站等主管部门的人员，驻守高坪的人数高达100多。

"我们高坪镇上仅有的几家旅馆全给工作组包了。"生意兴隆的"雅素"旅店老板魏先生感到惊喜。

与此同时，为缓解群众恐慌情绪，在县委书记杨建新的过问下，当地卫生部门全员出动，组织了一次空前规模的医疗检查，以尽快确诊学生的病情。

从8月13日开始，高坪镇卫生院门前挤满了前来检查的家长和孩子，无一不神色紧张地等着拍X光片。因为卫生院只有一部X光机，来排队检查的学生又太多，"工作量大，机器不堪重负，卫生院的X光机用坏了"。高坪镇卫生院院长、高坪镇防疫保健所所长罗小军解释说。检查工作不得不因此暂停。

"截至8月21日的统计数据，卫生院检查了1452人，其中930人照了X光片，共有309人卡疤呈阴性或增大，肺部有阴影计43人。"县防疫站计划免疫室主任郭柏松说。和上次一样，这次调查依然只发现一例肺结核，患者是来自侯田片区一位叫袁忠的学生。

对于时隔9个月后的第二份调查结论，高坪镇的学生家长们依然表示出疑问：首先，目前已经确诊肺结核的至少有袁隆平、汪海燕、袁源等人，患肺门淋巴结核的包括曾理鹏、曾帅、周英新、周骅等人，而这份统计报告称仅有袁忠一人；其次，这次排查出具的X光报告中，几乎所有的肺部纹理增加、增粗的案例，均被诊断为支气管炎、感冒等，有的干脆就不写诊断结果。

"哪来这么多小孩得支气管炎？"袁源的母亲杨建红对如此诊断感到不可思议。

"因为袁隆平、汪海燕等人已经得到省结核专家确诊，所以没有包括在这次排查范围之内"，郭柏松解释说，引起"肺部纹理增加、增粗"、"肺门淋巴结核"的原因很多，患者可能本来就带有结核病菌，或者通过其他途径感染上。但有一点可以肯定，卡介苗作为失去致病力的疫苗是不会导致肺结核的。而一些报告中诊断没有结果，是因为还需进一步复查。

"许多人把卡疤增大、红肿等接种卡介苗后的正常反应误认为会导致肺结核，这种误解确实影响了一部分缺乏基本免疫常识的群众，当然这和我们防疫部门宣传不到位也有关系。"隆回县防疫站书记王祥龙说。那么如何解释高坪镇很多孩子出现的肺部症状？湖南省卫生厅疾控处处长简学武说，如果选取另外一个地点进行普查，也会发现由感冒、支气管炎等其他因素导致的大量肺部症状的情况。“这属于正常范围，没有必要过分担心。”

卡介苗来自哪个厂

2004 年 8 月 16 日，湖南省卫生厅疾控处处长简学武率领湖南省结核病防治所副所长杨华林、主任医师杨坤云等专家组成员，来到隆回县调查卡介苗接种风波。

次日，杨华林、杨坤云以结核病专家身份在隆回当地电视台发表讲话，同时他们的讲话内容以传单形式广为散发。

杨华林等人认为，接种卡介苗不会发生结核病，即使由于注射过深或剂量过大等操作失误，也不会导致肺结核或其他任何疾病。

在高坪镇政府公告中，杨华林等人还以十分绝对的语气强调，“注射过期和失效的卡介苗也不会引起肺结核和其他疾病，但是卡介苗的免疫效果会差”；而复种卡介苗只会加强免疫，绝对不会引起肺结核。

这个对“过期”和“失效”问题的解释，源于家长们对卡介苗疫苗本身质量的怀疑。本报记者调查发现，这批注射入孩子们身体内的卡介苗的具体来源已难得到明确结论。

当记者在高坪镇防疫保健所要求查看卡介苗详细入库出库登记资料时，防疫专干黄小红从裤兜掏出卷成一团的皱巴巴的绿单据，“这是县防疫站内部物资划拨单，因为是县里领回来的，所以没有登记这些信息”。

在县防疫站仓库保管那里，记者同样看到卡介苗等疫苗的登记资料除了入库时间和数量两项数据外，连疫苗生产厂家、批号、规格、有效期等基本信息都没有。

据县防疫站副站长邹序忠透露，防疫站里使用的卡介苗主要来自武汉、上海和成都三个生产厂家，因为以前资料登记不规范，所以现在无法查清引起恐慌的那批卡介苗究竟属于哪个厂家和生产批次。“因为防疫站的疫苗是由省、市防疫部门统一调送，当时没有详细登记疫苗资料。”

而关于卷入这次肺结核恐慌中的侯田片区 2000 余名学生接种卡介苗的登记卡，防疫专干黄小红说：“原来临时聘用的防疫专干黄武英被调走后，没有移交，所以登记卡资料没有了。”

注射卡介苗究竟会不会带来问题？记者采访了国家卫生部肺结核防治临床中心主任、中国防痨协会副理事长李拯民。李拯民说，卡介苗是一种减毒性的菌苗，失去致病性，接种卡介苗不会导致肺结核。但是卡介苗必须按照严格培训的标准和规程进行接种，如果出现“皮下或肌肉注射”、“剂量过大”等操作不当，会引起机体较为强烈的局部反应如肿脓、溃疡等，甚至是致死性的全身反应。

“按国家统一标准生产的卡介苗是减毒性的菌苗，即使失效也不会导致肺结核。但是如果接种的是含有结核菌的假卡介苗，那就会产生很严重的后果。”杨华林说，从排查结果来看，这次隆回县接种的卡介苗是没有问题的，否则问题要比现在严重得多。

国家卫生部明文规定，卡介苗必须按照严格培训的标准和规程进行接种，接种卡介苗必须按量皮内注射，严禁皮下或肌肉注射，同时接种卡介苗后4周内同臂不能接种其他疫苗。而据乡村医生周英华介绍，以前他从没参加过什么培训，“打卡介苗差不多和打青霉素一样”。对于卡介苗严禁“皮下注射和肌肉注射”，周浑然不知，更不用提其他一些禁忌事项了。至于高坪镇防保所所长罗小军说的要用“带冰块的药箱存放疫苗”，周英华指着身旁一个落满灰尘的破旧小药箱，“我一直就用这个来装疫苗，哪里有冰块？”

“只要交钱，就给你打防疫针。”周英华的接种疫苗的标准简单明了，“反正防保所通知来打防疫针我们就去打，省专家说打防疫针可以防病的，没坏处。”

“卡介苗事件”后，周英华被县卫生局吊销行医执照，理由是他的行医资格考试不合格。“我都从卫校毕业当赤脚医生十几年了，从来没人说我不合格。现在出了事，却让我扛。”曾给高坪镇雪界小学接种卡介苗的周英华觉得很不公平。

复种早被卫生部叫停

另据国家卫生部肺结核防治临床中心主任、中国防痨协会副理事长李拯民介绍，过去我国实行0岁时初次接种卡介苗后，到7岁、12岁（农村）分别进行一次复种的制度。后经过专家的充分研究论证，发现“卡介苗复种并不带来额外的保护作用”，卫生部于 1997 年 8 月下发了《关于停止卡介苗复种的通知》，提出不再对任何人群进行复种。

既然卫生部 7 年前就发文通知停止复种卡介苗，而隆回县为何还是对中小学生大规模复种卡介苗呢？

对此，隆回县防疫站站长杨剑解释说，县防疫站一直没有收到这个文件，所以也就无从执行。

省卫生厅疾控处处长简学武解释说，省里早就对停止复种卡介苗发了文件，隆回县之所以还在复种卡介苗，一方面因为隆回县属于偏远的山区，国家政策传递到农村需要一段时间；另一方面也确实反映了隆回县防疫部门没有很好地贯彻国家计划免疫政策。

“每次通知要打防疫针，我都是到镇防保所那里领卡介苗，给防疫专干黄小红上交每个人份 2.5 元计，然后给学生打针，每人收 5 块。”乡村医生周英华一肚怨气，剩下 2.5 元中，除去注射器的成本 3 角 5 分，还要买些烟和礼物给学校。“其实到最后我只赚百十块钱。”

高坪镇防保所防疫专干黄小红说，乡村医生交来的 2.5 元，扣除规定的卡介苗运输费 0.36 元每份外，其余的都要上交到县防疫站。

记者从隆回县防疫站保管科查到的数据显示，2001 至 2003 年期间，隆回县全县发出卡介苗总数为 28500 人份，也就是说仅卡介苗一项，如果按照每位学生交纳 5 元，就有 142500 元在防疫站、乡村医生、学校老师三者之间按照比例被瓜分。

而李拯民说，根据国家规定，计划内免疫应全部由国家财政来“埋单”，计划内免疫的装备，包括针头、针管、消毒锅，都是免费配备给医生的。计划内免疫的五种疫苗（其余四种是麻疹疫苗、百白破疫苗、脊髓灰质炎疫苗及乙肝疫苗）之一的卡介苗，是免费提供，不应再向群众收钱。

“本来按规定打卡介苗不应该收费，但是防疫站的人也要吃饭！”隆回县卫生局副局长焦志军说，隆回县是国家级贫困县，县财政负债 2000 多万元。县里每年财政拨款给防疫所 16 万元，最后到手只有 12 万元。“刚好够发两个月的工资，不想办法创收，就没法活了。”

焦志军强调，在2002年前，各乡镇的防疫保健所没有财政拨款，除了靠医院经营补贴一点，其他就要靠创收。

卡介苗复种带来的创收只是“杯水车薪”，并没有缓解防疫所财政上的压力，县防疫站的生存仍然是举步维艰，更不要提向百姓“提供免费疫苗”。

另一方面的困扰就是从业人员的素质问题，据县卫生局副局长焦志军透露，去年乡村医生执业资格考试中，全县800多个人，只有不到一半合格，“一摸底想不到情况这么糟糕”。

与良莠不齐的乡村医生队伍相比，站长杨剑常常感到县防疫站是“无可用之兵”，闲人太多。“防疫所真正能干业务的人只有40多个，现在却足足养了100多个人。”“这次‘卡介苗事件’虽然没有演变为严重事故，但它对我们完善防疫体制管理、信息建档、规范收费等有很大触动。”隆回县主管卫生的副书记刘玉江总结时深有感慨。

经过当地政府的努力，隆回县肺结核恐慌情绪已经得到缓解，但疑虑并未真正除去。“这些人为了收钱，不按国家规定，给孩子乱打防疫针。”袁源的母亲杨建红经历这次风波后显得十分谨慎，“不管这次‘卡介苗事件’最后是什么结果，以后再要给孩子打防疫针，我都要先考虑考虑了。”

艾滋孤儿成长裂变

——30名艾滋孤儿生存心理实录

■ 沈 颖

蔡寺村的257名孤儿

如今9人已经成为大学生，24人就读于高中或技校，而更多已成年的孩子早早辍学去沿海发达地区打工，有人出外打工10年从来没回过家乡。

2008年11月29日下午6点，安徽省阜阳市阜南县王化镇蔡寺村防疫站门口，从北京专程赶来的温家宝总理和10个艾滋孤儿一一握手。17岁的高二学生陈建飞是最大的一个孩子。

“你们的学费和生活费怎么解决？”温家宝问。

“香港智行基金会给我提供全部学费，每个月给我生活补助。”陈建飞回答。

温家宝回头嘱咐陪同的安徽省及阜南县官员说：“救助艾滋孤儿，国家虽然投入了不少，但做得还不够，民间慈善机构缓解了政府的困难，起了补充作用。”

巧合的是，就在温总理所站的空地上，两天前上午，智行基金会安徽办公室工作人员马正洲忙着第5次给该村200余个艾滋孤儿集中发放学费和生活补助。

蔡寺村，与河南交界，艾滋病魔自20世纪90年代借中原卖血风潮蔓延至此，整个村庄从此阴霾不散。这是阜阳市艾滋病疫情最高发的村庄，艾滋孤儿也最集中，救助工作沉重，这也许是温总理选择造访的原因。

截至目前，据阜南县疾控中心统计，蔡寺村共有在册艾滋病人115人。近年来，尽管政府免费供药，但病人病情潜伏数年后日渐进入发作期，村里新坟仍不时出现，由此致孤的孩童不断增加。

已经连续10年致力于艾滋孤儿救助的香港智行基金会在蔡寺村资助上学的孩子总计257人。如今9人已经成为大学生，24人就读于高中或技校，即将步入社会。

从2006年8月至今，马正洲记不清多少次骑着摩托车卷着尘土到这个村子，彼时，他被看作“骗子”，现在则被视为“家人”。

更多的孩子仍在成长的路上艰辛迈步。总理造访前的一周，本报记者在该村腰庄、后宅、程寨村组走访中观察到，一人或多人感染艾滋的家庭，境况窘迫，政府派送的电视机是唯一醒目的家什。

这些家庭一般有2至3个孩子，多的达五六个，以父母中一方去世的单孤居多，双孤较少。正值周末，上学的孩子就挤在逼仄的屋内小板凳上做功课。“下雨时屋子里都是湿的。”一个孩子指着破了一个大洞的屋顶说。

迫于生计和照顾孩子，村里新出现了艾滋病人组合家庭，一对感染夫妻，丈夫去世，仍存活的妻子与另一个失去妻子的男感染者重新组合成家庭，他们的孩子貌似脱去了孤儿的身份，但处境依然。

而更多已成年的孩子早早辍学去沿海发达地区打工，除非主动打村上电话回来，没人知道他们在哪里出没，过得如何，“有人出外打工10年从来没回过家乡，反正父母不在了”。

在县城，温家宝再度见到了两年前到中南海做客的孤儿楠楠，并欣然在送给她的字典上题字，“要站立起来，自己走路，不用拐杖”。然而，现实是，对于太多的孤儿而言，扔掉拐杖，何其之难。

20%的受助辍学率惊人

8年前，只要我愿意给钱，他们都盼着读书；现在我愿意给钱，他们似乎不愿意读了。

和温总理握手的陈建飞如今在读高二，立志考大学。

两年前，15岁的他已受到智行基金会的资助上学，按照资助规则，先行缴纳学费再事后报销。但先期周转的1000元学费难倒了他，已成家的姐姐电话过来要断绝关系，奶奶不仅要将智行资助的部分学费占为已有，还跟他算账要他归还以前的开支。各自窘困的家境使得亲情出奇淡漠，一度逼迫小建飞动了放弃学业的念头。后来智行基金会为他改了规矩直接给钱，窘迫才缓解，他的人生也得以越过第一个十字路口。

两年来，蔡寺村给马正洲最深的印象是，“辍学的孩子太多了”。他说，在目前救助的孩子中，别说考上大学的凤毛麟角，坚持读高中的已属罕见，不少艾滋孤儿早早辍学打工，有的在小学就终止了学业，“200多个孩子，少数是被反复劝回来读书的，更多的拽也拽不住”。

两年前，16岁的孙莉莉就因为“家里连油都吃不起才出去打工”。她谎报年龄在南方一皮包厂里干了一年多，“早上7点到晚上12点多，至少做600个包，完不成任务要罚款”。后来智行基金会的人找到她，资助她继续读书，她不敢相信，“笑了一整天，忘了吃饭，我以为自己一辈子就这么浑浑噩噩地过去了”。

辍学现象绝非蔡寺村独有。2008年11月初，智行基金会的负责人杜聪在郑州跟几十个大学生聚会，这些孩子都曾经是艾滋孤儿。他做了个即兴调查，在43个大学生中，本人曾经有过辍学念头的有28个，而其中34个大学生的兄弟姐妹中至少一人未读完初中就已辍学外出打工。

杜聪在河南已做了8年艾滋孤儿救助工作，他说：“8年前，只要我愿意给钱，他们都盼着读书；现在我愿意给钱，他们似乎不愿意读了。”

这“不只是资金缺乏”那么简单。

杜聪认为，农村的价值观的改变令艾滋家庭的观念首当其冲，“读书经济回报低、周期长”、“看见别人打工回来穿金戴银的诱惑”等内在因素日趋影响了家长和孩子的人生选择。

辍学打工的孤儿们大多隐于人海，音讯全无，智行基金会资助的数据中，因辍学而使资助中断的例子逐年增多，估计在20%左右。个别被智行成功劝回学校的孤儿的外出遭遇预示着打工之途并不平坦。

2008年5月，万光辉从浙江平湖一家“黑工厂”逃回了家。他在流水线上做了3个月的服装，却没拿到一分钱，想离开，保安日夜看守不准走，他偷偷给马正洲打电话求救，马报了警，才脱了险。

暴力倾向与歧路可能

“他根深蒂固地认为从小受到的嘲笑、不公的命运和仇恨只有通过暴力发泄才舒服一些。”

“人很多，温总理却站在靠我们最近的地方，我们围着他”，陈建飞说，身边的孩子不敢相信总理真的来了，紧张得不敢说话。陈建飞觉得自己比过去开朗多了，他发现自己是唯一一个敢当众回答总理问题的孩子。

停留半个多小时后，总理一行继续赶赴医院看望艾滋病人。陈建飞还有许多发自内心的话来不及对总理说。

他想说，如果不是社会的关怀，让他释放了心里的仇恨，“也许我就走上歧路了”。他还想说，很多孩子并不这么幸运。

现在的陈建飞痛心于几个同村孤儿日渐严重的暴力倾向，“他们有的既不上学，也不去打工，四处游荡，撬门打游戏，在学校充当小打手收取保护费”。

陈建飞目睹着从小一起长大的小学同学王强在父母去世后，性格日变，最后发展到去赌场充当打手，在一次打架斗殴中被抓，被判了5年。“他崇拜暴力，仗着自己是艾滋孤儿，谁也不敢惹，大人也敢打。”

出事前两个月，陈建飞找到王强，想规劝他放弃暴力，深谈后他发现自己已经无力改变他的看法，“他根深蒂固地认为从小受到的嘲笑、不公的命运和仇恨只有通过暴力发泄才舒服一些”。

2008年11月23日下午，蔡寺村后宅，记者走进一间仅3米长2米宽的破土屋，没水没电，这就是打工逃回的万光辉的家，他和哥哥在父母艾滋病死后一直在此蜗居。“我不愿意再回到这间屋子”，万光辉说，这里灌满了悲伤的记忆。2007 年 12 月，19 岁的哥哥万光荣因轮奸罪被抓，现在合肥某处监狱服刑，被判了 12 年。

屋内桌上，异常醒目的是一个观音像。“过年的时候每天必擦，擦得发亮。”哥哥在外打工后，也常告诉他一个人待着别害怕，“有观音保佑”。

哥哥在弟弟眼里“很顾家”，父亲死后，读四年级的哥哥辍学打工供弟弟上学，要照顾弟弟，他不敢走远，就近到县城建筑工地帮人搬砖头打杂。15 岁时出远门，间隔一段时间从外地打村里电话，叮嘱弟弟好好读书，寄回钱来给他交学费。

两年前，弟弟发现哥哥变了，在外面交了不三不四的朋友回来，染着黄头发，喝酒，走路嘴里叼着烟。最后他把自己送入了监狱。

掉进犯罪黑洞的孩子不只是安徽孤儿。河南大学生张胜利和在北京当保安的弟弟已经失去联系快两个月了。兄弟俩同受社会资助，却已然有了永不交叉的异样人生。两年前，几个小混混拉着他弟弟去一个修理厂偷了一万多块钱，“钱是他们拿的，我弟弟负责给他们望风”。出事后，小混混的家人花钱打点关系，把自己儿子保出来，“只有我弟弟被抓去判了刑”。

难以愈合的心理创伤

> “最近没有开心的事”，“没人愿意和我玩”，“当别人喊爸爸妈妈时，我很难受”，“没有什么事能让我感觉好些”，“我觉得没有人能帮我”。

陈建飞觉得判了刑的王强并不是天生的坏人，“如果早点有人跟他聊聊，打开心结，不至于掉进深渊”，“他心里压抑得太久了，无法承受”。陈建飞认为，暴力倾向的内在症结是心里淤积的痛苦经验得不到释放。

智行基金会的马正洲接触的艾滋孤儿中心理问题最严重的是 17 岁的刘云飞。在基金会为孤儿们举办的夏令营里，有个工作人员看了他一眼，他就很难受，找马正洲，问“是不是他瞧不起我，因为我是孤儿”。他甚至只因一个小细节就与工作人员打起来，以为别人要欺负他。马正洲一找他谈话，他就跪在那里说知道自己错了。

11月21日，刘云飞所在的技校给马正洲打紧急电话，说刘云飞因为在寝室丢了一双新球鞋，指责学校的安全工作太差，闹着不上学了，“冲动起来还流露出轻生念头”。

70多岁的爷爷从农村赶来买了双新鞋给他，“鞋子是小事”，刘云飞说。

记者跟他深入谈心，刘云飞沉默很久才说出心里的挣扎，永远忘不了小时候失去父母后，同学欺负他，骂他“艾滋病家里来的，有娘养没娘教”。他受了刺激，以后就变得极其敏感脆弱，“老控制不住自己的脾气，冲动过后又很后悔”。

跟老师发生冲突后，刘云飞当时道了歉，第二天又“感觉心里烦”，在宿舍抽烟，被老师发现没收了烟。他盯着老师要，又发生冲突，差点打起来，后来干脆翻墙跑了失踪了。马正洲只好报案让警察找，所幸第二天他自己回来了。“当时我很烦，想找个安静的地方躲起来，就去了旅店住了一宿。”刘云飞说。

复旦大学公共卫生学院高燕宁教授和硕士生丁中华曾采用专业心理学量表，根据智行助学名单，评定了120名受艾滋病影响的孩子的心理健康状况，对双孤、单亲和双亲家庭的孩子进行比较分析。

结果表明，双孤家庭的孩子相对于单亲和双亲家庭的孩子存在着较为严重的心理问题，包括人际关系敏感、抑郁、焦虑、恐惧、偏执、精神病性等症状。高燕宁不无担忧，这些受调查的孩子都受到了智行的助学，日常接受了较多的社会支持，心理隐患尚如此，而那些未接受助学的孩子呢？

智行基金会曾在艾滋病高发村的3所学校和一所孤儿院随机选取了25个艾滋孤儿进行深入心理访谈，结果大多数孩子回答“最近没有开心的事”，“没人愿意和我玩”，“当别人喊爸爸妈妈时，我很难受”。有烦恼时，许多孩子选择“不告诉任何人，没有什么事能让我感觉好些”，“我觉得没有人能帮我”。

心理的创伤隐秘而沉重。在造访艾滋病家庭前，杜聪从来没有失眠的问题，但这些年来他不只失眠，还常常做噩梦，有时半夜醒来无故哭泣。杜聪由己推及那些孤儿，他曾遇到过一个女孩，一家3代8口人，只有她一个是健康的，其余7个都有艾滋病，“你能想象年幼的她眼睁睁地看着一个个亲人离开，怎么度过心理危机？”

受智行资助上学的孤儿，每年都会写信给基金会报告这一年的经历和感受，8年未有间断，智行基金会负责信件整理工作的阿东这半年来忧虑重重，早年被发现的艾滋家庭，病毒多年潜伏后正日渐发作，不少单孤的孩子将不可遏止地面对仅有的亲人死亡，从而堕入双孤境地，心理疾患也许会越来越糟。

一个已经读了大学的孤儿说，每次跟患病的妈妈通电话，说出来的都是安慰的话语，每次总有一段尴尬的沉默，在那段空白里她总是意识到，她和妈妈都在隐藏自己真实的想法，谁都知道说的是谎言，谁都不想先拆穿它，这令她郁闷不已。

苦难，就像充电

“艾滋孤儿也能成功，和其他人一样，没什么不同，也上大学，也有所成就。”

5年前本报报道的高燕现在上大学了，在卫生学院读书，她比过去开朗些了，能主动跟人说话了，但很难和人交心，苦难的经历使她总是处于过度自我保护之中，对孤儿身份极为敏感。总是不得已隐瞒和编织一些信息，她习惯了跟班里同学主动强调，她爸爸妈妈在县里工作，说来看她的人都是爸妈的好朋友。

在智行资助的8000名艾滋孤儿中，有300个已经考上了大学，他们是艾滋孤儿中最优秀的一群。与同龄人相比，他们更内向、沉默、心思细密，眼神里有不经意的忧郁，但性格也更刚毅、有耐力、执著。

2007年，张胜利以630多的高分考入北京一所重点大学的计算机专业，第二年以其踏实肯干被选为班长，尽管“开始时当众说话都声音颤抖”。

求学路的艰难源于特殊的家庭背景。“我妈有精神病。”从3岁起，张胜利就生活在噩梦中。“妈妈一直在寻找自己的家，病发时总是离家出走，我爸就去找，找之前先算一卦，朝哪个方向跑了，就去那个方向找。10多年里，我爸找我妈所跑的路，可以把河南省绕几圈。10年前，最后一次终于找不着了，我也没再见过我妈。”

母亲失踪3年后，父亲陷入艾滋病泥潭。那年，16岁的张胜利读初三，住校，交不起20元的住宿费，学校给免了，老师说“你从家里带床被子来就行”，张胜利无比难堪，“家里就一床破被子，没有多余的”。

从高中起，他开始接受智行基金会的资助，学费有了着落，生活境况也好转。极端的贫穷、“没妈的孩子”的嘲笑、父亲艾滋病阴影的纠缠，反过来磨炼了张胜利惊人的意志力和忍耐力，“学习倦了，每次回家都像是快速充电，刺激了我向上的心志”。

大一新生刘一凡也受到父亲的激励，父亲是艾滋高发村里第一个服药后挺过来的病人，“躺在床上半个多月，快准备后事了，我爸爸苦撑着，能走几步路了，他在前面走，村里人在后面鼓掌”。父亲重新站起来给了其他病人希望，病好点他就看养殖书，买回饲料，自己养牛挣钱。“他的勇气影响了我，我为他骄傲。”刘一凡说。

学电子技术的研究生张健，在就业形势极其恶劣的寒冬，通过层层严酷考核，最近被一家全国知名的通信公司录取，提前找到了工作。7年前，父亲查出艾滋病，“当时的感觉是崩溃”。村里的规矩是考上大学后要在村里放映两场电影，身患艾滋的父亲无力付钱，他由此许了一个承诺，替爸爸还愿。2006年被保送研究生后，他自己攒够了钱，在村里放了一场电影，是喜剧片，那时父亲去世两年，“那天晚上我做了一个梦，我见到了我爸，他很高兴，但对我说，你许的愿是两场，怎么只放了一场？”

刘一凡考上大学也是为了实现自己的两个梦想，第一个是在家乡建一个纪念碑，“纪念这场艾滋病灾难”，第二个梦想是，“将来当村官，让家乡像华西村一样富裕。首要的是建设一些工厂，让那么多艾滋病人可以边服药边干点力所能及的活挣点钱”。他痛心于“父辈带病在外打工，中途不断回家来拿药”的悲戚。

汶川大地震后，智行基金会资助了一些成年的艾滋孤儿去灾区给地震孤儿上课，这让刘一凡重拾了自尊和自信，他说，这是他第一次感觉到自己有能力帮助别人，“那种感觉真好，我不再觉得自己是社会的负担”。

张健内心极其渴望“成功”。他知道，如果他能成功，对其他更小的艾滋孤儿是个积极影响，也能影响别人的看法，“艾滋孤儿也能成功，和其他人一样，没什么不同，也上大学，也有所成就”。

智行基金会目前的工作人员中有6个是曾受资助的艾滋孤儿。其中之一安徽办公室的代廷梅可能是最早结婚并当爸爸的。

他也想大学毕业后多挣钱养家，但是他知道有更多的孤儿处在比他更恶劣的艾滋阴影中，“如果我是没有鞋子的那个，他们是没有脚的人”。

为了这些“没有脚”的人，代廷梅说要在智行至少坚持干10年，跑村家访很辛苦收入不高，但是他知道自己的工作如同在火场救火，“如果等自己挣够了钱再回来救人，孩子们可能早被火吞了，时间不等人”。

哪里有爱，哪里就有光

> “他就像个小天使，他的生命注定会很短暂，但他生命的价值也许不仅是为了他自己，而是为了唤醒别人。”

尽管1.18米的矮个和年龄严重不相称，但谁也不相信赵一鸣是个艾滋病人，伴有乙肝、肺结核。有时他的言辞甚至不像个孩子。

他才14岁，渴望成年，考上大学，当上医生，尽管这可能是永不可实现的梦想，内在的艾滋病毒随时会发作，中断他的生命。

有艾滋病成人到智行办公室说：“我们的孩子能被照顾好就行了，我们死了就死了，活一天算一天。”赵一鸣跳出来教育他们：“我们自己要看得起自己，自己不能放弃自己。”

萎靡不振的大人惊讶地问，这孩子有病么？继而羞愧不已。与生俱来的艾滋病毒一直隐秘地潜伏在赵一鸣体内，阻挠发育。手指不能自如伸屈，夜里咳嗽不止，脸部浮肿。他现在要吃3种药，自己上好闹钟，从不误时。2007年7月，赵一鸣被检测出感染HIV，医生推测他是母婴感染，母亲在他两个月大时喝农药自杀，曾卖过血，感染上艾滋病毒。

在智行资助的孤儿中，像赵一鸣般感染艾滋病的现有300个。过去8年，已有不少孩子陆续离世。尽管他们中有的有很强的求生欲，杜聪记得有一天，一个11岁的病孩子，冒着暴雨，趟过泥地步行7公里到他们的办公室问一个如何吃药的问题。刚开始吃的抗艾药是液体糖浆，分量难掌握。

赵一鸣感觉自己现在的状态棒极了。在学校，没人知道他有艾滋病。他被20多名同学投票选为班长，他带领同学们念英语，帮生病的同学打水。周末，他喜欢跟智行的工作人员学习打篮球，盼望能长高一点点。

半年前，医生还预测他活不过3个月。当时他黑瘦，皮包骨，高烧不退，肚子鼓得像气球。谁能想到，即使在快触摸到死神的时刻，赵一鸣内心仍感到真实的快乐。他给资助他看病的香港林阿姨写信说："我躺在床上发呆，突然就会想到你，那种感觉有说不出的美好。那也许就是想念妈妈的感觉吧。我从来没有过这种感觉，我不知道妈妈长什么样，没见过她的照片。"

其实，躺在床上做个被人照顾的小孩，让他觉得挺安心满足。此前一年多，父亲艾滋病病发，病势汹汹，姐姐在外打工，亲戚和邻居怕被传染不敢靠近，他一个人照顾，每天给他熬粥煮青菜。没钱，医生不来，他就充当父亲的医生，自己看医药书，找医生问，托赶集的人用装化肥的袋子买回一袋袋盐水和药，照着说明书自己配抗病毒的药。"办丧事时，亲戚们都在围观，也是我一个人。"

赵一鸣就这样被逼成了一个小大人，独立办事能力很强。他还替智行工作人员马正洲解决了一个难题：有少数艾滋病人不自觉，为了获取更多的生活补助，把亲戚或朋友的孩子转到自己的户口上，赵一鸣认识这些村里的孩子，戳穿了谎言。"人心总是不满足，别人帮你不是欠你的，要感恩。"

父亲去世后，赵一鸣彻底成了孤儿。马正洲只好在他病情好转后替他找了学校，租了个房子，每个月供应生活费给他和姐姐。屋子里没有电视。他一回到出租屋，邻居家的孩子们就围拢过来找他玩。两个男孩联手跟他下象棋。棋盘上几番厮杀，两个男孩甘拜下风，小赵好不得意。

赵一鸣觉得这样的时光无比幸福。但他从不让别人进入他租的房子，怕房东或邻居发现他真实的病情而赶他走。他把药用袋子密密实实地缠绕起来，藏在抽屉里，怕邻居来串门时发现而走漏风声。他很怕这样简单快乐的时光有一天会戛然而止。

孤身离开家乡被赵一鸣视为摆脱黑暗的开始。他把好心人的帮助看成生命中的光亮，"哪里有爱，哪里就有光"。他把此前生命中经历的种种黑暗都忘却了，单单记住光。每个星期，赵一鸣都给关心他的人发一封电子邮件。在他心里，他把他们视为家人。他甚至觉得，"不好好学习就是浪费世界上的空气和水"。

他将自己得第一名的奖状一张张扫描了传给“亲人”。在结尾，他总是写：“将来会有一个更好的小赵出现在你们面前。”

少年赵一鸣对一切新鲜事物都感到好奇，他申请了QQ号，添加了30多个网友，有空时跟他们聊天，他最喜欢网络的一点是，“没人问你的爸妈是谁，没人问你是否有病”。去公园玩时，他尝试去蹦床，其他的孩子在他身边使劲跳跃，在空中翻跟头，他小心翼翼地站着，两腿绷直，稍稍用力，人就自由地弹跳起来了。“感觉飞了。”他对这种感觉着迷，不肯停下来。

老师要求写一篇命题作文，题目是“另一个世界”，其他同学都想象另一个世界有太空人、时间机器什么的，赵一鸣写道：“另一个世界是一个更美好的世界，是一切黑暗的人和事都进不去的世界，那里没有纷争，没有穷富，没有疾病，人人平等。”

赵一鸣几乎是艾滋孤儿中最特别的一个，本身携带艾滋病病毒，他本该是最有理由坠入绝望的人，但无论病毒在体内怎么肆虐，他都仍怀着无畏的希望。“裂变成长后处于光明或黑暗的哪一极，并不一定受制于残酷的客观环境，也在于人的内心选择。”杜聪说，“他就像个小天使，他的生命注定会很短暂，但他生命的价值也许不仅是为了自己，而是为了唤醒别人。”

“我是艾滋我怕谁”，擦鞋匠怒杀敲诈者

■ 朝格图

在一个不足20平方米的擦鞋店里，邱福生5分钟内狂砍艾滋病人管利鸿24刀。被控故意杀人罪一案，于2009年3月16日上午在沈阳市中院第九审判庭开审。

庭审即将结束，杀人者邱福生缓慢起身，向死者家属浅鞠一躬：“希望你们能理解。”

死者管利鸿的姐姐管利萍无法理解眼前的杀人者，她用极端的口吻向南方周末记者表达自己的愤怒：“他（如果）杀人不偿命，我们就杀了他。”

这就是震惊沈阳的擦鞋匠怒剁艾滋患者案。当地多家媒体称之为“一起都是被害人的庭审”，“事关社会正义，事关国家对艾滋病人犯罪的态度”。

“擦错鞋油……错得要命”

管利鸿因寻衅敲诈未得到满足，就把邱福生的擦鞋店砸了。邱福生赶忙求和，不料管利鸿放下狠话，“不给钱就杀了你们”。

庭审开始于人群静默、脚镣哗哗作响的那刻。被羁押9个月的擦鞋店店主邱福生踏上被告席时，棕色棉拖鞋突然掉了，转身找鞋的一瞬，他向旁听席亮

出了一副苍白面孔。

妻子杨丽双手掩面大哭。“他起码瘦了 30 斤”，出事后她一直没机会见到丈夫。2008 年夏天邱福生去派出所自首后，就再没回家。

庭审再现了血案细节：地点“邱峰两口子擦鞋店”，时间 2008 年 6 月 17 日。

邱福生原名邱峰，13 年前从辽宁农村来沈阳擦鞋谋生。从一元一双擦皮鞋开始入行，攒了 11 年的钱，赶在 2007 年冬天前租了门面开了擦鞋店。

警方调查显示，被邱福生乱刀砍死的管利鸿 40 岁，人称鸿哥的他是鞋店的常客，频繁出没在沈阳五爱市场附近的“温州一条街”。就在出事前一个月，为离开戒毒所，管利鸿吞下饭勺，抢救过程中被意外检出是艾滋病人。

血案发生的 6 月，走出戒毒所再次高调出现在“温州一条街”的鸿哥，在一家饭馆吃饭“吃坏了肚子”，开价 2000 元，成功索赔 1000 元；此前在一家发廊，他开价 3000 元，成功索赔 1500 元，理由是“头皮化脓”。

并非所有的索赔都得偿所愿。另有司法材料显示，早在 2002 年，他因涉嫌敲诈 2.8 万元被刑拘。

接受法庭调查时，邱福生说他早就认识“鸿哥”，以往擦鞋不敢收费。但夜里守摊的小工王凯不认识他，2008 年 6 月 16 日晚上 9 点多，鸿哥黑白相间的运动鞋伸过来时，王凯向他要 5 元擦鞋费，遂遭鸿哥“索赔”。

彼时沈阳《华商晨报》以“擦错鞋油……错得要命”为题报道了这起索赔事件。第一次登上报纸的管利鸿是这样索赔的：他从身上抽出甩棍抽向王凯的背和头，以及店门、玻璃、鞋架子、修鞋机。“能砸的都砸了。连打带骂，开价 5000 元。”王凯回忆。

店主邱福生赶回被砸的小店顾不上心疼，赶忙求和，不料管利鸿放下狠话，“不给钱就杀了你们”。邱就报警，管被警察带走了。

在王凯去医院治伤的路上，邱福生接到警方的电话：“管利鸿有艾滋病，你们的医药费可能要不回来了。”

“交互传染怎么办？”

凭着有艾滋病，管利鸿拿着菜刀追民警，被追杀的民警最终破窗而出，子弹上膛，对准管利鸿，他才终于停住。

擦鞋店离它所属的滨河派出所只100米，砸店伤人在先的管利鸿却未被拘留。

司法材料显示，当晚被带到派出所后，管利鸿高调亮出自己的艾滋病患者身份。派出所向家属和沈阳市戒毒所核实的当口，他冲向所里的厨房，抄起菜刀和勺子，大叫着追值班民警。“我赶到派出所时，他正拎着刀四处追民警”，邱福生回忆，他很快躲到对面一个胡同里，看到刚到派出所的小工王凯肩胛骨挨了管利鸿一刀。

被追杀的民警最终破窗而出，子弹上膛，打开保险，对准管利鸿。他终于停住了。按照派出所提供的《情况说明》：“由于该人患有艾滋病，民警没有对其采取强制措施，该人将菜刀、饭勺扔到派出所门前空地后逃跑。”

派出所一位民警用“史无前例”来形容当晚情形。按照他的说法，这是该所第一起涉艾案，也是民警第一次在所内被追杀。“患者拿着菜刀，一旦发生流血冲突，交互传染怎么办？”另一不愿具名的民警称：“全辽宁没有一个专关艾滋病人的地方。”

姐姐管利萍也不了解管利鸿何时感染了艾滋病，何时开始吸毒。她说，身高1.8米的弟弟在家中排行老末，原本是见到父母就一把抱过来亲啊亲啊的孝子，但“吸毒后的管利鸿整个人都变了”。

本报记者获知，2004年管利鸿被沈阳市公安局列入重点人口档案，曾于1998年和2003年两次被强制戒毒。重点人口档案每个季度的追踪栏中，大多写有“居无定所”、“无法找到”的字样。对此，管利萍说：“就住在5005厂附近，很好找。”2008年6月17日，也就是管利鸿抓了又被放的第二天，滨河派出所到沈阳市疾控中心调取管利鸿的化验报告，并打听到抚顺有一个专门管理传染病人的地方。

也正是这天，命案发生了。

“我要是不干死他，就是他干死我”

管利鸿对着机器又一番乱砸，开价从5000元涨到了6500元，嘴中念念有词：“还敢报警，看我不弄死你。”

这天上午9点多，永盛建材店老板刘国棋来到店里，看到隔壁两口子擦鞋店外边都是玻璃，指头粗的钢筋都弯了，“邱福生说昨晚店给别人砸了，张罗着装玻璃，修机器”。

管利鸿阴沉着脸来到永盛建材店，先要买一个15元的大锤子，但后来改变主意，买了一把8块钱的刨锛，转身走向擦鞋店。

根据多位目击者的证词，管利鸿和另一个人是开车过来的，到擦鞋店后踹门而入，对着机器又一番乱砸，开价从5000元涨到了6500元，嘴中念念有词：“还敢报警，看我不弄死你。”

邱福生怕了，事实上这个上午他已经从银行取了1000元，这是小店半个多月的收入。他先是被吓跑了，一番权衡之后，决定破财免灾。然而钱包里的钱远不能满足已经被激怒的管利鸿。

根据事发当日邱福生的证词，“管利鸿举起刀要砍我，我听说他有艾滋病，怕他传染给我，一下冲上前把刀夺下来”，但管利鸿抱住他，不让他跑。“管利鸿喊外面的人弄死我。”情急之下无法挣脱，邱福生闭上眼睛，对着管利鸿一顿乱砍，“我当时蒙了，直到他撒开手”。

砍杀发生在不足20平方米的修鞋店里，不足5分钟且缺乏目击者。邱当庭说，他被逼入角落时，管利鸿死抓着他还反抢菜刀，“砍剁出自本能，当时我要是不干死他，就是他干死我”。

9个月后再次面对血案，对死者家人来说仍是残忍的。其78岁的父亲已长病不起，左眼几乎失明。

谁是真正的受害者

检方人员竟也当庭表达了对杀人者邱福生的同情。艾滋病患者施暴在先，且邱福生属于自首，已是控辩双方的共识。

24 刀对管利鸿亲属来说残忍到无法接受。管家的代理人、辽宁通顺律师事务所鲁尚杰提请法院注意，认为管利鸿有被谋杀的可能。管利萍说她对正当防卫的理解是："3 刀都可以接受，24 刀太狠了！"

辩护律师孙洪文当庭回应，老实巴交的邱福生缺乏打斗经验，"为什么一个温和善良、老实巴交甚至忍气吞声的老百姓会砍死一名艾滋病人？这里有多少的被逼无奈？"

庭审前，印满 200 多个猩红手印和身份证复印件、联系方式的街坊联名请愿，被提交法院。事发地沈阳的多家媒体关注修鞋匠邱福生的命运，有电视台做出总结称，邱福生是"好朋友、好邻居、好丈夫、好亲戚"。

质证双方控辩的焦点在于是否防卫过当。检方认定邱福生确实夺刀，因而具有防卫性质，但夺下刀后危险已告解除。被告律师则认为邱福生正当防卫，杀人无罪，理应无罪释放。

出乎媒体意料，检方人员竟也当庭表达了对杀人者邱福生的同情。艾滋病患者施暴在先，且邱福生属于自首，已是控辩双方的共识。

一把菜刀装在透明塑料袋里当庭展示，它的来源仍旧不明。有人看见管利鸿曾到理发店、烟店找刀，有人说看到他最后进入鞋店时并未带刀。

但可以确定的是，那天上午腰部、手指、手臂多处带伤的邱福生夺路而出，砍了管利鸿后拎着菜刀，先是打 110 自首，后又特意提示警察赶紧叫 120 抢救被他砍伤的管利鸿。警方很快告知医院伤者是艾滋病人，以防医生被传染。

此时管利鸿血葫芦一样自己走出擦鞋店后，跟身边的人说了句"先别告诉家人"，不久后被抬上救护车，后因"失血性休克合并颅骨损伤"而死亡。

另一种残忍正困扰着邱福生的妻子杨丽。开庭那天她听到丈夫说出"不是他死，就是我死"时，一直流泪。事发日她曾问过目睹邱福生自首的小工王凯，王凯说自首时的邱福生嘟嘟囔囔一直说这话。

辩护律师孙洪文更是坚持认为，邱福生是社会对艾滋病人犯罪监管不力的牺牲品，他为他的当事人作无罪辩护。接受南方周末记者采访时，这位律师表态说他的当事人才是真正的被害者。"如果派出所抓了管利鸿，司法部门对艾滋病人犯罪监管得力，后来的事情就不会发生。公安都拿他没辙，难不成派军队？"他用一系列的假设强调自己的观点。

经年以来，杭州、武汉、长沙、深圳等城市，同样被艾滋病人犯罪问题困扰，而《看守所条例》、《强制戒毒办法》、《监狱法》等均为看守所和监狱拒绝艾滋病人留下了空间，司法部门的“捉放曹”导致犯人变本加厉。

该案未当庭判决，但辽宁司法界都关注着邱福生案的结果。沈阳市公安局一位警官曾撰文称，改造艾滋病犯罪者作为一项社会工程，司法不可能承担全部责任，而应是“各级党委政府”一起来“抓这项工作”。

被拐女为什么不回家

■ 长　平　方三文

魏拉曼："这是一件十分复杂艰难的事。"

1999年10月7日，我们第一次走进信宜市公安局刑侦大队二队办公室的时候，看见桌子上有一封信，一封没有标点没有停顿急匆匆一气呵成的信，是一位广西女子向父亲的求救：她上当受骗被拐卖到这里，痛不欲生，哀求父亲一定借够钱来赎回；她想念幼小的女儿，想念丈夫阿强，不知道阿强还会不会想她……

警方说，这位女子已在9月的一次由公安部统一部署的打拐行动中被解救回乡。

10月8日，我们第二次走进这个专门负责打拐工作的办公室的时候，看见一个瘦弱的男人带着一个瘦弱的孩子坐在那里，他一边贪婪地吸着水烟一边向警方诉苦：他于1988年花3000多元买来并已为他生儿育女的妻子最近被村里人拐走卖往他乡。

警方告诉他，他买老婆而且至今没有办理结婚证的婚姻不受法律保护，况且谁知道那位不足20岁即被拐卖的女人是自愿逃走还是再次被拐卖呢?

警方告诉我们，几乎每天，他们都要处理这一类事情。

地处两广交界处的信宜市，是广东乃至全国拐卖人口的重灾区，被公安部和联合国儿童基金会确认为双方合作打拐的重点地区之一。

长期以来，这里买卖人口成风。据当地警方统计，10年间经他们之手被解救出来的妇女就达7000多人。而这个数目只是被拐卖妇女的一小部分。几乎在信宜市的每个山村，都有被买来的外地媳妇。在某些特别偏僻的山村，“买媳妇”的比例甚至高达50%以上。

被拐卖来这里的妇女，年纪最大的40多岁，最小的只有14岁。她们来自广西、云南、贵州、四川、湖南等地，其中以广西和云南居多。

信宜每天都有直通云南富宁县的班车。班车途经主要的人口拐出县：云南的富宁县、广西的那坡县、南宁地区的几个郊县。在这路班车上，有神色警惕、挟持着被拐妇女的人贩子，也有解救被拐妇女的警察和家长，更多的是抱着孩子回娘家的被拐妇女。

经过近几年的普法宣传和警方的努力，信宜的村民们都知道买卖人口是违法的事，但“买媳妇”的事仍屡禁不止，当地人的解释是“博一博”，因为这种赌博的胜算在90%以上。

在9月的那次大行动中，警方连夜冒着毛毛细雨走了几十里山路来到白石镇坳头村敲开这次行动中的第一家被拐妇女彦梅青的门后，得到的回答却是“我不愿回去”。这次行动共解救了被拐妇女27名，其中只有7名愿意返回原籍。

“绝大多数被拐妇女都留下来了，”当地人会不无自豪地告诉你，“我们这里的生活条件比她们娘家好，这里的男人也真心诚意地对待她们，她们心甘情愿在这里安家落户。”

我们实地采访以后，发现这种十分通行的说法其实是对被拐妇女的痛苦经历尤其是对她们的难堪现实的一种漠视。可被解救出来的妇女如同尚可弥合的伤口，而那些“自愿留下”的被拐女则是贴在现实上的一张永远无法撕去的耻辱牌。

9月行动是联合国儿童基金会与中国警方合作打拐的开始。该基金会官员魏拉曼在信宜视察了“打拐宣传月”活动之后说：“在北京时，我以为解救被拐卖的妇女是一件十分简单的事。这一次来这里一看，才知道这是一件十分复杂艰难的事。”

被卖来卖去和被买来买去

彦梅青是被她的舅妈拐卖的。

舅妈对她说："我在南宁有朋友，可以给你找到能挣钱的活干。"那时她从乡下来那坡县城舅妈家住已有半年，在一家酒厂打工。她想挣更多的钱，也想见更大的世面。她相信舅妈对她好，就跟舅妈一起坐车来到"南宁"——后来才知道其实是信宜。

舅妈带她和两个陌生的男人一起来到信宜市白石镇。她的身份证被舅妈扣了。有人专门看管她，连上厕所都有人跟着，她开始怀疑舅妈用心不良。

第二天，舅妈告诉她："我已经把你卖了。"然后就走了，把她丢给两个陌生男人。

那是1991年初，农历腊月间。那一年她才20岁，还没有仔细想过婚嫁的事。

两个陌生男人即是二道贩子。他们找了几个买主，经讨价还价，最后以3000元的价格把她卖给了白石镇坳头村比她大10岁的农民蔡青。

这并不是一个特例。在这些地区，经过10多年的经营，人口买卖已形成一条龙操作方式的市场，先由一道贩子将姑娘骗到广东，转手给二道贩子，由熟悉本地情况的二道贩子寻求买主。有些姑娘会被二道贩子转手给三道、四道贩子，最后才到买主手里。二道以后贩子以男性居多。在这些人贩子手里，不少姑娘遭到拘禁、强奸和蹂躏，因此到了交易的时候，她们往往迫不及待地跟着买方—— 未来的"丈夫"走，甚至怀着感激的心态。

李立广，白石派出所所长，有10年的打拐经历。他向记者称，10年间，经他手解救的妇女就达2000多人，经他手抓获并被判刑枪毙的二道贩子就有19人。

而头道贩子都是广西或云南本地人，以女性居多，其中不少人即是被拐女的熟人、朋友甚至亲戚，利用被拐女对她们的信任，以到广东打工、进货或者游玩为名进行诱骗。

贫穷是她们容易上当受骗的一个原因。广东的经济发达对她们是一种难以抗拒的诱惑。与此同时，贫穷也是深山里的男人买老婆的一个原因。

31岁的许玉兰当年渴望来广东打工。她也是广西那坡人。1994年的一天，她在赶集时一个熟人对她说，广东一家工厂招工，得马上走才赶得上。因此她连招呼都没向家里打一声就跟人贩子来到了信宜白石镇。她被关在白鸡村的一户人家里，“他们找了很多人来买我，我都不干”。姑娘唯一的反抗就是愿意跟一个出低价的人走，以此来对人贩子进行报复。最后，她跟了该村的穷人陈茂昌。成交价 1750 元。她这才知道，原来广东也有穷得讨不到老婆的人。

10 月 8 日中午，18 岁的黄俏玲挺着 8 个月大的肚子，走了 45 分钟的山路，给在深山里割松脂的 20 岁的“丈夫”彭志东送饭。

黄俏玲是广西南宁附近的扶绥县人。1998 年 5 月份，初中毕业不久的她和另一个同学到南宁找工作。在南宁汽车站附近，两个中年妇女跟她们搭讪，说自己有个水果批发部，需要人帮手，然后以去批发水果为名，将她们带上了一辆长途汽车。

在一个只有几户人家的小山村，她们住了四五天，其间，不停有人上门来“看望”她们，黄俏玲的女同学被人带走了。5 天之后，黄俏玲以 3200 元的价格被卖给了彭志东。

许玉群、许玉芳是那坡县同一个村里的一对好朋友。有人对她们说，贩卖鸦片可以挣大钱。母亲说，他会把你卖掉。许玉群不信，固执地走了。到了信宜，那人对她们说，钱没了，先将你们卖掉，然后我再来救你们出去，将所得的钱平分。在将信将疑中，她们被分别卖到了洪冠镇南翻村和白石镇河坎铺村。

人贩子没有来救她们。但这是她们的幸运。曾有一个人贩子将姑娘卖掉后，又到警方报案说姑娘贩毒，警方抓后放出，人贩子再将其卖出。如此反复再三，姑娘惨遭倒腾。

这潭脏水就这样越搅越脏。人贩子甚至把深圳、珠海的小姐拐来，令买方染上性病。

在我们所走访的村子里，买卖妇女似乎并不是一件羞耻的事情。有人算了一笔账说，娶一个本地姑娘，光彩礼就要六七千元，礼金还很高，而买一个被拐女只要两三千元，而且简单方便。

廉价的买卖使地方婚姻状况趋向畸形。本地姑娘为了自己的尊严，要么抬高身价，要么远走高飞。那些不够富裕不够体面的男人的婚事自然就落到了人贩子手里，如此恶性循环。

彦梅青的弟媳、许玉兰的嫂子都是买来的。记者问许玉兰村里还有没有外地媳妇时，她和周围的人都笑了，原来记者身边看热闹的人群里就有。据彭志东称，方田坳18户人家中，就有6户买了外地媳妇。据洪冠镇南翻村的村干部介绍，在该村的坑尾队（一个自然村）有10多家媳妇是买来的。

有人买了一个媳妇，过些天跑了或被解救了，就又凑钱买一个，最多的人甚至买过8个媳妇。有60多岁的老头买了18岁的女孩，生下孩子比孙子还小。

她们就这样留下来

彦梅青竟然躲过婆家人的看管跑了出来。在这个语言、环境和生活习惯都很陌生的地方待了一段时间后，她从来没有这样强烈地想家，想爸爸妈妈和弟弟。她飞快地走过了一段山路，又走过了一段乡村公路，来到白石镇。

好在舅妈没有没收她的钱。凭着身上的几十块钱，她应该能够回家。

在白石镇，她搭上了一辆中巴，到了信宜。

意想不到的事情发生了。中巴车主不让她下车。他从她的口音、她的神情已经知道她是一个什么样的人，她在干什么。就像捡了一箱货物一样，他把她扣了下来。

可怜的姑娘绝望地跟着中巴车又回到了白石镇。

中巴车主很容易地打听到她的买家。在索要了几百块钱之后，他把她归还给了丈夫蔡青。

这次经历使彦梅青彻底打消了逃跑的念头，她知道跑是跑不掉的。这是一张密织的网。事实上，所有的村民，包括基层的干部，都知道谁家买了媳妇，但是没有人来干涉，没有人来问一问她想不想回家。

警方说，凡是有求救要求回家的被拐女，他们都一律解救。但是被拐女一般都文化低，见识少，并不知道这种事情可以找警察。彦梅青只读到小学三年级，许玉群则是文盲。彦梅青说她后来经常从白石派出所门口过，从不知道这地方可以帮她回家，直到10年后的1999年9月那次行动中警方找到她。

原因是10年前她向家人写信求救，家人报了案。

本来，她被卖的命运是可以改变的。其一，她在信中写明了地址；其二，拐卖她的舅妈很容易被警方找到。

谁知道出了什么问题!

她的弟媳，是先她而被买来的她的那坡同乡，劝她留下。

蔡青，这个贫穷而老实巴交的农民，和几乎所有买老婆的农民一样，为了留住辛苦攒钱买来的女人，采取了以下措施：

首先是竭尽所能地看住她；

其次是（至少刚开始阶段）尽可能地对她好，让她少干活；

还有就是告诉她，可以让她走，但把买她的钱还来；

——多数被拐女都和彦梅青一样给家里写了求救信，但多数被拐女家庭都和彦家一样，到哪里去筹集那笔钱呢?

最致命的一招是尽可能早地让买来的女人怀上自己的孩子。

从 21 岁生下第一个孩子开始，彦梅青已经有了 3 个孩子。10 月 7 日，因为小儿子的腿摔伤了，她一直在家里陪着，没有出去干活。3 个孩子在她身边跑来跑去，在空荡荡的土坯墙屋子里跑来跑去，彦梅青笑着——她长得端庄而灵秀。她和孩子们都说着流利的广东话。那天晚上，她用流利的广东话对迟到了 10 年的解救人员说：

“我不愿意回去。”

在我们的采访中，有被拐妇女认为这里的生活条件比家乡好的，但没有人认为它是让自己安心留在异乡的原因；原因几乎是唯一的：为了孩子。

被拐妇女对孩子的爱是无与伦比的，在一生中的很多时候，那是她们唯一的寄托和安慰。

有了孩子以后，婆家就允许彦梅青回娘家了。先不让带孩子回去。父母兄弟都劝她别管孩子，不要回来了。但她哭着回来了。

小儿子出生以后，她被结扎了，像命运的某一道门被永远地关上了。

彦梅青的经历是所有留下来的被拐妇女的经历。

黄俏玲所在的信宜市洪冠镇方田坳村位于云开大山深处，到最近的公路要走上一个小时。在这里举目四顾，除了山还是山，很难想象一个弱女子能从这里逃出去。好在彭志东和家人对她还比较和善。1999 年 4 月，爸爸带着当地警察找到这里，问她要不要回去，她说不想回去了，对这里已经习惯了，已经有感情了。当时，她已经有了身孕。

黄俏玲和彭志东住的是一座建于20世纪70年代的土坯房子，又矮又黑，难见天日。在方田坳这个交通不便的小山村，所有的村民住的都还是这样的房子。黄俏玲说，这里的生活水平还不如她老家。但这并不妨碍她选择留在这里。18岁的姑娘说："每个人都有自己的命。"

许玉群的父亲在她被卖后不久就找到了买主程球家。走的时候，父亲给她留下了一句话和一首诗。那句话是：等爸爸回去筹够了钱就来赎你。但从那首诗中可以看出，父亲显然没有筹够钱的信心：

一梦惊来女儿飞，嘶破嗓门无回音。

不知何妖夜夺去，使得一家日月泪。

…………

只愿苍天相照应，留得情谊比锦翠。

父亲也只好认命了。他回去以后索性找到人贩子和他平分了女儿的卖身钱。

许玉群则是这样想的："当时回去更难嫁人。"

认命的女人们兢兢业业地相夫教子。山里的男人大多纯朴敦厚，在攻克了语言的障碍之后，在放弃了出逃的念头之后，在有了孩子之后，被拐卖的女人们后来都多寡不一地对他们产生了感情，有的甚至十分恩爱。因此，当警察或者记者来访时，有的被拐女怕有什么没有说对而家被拆散了，总是一股劲地往好处说。许玉兰一家12口人挤在5间土坯墙房子里，照着15瓦的昏暗的灯泡，看着1981年买的井冈山牌12英寸黑白电视，但是她一直乐呵呵地笑着，反复强调她是自愿留下来的。

但是，"总有一种被卖的感觉"，彦梅青说，"我恨舅妈，因为她毁了我一生的幸福"。

在我们所采访的被拐妇女中，没有一个人肯在这件事情上妥协。

"人贩子人人都恨。"许玉兰说，"带我出来的人贩子回去就被枪毙了。"

许玉群的家是看起来挺气派的一大排土坯墙房子，但里面住着四代共40多口人。单是许的丈夫程球就有6兄妹（未分家）。但小两口打工存了一点钱，决定明年自己另建新房。他们有电饭锅、电风扇和康佳彩电，他们的孩子玩着色彩斑斓的玩具手机和汽车。记者提问时，村里人和家人一直在旁边制造气氛，引导她说好的方面，她也一直附和着。有人开玩笑说：

“你应该感谢人贩子，没有人贩子你有今天吗？”

许玉群突然不肯附和了，说：

“我恨人贩子。”

“为什么恨他？”记者问。

“因为他卖我！”

来自女子监狱的故事

■ 刘天时

一个中国女囚获得国际征文大奖。关于她过去的黯淡人生、现在的监禁生活和未来的希望之光……

一次偶然的机会，我与白色的毒魔交上了朋友，并且与它如胶似漆，难舍难分，每天都醉生梦死在烟雾缭绕的世界中，白天警车叫，心慌意乱，晚上敲门声，胆战心惊，像洞中的老鼠一样怕见阳光。在白色毒魔的引见下，我认识了它的孪生兄弟魔鬼，并应它的邀请，去它家做客，走在通往地狱的路上，遇上拿大利斧的巨人，魔鬼最怕的就是巨人，吓得赶紧逃之夭夭。

于是，巨人把我带到他的家中，他的家是与尘世隔离的大学校。学校里有许多和我一样的差点去地狱做客、被巨人救下的迷途的人。大家一起在巨人的家中靠自己的双手生活、劳动，每天学习许多文化知识，学会如何去交朋支，每个人都掌握了一门技术。等到我们完全能够从这所学校出去后靠我们的双手创造财富，自食其力，不再会与魔鬼之徒交上朋友而踏上通往地狱之门时，巨人便会送我们各自出学校，回到人间。

人间的天空是如此的蔚蓝，绿树、小草都在微笑，小鸟都在唱歌，它们都在欢迎我们这些曾经迷途的人回到它们的身边，也在期待我们去替它们驱走严冬，把它们打扮得更美丽，让它们都生活在春天里。

上面那篇题为“巨人”的短篇童话，是2000年5月在加拿大渥太华举行的一次国际征文比赛唯一最高奖项“特等奖”作文的原文。征文的主办者是“两千年扫盲——为了回归”国际矫正教育大会，由加拿大矫正局、美国联邦监狱局、联合国教科文组织、国际矫正与监狱协会联办。据介绍，犯人征文比寒被视为各国监狱教育和矫正教育实力和成就的展示。这篇在20个国家1500份作品中脱颖而出，“赢得全场起立和掌声”的短文作者是——“宗幼菊，浙江省女子监狱三监区，小学文化，贩毒罪，刑期10年”。消息8月中旬在国内公开——8月15日，浙江省监狱管理局对宗幼菊和另外两名获奖犯人进行表彰，1000加元（合人民币5591.5元）奖金存入宗幼菊在监狱的账号，宗幼菊同时获得减刑一年半的奖励。

中国女囚获得国际大奖

8月30日至9月4日之间，在纪律严明的浙江女监，记者与宗幼菊有断断续续的谈话，谈话期间一直有教育改造科的同志旁听。

第一次谈话是在车间门口。宗幼菊站在获奖后刚刚调配的岗位上——看门维纪。可能是因为机器噪音，在警官同志第二次喊名时，宗幼菊才犹豫地原地晃了一下，然后走过来——和进监所见的所有女囚一样的短发齐耳，两只发夹中分刘海儿，蓝色囚服黄色衣领——代表“普通管理”的黄色胸牌上，宗幼菊的编号是3—2—242。

“……直到散了会，收了工，我磨磨蹭蹭去问警官——如果没有，那还不让人笑话？警官说，是，是你，你的《巨人》得了国际大奖。这一定是真的了——警官亲口对我说的。没睡着。怎么睡得着？这是怎么回事呢？这个国际大奖是个什么奖呢？……现在知道了——2000年国际矫正教育招贴画征文大赛，联合国教科文9个专家评出的，1500多人参加……”

一幅招贴画，一本大厚书，书这边的人垂头丧气，那边的人却张开双臂快乐奔跑。宗幼菊说她一看图画就明白了寓意，剩下的几天里，劳动时、吃饭时、睡觉时，她脑袋一直在转动，寻求恰当的表达方式。

3月中旬的某个星期天下午，罪犯宗幼菊伏在浙江女监三监区二分监区活动大厅的桌子上写就了她简单率真的童话故事——《巨人》。

这个童话带来的荣誉也是宗幼菊所能回忆起的唯一的荣誉。在宗幼菊“没什么”的30年的人生里，这荣誉来得猝不及防，来得她要不安于“这么好的运气”——减刑、奖金、换工作……得奖还使本来“普管”身份的宗幼菊多给家里打了一次报喜电话，多寄了一封信——刊有获奖作文的报纸，恢复了入狱以来被恼羞成怒的父亲断绝了的父女关系，使姐姐有勇气将她的真实“工作”告诉儿子。

“真希望警官允许我买些糖给大家分……”心里惦念着给大伙分糖的宗幼菊在“罪犯奖惩考核表”上的思想改造和卫生纪律分也是连月来步步提升，8月分的总评是+7.5分。

“我要努力，我认识到了自己的价值。”宗幼菊说，“我的价值就是……还可以是有用的人，为国争光的人！——这真是太意外了太高兴了。”在我们的5次见面里，宗幼菊总是忍不住要表达她的惊喜、她的骄傲。

听宗幼菊讲过去的故事

10来岁父母离异，初一辍学——“数学很差，不想念了”，16岁开始在母亲的旅馆里帮工，19岁结婚生子离异，23岁忙碌奔波开自己的饭馆，再次恋爱，恋爱失败，因为胃肠炎，给人诱惑吸食白粉止痛，染上毒瘾，与另一瘾君子同居，1995年被武汉公安缉毒大队抓获并强制戒毒。父母得知消息，哭、骂、打，三次强迫戒毒，失败，两次主动戒毒，失败，花光积蓄，借债，为亲人朋友所疏远，1998年5月6日，首次去温州贩毒，被抓……

这之后“自然而然”地蹲看守所、入监劳动改造——换囚服、剪头发、背《罪犯行为规范》、摇横机（一种纺织机器）、听“三课”……宗幼菊像狱中很多女犯一样没有眼泪，面色平静地赎罪，而内心的小波澜，只有折叠处破了又贴上的几封家信作注释。

> 你还有人性吗？在爸爸生日这天你叫我怎么启齿？——你送给爸爸的这叫什么礼物？……
>
> ——姐姐1998年6月21日来信

最近一些天常常在梦中哭醒，梦见你小时候乖巧听话，醒来后泪水长流。提起笔来，不知从何说起……

——妈妈 1998 年 9 月 11 日来信

妈妈，您在那边的工作忙吗？身体好吗？我很想您。爸爸说您那里“纪律很严”。我一有时间就去看您。您一定要好好工作。我参加了仪仗队，老师说，只有听话的孩子才能参加。这是我第一次写信，也是第一次给您写信，不要笑啊……

——儿子强强 1998 年 9 月 21 日来信

在宗幼菊的回忆里，积极的惊喜的东西总是被接踵而至的失败的黯淡的悲伤否定着粉碎着。或许是因为“习惯了”，当我细问的时候，她忽然叹了口气，摇摇头。

“可是我喜欢童话——别人都笑话我呢。他们说你怎么回事，看那种玩意——我儿子都不看了！”宗幼菊说偶尔她还是犯这个不成熟的毛病，颠三倒四地看一些公主王子的爱情、小鸡小鸭的悲剧。

宗幼菊的监禁生活

幼菊如面，你现在如同害病住院的人，要安心工作，重新做人，提高自己的文化基础，回到社会做个自食其力的人……

——曾经恼羞之下搬回乡上断绝音讯的父亲 2000 年 5 月 16 日来信

亲爱的妈妈，您在那里好吗？那里的人对您好吗？我希望您在那里过得好。……我在您的信里放了一张“How are you”的卡片，那个上面的白猫代表您，她怀里的小黄猫代表我。我爱您，妈妈……

——不问阿姨要鱼片干的懂事的儿子强强 2000 年 8 月 20 日来信

随信保存的还有一张母亲与儿子的合影，一张儿子的一寸照。两年零 4 个月以来，宗幼菊带着它们，哭泣、悔恨、劳作、学习，日复一日。

日复一日。正在和仍将继续5年零8个月的接受刑罚的日子基本可以以监区警官办公室里的一张表格概括：

6:00—6:30起床洗漱;6:30—7:00集体活动;7:00—7:30早餐;7:30—11:00工作;11:30—12:00午餐;12:00—1:00点名休息;13:30—16:30出工;16:30—17:00晚餐;17:00—18:00打扫卫生;18:00—20:00上课;20:00—21:00考评;21:00—22:00洗漱就寝。

早餐、午餐、晚餐。浙江女监的伙食，宗幼菊和她的同伴们都说“相当好。有肉、有蛋、有生日面，甚至有解暑的红豆汤、棒冰……”

上课。两年来,宗幼菊在她的“改造思想,学习文化”的三课“政治、文化、技术”教室里翻旧的几本书有:《反逃跑》、《爱国主义》、《认罪服法》。新学期上初二的宗幼菊将学习“一元二次不等式和不等式组”。

劳动。站岗以前，宗幼菊一直在摇横机，织羊毛衫。左——右，左——右，如此反复。

考评。因为直接和减刑假释挂钩，考评是宗幼菊们一切活动的核心。每人枕边的《罪犯奖惩考核办法》、监区活动厅里的评分表格，仔细到“交头接耳、乱写乱画”的扣分标准,精确到小数点后的正负分计算,“日记、周评、月公布”,有为正分喜极而泣的，有为负分沮丧甚至绝望的。

8小时劳动、8小时学习生活、8小时睡眠，6个工作日一个星期天，时间安排上的例外还有新年、春节、“五一”、端午、中秋、“十一”，洗衣、联欢、电话、写信。

12到16人的宿舍，一二百人的车间。此外监区活动室和情感疏导室在一定程度是开放的。

监区活动厅。电视，摆满《律师与法制》的书架，黑板报上用彩色粉笔抄写的吟咏的文字——“感觉你离我很近，又感觉你离我很远，你是我心中一个飘忽的梦，你是我心中一个遥远的国度……”

情感疏导室。这间墙壁涂成粉红色，有梳妆台上放着口红、睫毛油，有沙发上放着织了一半的粉红色毛线衣的“客厅”，经预约，经批准，是宗幼菊们

"宣泄感情"的所在地。这间在多数时候空荡荡的"客厅",据教育改造科介绍,从 1998 年开办以来有 10 个左右罪犯申请过,宗幼菊是其中之一。"一般都要抱布娃娃哭一阵,有化妆的,有写信的,有接通心理热线的——当然,当她们出门的时候,必须把妆洗掉,把眼泪擦干。"

如果把视野再拉大一些,我们可以注意到,宗幼菊所在的女监比想象中的牢狱要明亮、宽敞、整洁得多,甚至教育室里有绢制的玫瑰。

在宗幼菊劳动改造的浙江女监三监区二分监区和横机车间,目前管理宗幼菊们的有 6 位警官,她们是管理寝室的何警官、抓报道的郭警官、抓生产的苏警官、抓卫生的熊警官、抓文体的郁警官、抓思想的代警官;其中宗幼菊本人认为"对她影响最大"的郭警官说:

"我们这里是什么都要管,她们吃饭的位置、站立的姿势。我们是和犯人相处,时刻处于'临战状态'。作为警官,在犯人面前,不能是我们这样的说话口气神态,不该笑,也不该表现出害怕,要严肃。"

在宗幼菊劳动改造的图景里,除了警官,更多的是她的狱友。

车间里、电梯上、监区里缝雨伞的、织毛衣的、折纸袋的尽是蓝色的女犯,无声无息地忙碌、规规矩矩地进退,畏缩里有防范,尊敬里有距离。在要求之下,她们可以说,但她们说得流利、简单、漠然。关于她们的来历,从警官那里听来较多的版本有三类:某某,村妇,受丈夫虐待,忍无可忍,杀夫;某某,进城打工,受骗,钱物用光,抢劫;某某,从小父母离异,辍学、流落社会,无业,盗窃……

喜欢童话、写出童话的宗幼菊于她生活的"那里"来说,有与众不同的一面——她是我 6 天采访所见中笑得最多的,甚至是唯一的;说得最多最主动,甚至回答警官问话都"啰唆""父亲的打油诗儿子的考试成绩"的;"自我表现"最积极、最愿意最熟练谈将来的——2006 年 5 月 6 日从杭州女监到武汉家乡,彻底地洗个澡,然后烫头发、买衣服,和家人朋友吃饭唱歌跳舞……把入狱后转租他人的"梦乡"(饭馆)收回来自己干……

"……我的心中万分激动和意外……让我觉得生活并非一片灰暗……我在明天同样可以一片光明。"女囚宗幼菊在颁奖大会上说。

发廊女生前日记怆平生 欢颜后沧桑身世发人思

■ 傅剑锋

这一天是 2005 年 9 月 3 日，夜已经深了，兰州火车站旁的马路上车声落寂。

这时，一男一女从路边透出粉色灯光的发廊走出，进入马路对面的铁路职工家属院。这个女人是苟丽（化名），23 岁，圆脸，大眼睛，喜欢笑。跟在她后面的那个男人头发杂乱，衣着破旧，沾满油渍的裤管塞进袜子里。

苟丽是那家发廊的小姐。这天中午，她其实已收拾好离开的行囊，还向发廊旁那家经常打交道的性用品商店老板告了个别："急着还债的钱筹到了，准备明天开始不做了。"

但令性用品店老板没有想到的是，这真的成了苟丽的最后一单"生意"。这天深夜，苟丽死了。

她是一丝不挂地被勒死在出租房的，一根自行车刹车线深深地嵌入她柔软的脖子，那个"裤管卷在袜子里"的男子早不知所终。

正是这一个特征，使兰州警方锁定了两类人：一类是蹬三轮的打工者，另一类是搬运钢筋的打工者。9 月 15 日，已历 12 昼夜排查的兰州警方，终于在一个工地找到了完全符合涉案者特征的唐姓青年。当警方在他枕头下搜出苟丽的小灵通时，这名青年立刻瘫了下去。

他向警方交代，这次杀小姐完全是为了泄愤，他曾经在其他城市的一次嫖娼中被小姐抢过 200 元并遭毒打，所以他要报复整个小姐群体。

就在警方以为圆满结案时，一个新的发现让办案警官唏嘘不已，他们从苟丽的遗物中找到了两本日记，篇篇几乎都离不开对丈夫一往情深的思念。

“震撼，太震撼了，谁能想到这么个小姐，竟然还是多情女呢？”一位警官感叹。

乡村里的幸福时光

苟丽作为一个妻子时的过往，由她的丈夫陈小林（化名）向记者一点点地忆起，再经记者到她婆家的数日走访，遂得以逐步还原。

苟丽的幸福生活始于 2003 年底在列车上和陈小林的相遇，她要去一个城市打工。

“她笑起来真的好看，所以我就动心了。”当时陈小林坐在苟丽对面，但不敢与苟丽说话，已有感应的苟丽就借他的电话用，两人认识了。

下车后，借助电话，爱情迅速升温。陈小林问：“我们家很穷，你嫌吗？”苟丽说：“不嫌。”苟丽很坦诚地告诉他，她有过一个男朋友，对她不好，还为这人流过产，所以只要真心爱她并不嫌她，她就愿意跟随小林一生一世。

陈小林感动了。在相识一个月后，两个年轻人结婚了。

苟丽家在陕西省宝鸡市麟游县的一个交通极不便利的贫困山区。苟丽从小丧父，两个哥哥勉强供她读完中专，毕业后仍只能以打工为生。陈小林家 5 口人，姐姐已出嫁，还有一个弟弟。

从县城到陈家的窑洞要走三四小时的车程，路上还处处高坡深壑，记者去他家时坐上当地的交通工具“三轮蹦蹦”，竟如坐过山车般心惊肉跳。陈家有 30 多亩旱地，一年种地的收入和村里其他人家相似，一共也就 2000 多元，勉强能维持一年家用。

他们没拍结婚照，因为没钱。但陈家举债 1 万元给苟丽老家送去了聘金，这是西北农村的规矩。

对陈家来说，这很甘心。而且，陈家认为，陈小林一个只念过小学的穷小子能娶到一个知书达礼的中专生，“一辈子的好事啊，砸锅卖铁也要办一次有面子的喜酒”。30 桌酒席顿时成为 2004 年这个乡村最豪华的阵容。但没想到，陈家所在的黄土坡实在太偏，车难行，来的宾客只坐满了15桌，而且都是穷里穷亲，礼金也就一两元，超过5元的都很少。20元的只有一个，那是有点远亲关系的乡干部。于是，这喜酒完全亏本。更要命的是，债务中有一部分是高利贷。“卖着血也得快还。”陈小林说。但按他家地里的那点收入，还这3万元债，不吃不喝也得15年。

希望只能寄托在打工上。陈小林的弟弟远赴北京当保安，父亲，就是苟丽的公公，去陕西的石场背石头，一天报酬30元。在陈小林的记忆中，父亲满脸的皱纹，五十几岁的人看起来像六七十岁，一米六几的身高只有80多斤。但就是这副老身板，每天还要一趟一趟地背几百斤的大石头。父亲回到家时，背上磨得没剩一块好肉。苟丽数次泪涔涔地问陈小林：“我们什么时候才能让爸妈早一点享福啊？爸是在拿命换钱啊！”

苟丽从小丧父，不知不觉间已把公公当成了亲生父亲。有一次她得知公公为了省两三元钱居然晚上睡在人家的屋檐下，就哭成了一个泪人。“她这个人，心肠特好，对爸疼得要命。那时她老催着我一起去打工挣钱。”陈小林说。

但陈家父母并不想让他们俩马上打工，而是希望他们待在家生个小宝宝。这段日月，是苟丽最幸福的时光。她在不足10平方米的窑洞最高端，贴了一幅小宝宝的画。怀孕后，她在高高的黄土坡上，曾经赶着羊群挺着肚子问小林：“老公，你知道女人什么时候最幸福吗？”陈小林不知，她就笑着朝他嚷：“怀孕的时候啊！”

但命运捉弄了这个家，2004年7月的一个晚上，她不慎流产了。婆婆哭得直不起身子，遭此一击的苟丽却还流着泪安慰婆婆：“妈，我还年轻，会给你们生一个好宝宝的。我一定不会给你们丢脸。”

城市中的贫贱夫妻

不过，苟丽已经等不及向婆婆兑现“生一个好宝宝”的诺言，她和丈夫最紧迫的事是为家里挣钱还债。2005年3月，她再次和丈夫赴兰州打工。他们在兰州张苏滩花50元租了一间只能放下床的房子，一开门就会闻到隔壁公厕的臭味。

一开始，苟丽在一个服装批发市场找了份月薪300元的工作，陈小林在一家工厂找了份月薪350元的工作。夫妻俩算了笔账，房租50元，其他费用最省也得100元，一年下来只能剩下5000元左右。“债什么时候才能还完啊？”发愁的苟丽曾经在半夜把陈小林推醒。

半个月后，陈小林下了狠心，辞掉工作借钱买了辆旧摩托车，跑起摩的生意。苟丽也辞了工，她告诉丈夫：“不少老乡在发廊帮人洗头，工资有千把元。放心，我不会做对不起你的事。”所以一开始，陈小林还每天用摩托车送她到发廊。

这些日子，苟丽与平时一样，总是晚上9时回家。陈小林跑摩的很累，苟丽每天给他打洗脚水。他们有个小小的录音机，两个人经常趴在一起听。最喜欢听的是《两只蝴蝶》，苟丽会靠在丈夫的肩旁轻轻唱：“亲爱的，来跳个舞，爱的春天不会有天黑……”

陈小林有时跑夜摩的不回家睡，妻子告诉他依然每天按时下班回家。然而他很快从房东那里得知，妻子在说谎。由此，陈小林获知妻子在发廊做起了“小姐”。

他勃然大怒：“我们再穷也不能做这个啊，你这样做对得起我吗？”并给苟丽二哥打电话：“我管不住苟丽了，我们俩离婚算了。”苟丽委屈得痛哭：“难道你以为我真想干这份苦差？你忍心看着爸爸那样去卖命挣钱吗？我这样做，还不是为了给家里减轻点负担？”

回想起这段屈辱的往事，陈小林低着头，双手拼命搓着，涕泪横流：“我当时什么话都说不出来了……只是觉得自己太穷，太无能，不像个男人。老婆是为这个家去做的，她那么爱我……”

激烈争吵之后，苟丽的“工作”被陈小林默许了。但苟丽还没“工作”几天，即在“严打”中因卖淫被抓，并于4月18日被送入桃树坪收容教育所，进行为期6个月的收容教育。

4月19日，他赶到收容教育所，两人一见，抱头痛哭。陈小林抓着苟丽的手，说“别哭，我会想办法把你弄出去，不管多少钱。”苟丽则在日记里悲伤不已：“我心想哪里有那么多钱？我真的很后悔，后悔为什么会干这份苦差。”

苟丽是从这天起开始记日记的，一直记到8月中下旬她被释放时为止。一共记了116篇。

为给苟丽筹借收容教育生活费，陈小林给家里打电话撒谎：苟丽的腿给车碰了，缺医药费。家里就东拼西凑地寄来了1000元。

陈小林更加辛苦地跑摩的，一心赚钱救妻。苟丽在她的日记里写下了感动："我真为有你这样一位老公而感到自豪。"

后来，陈小林急了，把摩托车卖了1000多元，准备去"捞"苟丽。苟丽在收容所内得知此事后心情沉重，在日记里一个劲地说她的男人"太傻了，太傻了"。

但即使在这样的艰难中，苟丽也有开心的时候。5月13日是苟丽的生日，丈夫花20元买了一只烧鸡和20个鸡蛋，送进了收容所。鸡是和同舍人分享的，苟丽在这一天的日记里写道："老公，你给我买鸡，我好感动。"而陈小林在外面的日子已经窘迫到"两块钱的牛肉面我都不敢随便吃"，他自己的生日是花5元钱度过的。

眼看日子撑不下去了，陈小林只得又借钱买了辆旧摩托车跑，因为是黑摩的，屡次被罚款，一个月后卖掉摩托车，竟然倒贴1200元。而毫不知情的苟丽还在6月25日的日记里挂念："你还在跑摩托车吗？一定很辛苦，要自己照顾自己，别累坏了身体。我好想好想飞到你的身边。"

这种无时无刻的相思与挂念，也是铁窗中苟丽最主要的精神内容。日记差不多有100篇都是以"老公,你在想我吗？"这样的语句开头的。她还将"老公，我想你，我爱你，我要你一生一世，亲爱的老公"这一句话写了数百行，填满了整整四页日记。

苟丽在铁窗里最最期待的事是丈夫的探望，在日记里，丈夫每一次探望都被她标了出来，一共21次。每一次见面的时间一般只有五六分钟，所以他们唯有纸条传情。"我想你时，就看你写给我的纸条。每当我看到纸条时，眼泪都会流下来。"苟丽在日记里说。

6月已经快过去了，释放的日子还遥遥无期，西北农村的麦子已经熟了。于是，苟丽又在日记里挂念起地里的麦子，挂念起回家打理农事的丈夫，挂念起她视之为亲父的公公，还有她一切的亲人。

7月，兰州夜里的天气开始转凉。苟丽可怜起刚被收容进来的一个同舍女人，她在日记里很孩子气地说："老公，我今天早上把我的那条牛仔裤给昨晚新来的那个女的穿了。你不会怪我吧？"

8月下旬，她意外地被告知，因为表现良好，被提前两个月释放。释放那天，丈夫陈小林还在北京借钱，满脑子想着怎样早点把她赎出来。

往事不堪回首生死中

狂喜中的陈小林匆匆从北京赶回，妻子在车站接他，两人一见，又是抱头大哭。妻子几个月没吃到好东西了，陈小林找四叔借了500元，请上所有帮助过他们的人，痛痛快快吃了一顿大盘鸡。

可是，苟丽的4个月铁窗生活，已经让陈小林花了1万元，这些钱也是借来的。4个月的城市生活，不但没有赚到钱，反而使陈家更加债台高筑。其中有笔1300元的债要在10天之内还清。与妻子相处仅一天的陈小林，只得又去北京打工和筹钱。夫妻俩的计划是陈小林在北京筹上800元，苟丽向娘家借500元。等钱一到账，“你要马上到北京来，我们在北京团团圆圆地过中秋节。以后一起在北京打工，重新生活”。陈小林说。

9月1日，陈小林离开兰州去北京，苟丽趴在候车室的窗口目送他，哭个不停，陈小林说：“别哭，别哭，我们很快又会在一起的。”

但这成了他们的最后一别。4天以后，陈小林得到了苟丽被嫖客杀害的噩耗。

陈小林一直想不通妻子被关了4个月后，为什么又去做同样的事。“我想唯一可以解释的，就是她既不愿向同样很穷的娘家借钱，又想早日来北京见我，所以只能想到这个来钱快点的办法……”陈小林说着说着就哭了。

苟丽的遗物里有一份账单，记着她被释放后近一个月的花费。陈小林说他去北京时没给妻子留多少钱，估计这些都是她自己挣的。从账单上看，她每天吃的没有超过4元，唯一的奢侈品就是150元的小灵通了。衣服鞋子之类，则是她被释后要买的必需品，但没有一件超过50元。在陈小林的记忆里，妻子一生没有穿过超出60元的衣服，“去年她怀孕时我给她买的棉衣是最贵的，60元”。

在向记者回忆这些往事时，陈小林不但常常被自己的哭声打断，被悲伤噎住，还有过许多次反复甚至不安。他承认有许多东西无法说，也永远不可能向别人说。他甚至承认，他向前来采访的中央电视台记者也说了谎。他曾经想对家里人隐瞒苟丽的死因，但前几天一个在兰州的亲戚把真相传到了村里。乡村舆论立即由同情变成了嘲讽，母亲哭得死去活来。陈小林觉得“已经没脸回家了”，他不敢回去安慰悲伤的母亲，而是跑到了北京打工。

陈小林不愿想象妻子在最初下定“那样去做”的决心时所经历过的挣扎与痛苦。他说，他会把这些永远埋在心底。对此，苟丽在日记里也只字未提。

唯一能让外人洞察苟丽那时的真实内心的，是流传在发廊周围的一个说法。发廊的小姐们说，苟丽每和客人作一次性交易，就会默默地用纸折下许多颗心。

这些心是给自己老公的。心的一面写着她的小小愿望，另一面则画上可爱的卡通笑脸：鼻子是心形的，脸颊是用“吻你”或者“爱你”的字样拼成的，嘴弯成了月牙一样的线条……在苟丽的遗物中，这样的心有满满一纸袋，1000多颗。

广场黑玫瑰的险恶人生

■ 成　希

武汉洪山广场是中南地区最大的城市广场。500多株高大乔木在广场四周形成绿化环绕带。自从1992年建成开放以来，这里的色情活动就一直屡禁不止。本文来自2008年5月9日特约撰稿的现场观察，以及对站街女“晓华”先后两次的特约访谈。

当地人称洪山广场上从事色情业的女子为流莺，也有的叫她们站街女。附近发廊和夜总会的小姐是看不起她们的，认为她们低贱，价格便宜，见了面会叫她们“婊子”。

“其实她们才不干净呢，每天那么多人，脏得很，说不定哪天就染上什么病！”在广场一侧的人行道上，站街女晓华咬牙切齿，声音发颤。

这是2008年5月9日深夜，晓华身着一套白色短裙，绿色的眼影分外刺眼，嘴唇如同抹了猪血一般。她目不转睛地盯着来往的车流，手里拿着一根冰棍，后来记者知道，她说话含混不清，含着冰棍，客人就不会注意到她有病的舌头了。

我以前有个男友，高大帅气，但没想到是个瘾君子。在一起没多久，他就对我拳打脚踢，逼我出台。后来又被他打进了洪山广场。我今年27岁，已经在这里浪迹了3年。

最开始我没什么经验，也不好意思主动找人搭讪。生意虽然清淡，但也过得平平安安。可不到一个月，我就吃了个大亏。

一个男人来到洪山广场，出高价将我带到一家宾馆。刚交易完，我还没开口找他要钱，他就疯了一样对我拳打脚踢。我想反抗，他不知从哪掏出一把大砍刀，用刀背朝我脖子上狠狠砍了几刀。

因为经常被男友毒打，我抗打能力很强。但那次我被彻底打蒙了，整个人瘫软在地，浑身直打哆嗦。“你这个婊子，是要钱还是要命？！”他一刀将茶几上的烟灰缸劈成了几半。真没想到，这个男人不到20岁，看起来瘦小、老实，竟然这么凶狠。

我跪地求饶，将全部几百块钱和一部三星手机主动送给了他。慌张穿好衣服正要离开，他突然又将我扑倒，狠狠掐住我的脖子。原来他看上了我脖子上那条细小的项链，我跟他解释不值钱，却被他重重打了几个耳光，骂我不老实。

项链被没收后，他拉开房门，一脚将我踹出房间。我一个踉跄摔倒在走廊上，恰好当时有个服务员路过。她硬是将头扭向一旁，装作没看见一样快步离开。

我从小身体结实，7岁被推荐进了体校。练习过10年的铅球和武术，但那时却不能保护自己。踉踉跄跄地回到出租屋，照了下镜子，发现脸上青一块肿一块，脖子上像被盖了几个巨大的钢印。我很伤心，跟男友哭诉，但他只是将手摊开，淡淡地说了一句：“钱，我要的是钱！”

凌晨1点半，我又被赶到了洪山广场。挣不到钱，男友就不准我回家。他的眼里只有毒品和钱。我对他的心也彻底死了，我不伤心，因为不值得。我只是感到孤独和害怕，那天晚上，我不敢接客，就一个人钻进广场的树丛里，死死地抱着一棵大树，就这样不知不觉地睡着了。

第二天醒来，我突然觉得自己不是在卖身，而是在卖命。内心充满了恐惧，哪怕街上熙熙攘攘，我也胆战心惊。那以后，我毅然地离开了男友。因为我明白了一个道理，感情其实是很扯淡的东西，世上最珍贵的还是自己。留着老命在，不怕没柴烧。

我手上拿着一张中专文凭，原本不打算再继续站街了，想靠双手挣钱养活自己，但是专业不对口。我是从体校出来的，除了当体育老师，根本没有一技之长。我年纪又这么大，下半辈子还要生活，就咬咬牙，决定再继续做几年，等攒了点钱后就“金盆洗手”。

休整了段时间，我又来到了洪山广场。我长了个心眼，首先得保证自己的人身安全，钱挣多挣少倒是小事情。

我很快跟广场上的姐妹们熟悉起来，她们告诉我，几乎这里的每一个站街女每个月都被打劫，甚至还有几个姐妹为此丢了性命。“怕，怎么不害怕呢?!”每一个姐妹都这样对我说。

2007年有一段时间，有几个河南人很嚣张，他们晚上1点多叫上一个小姐，然后带到偏僻的地方打劫，就为了她们身上的手机和一点钱。他们找不同的小姐下手，连续一个星期没有停手，搞得人心惶惶。从那以后，姐妹们就很少单兵作战，绝大部分是结群行动，两个人陪一个客人。虽然钱少赚点，但是比以前一个人单独出去安全点。

“没办法，姐妹们只能联合起来，一起保卫自己的安全。”记者和晓华在广场上聊天的时候，一旁的一个略显老态的女人突然插话，她痛心疾首，显得很悲伤，“人身安全没保障啊，光我身边的‘姐妹’就被杀了几个。”

“知道你们挺不容易的。”记者很认真地看着老女人，“你和我妈妈差不多一样大哦，按辈分我得叫你阿姨。”老女人浑身一颤，突然结巴起来。“我的儿子……今年上大一。”

洪山广场的站街女分为好几个帮派：白玫瑰是在广场里面活动，她们大部分都吸毒，只要给钱她们就愿意卖身，甚至单独和客人出去，所以出的事很多。广场马路旁边的站街女属于黑玫瑰帮，专门有一家“公司”管理我们。这个管理，就是每天在下班之后到公司那里交30块钱保护费，公司负责帮我们摆平公安、流氓和寻衅滋事的客人。

黑玫瑰的人都会自觉地交保护费，因为“公司”确实给提供了不少保护。没有“公司”之前，经常有小混混来敲诈勒索，有些嫖客还公开打劫，我们敢怒不敢言。自从交了保护费后，再遇到这些事情时，一个电话打过去，呼啦啦就会来一大帮人。人多力量大嘛。哈哈，我大哥也是有名的黑道人物。

不过就算这样，安全也还是没保障，因为离开了洪山广场的大本营，出了事，即使有再多的人赶过去支援，也是远水救不了近火，遇到危险的时候，“公司”的人也爱莫能助，只能听天由命。

被杀害的姐妹太多了。刚才还看到好好的一个大活人，说不定第二天就听到她被杀害的噩耗，有时候感到生命真的很脆弱。都见惯不怪了，住在我隔壁的阿红前年和客人一起出去后，被杀了。住在我楼上的小丽被打成重伤，现在还躺在医院里。楼下的玉子就是因为和客人顶了几句嘴，被打得头破血流，洗劫一空。

记者问她到底有多少黑玫瑰遇害，她拿着指头一个一个掰数起来。“我自己都不知道有多少，总之是很多，大部分都是无头案。”她笑了笑，似乎在说一件与她无关的事情。

记者建议晓华，遇到打劫或者强奸可以报警，她笑我“很傻很天真”。

晓华身材高挑，长得还算漂亮。记者在洪山广场跟她聊天时，不断有男人过来搭讪，但晓华没有搭理他们，装作没听到，一副清高的样子，似乎只是来广场散步的良家妇女。

这些人大部分是民工，我比较害怕他们。一般民工模样的我都不接。不但出价很低，而且身上比较脏，有种难闻的味道。最可怕的是，他们在现实生活中过得很压抑，不少人就把怒火发泄在我们身上，因为他们内心更瞧不起我们。

有时候在言语上顶撞了他们，轻则挨骂，重则拳打脚踢。更让我们害怕的是贫穷，他们往往为了一点嫖资，或者是为了姐妹们身上不多的财物而起杀心。

广场上有些人为了贪图那点小钱，偏不信那个邪，壮着胆子悄悄去，结果往往是挂彩回来。但她们总是不长记性，每次都是好了伤疤忘了疼，只要有钱，又高高兴兴去赴约了。

我家在汉口，是站街女中不多的本地人，其他多数人都是从贫困山区出来的，以前日子过得太苦，所以现在拼命想挣钱，而将安全置之度外。

我认识的那个叫阿红的，就是后来被杀了的姐妹，她曾经连着一个星期被人抢了3次，由于身上没有带钱，每次她都被打得伤痕累累。但第二天还照样出来站街，用浓妆将脸上的伤痕遮住。

那些歹徒也越来越聪明，会选择在凌晨一两点的时候下手。这个时候我们一般都接了几单活，口袋里也有了点钱。他们就瞄准这个时间段，以包夜的名义将我们带出去，发泄完兽欲还将我们的财物哄抢一空。

我比其他人有记性，懂得察言观色，在跟一个客人交易前，会先进行风险评估，没有百分之百的把握，就算客人出钱再多，我也坚决不去。

眼睛是一个人心灵的窗口，人的脸上也会清楚地刻着好人或者坏人。我可以说阅人无数，再会伪装的人，在我面前，也能被看穿。眼光阴郁或者是炯炯有神的人我都不会招惹，这代表了两个极端。前种人往往压抑太久，心理多少有点疾病，有时候看起来慈眉善目或者比较瘦小老实，但内心一般十分凶狠毒辣，第一次抢我的人就属于这种人。至于炯炯有神的人，眼睛转得很快，滴溜滴溜的，这种人脑袋瓜子十分灵活，他想要坏心思，十有八九会得逞。

慈眉善目的谁个都愿意去，面相凶的、性子暴的就要小心。也是说说而已啦，坏人谁写在脸上？世界上最复杂的莫过于人心，我还得仔细观察来人的言行举止。我在和他们谈交易的短短几分钟内就看出他们到底是怎样的人。

我一般首选开私家车的人，这种人一般经济条件好，不会为了几百块钱抢劫甚至杀人。我记忆力很好，为了以防万一，在上车之前，会牢牢记住车牌号码。

客人过来攀谈，我首先谈的不是价格，而是问去哪里。如果客人说带我回家或者去他的出租屋，这种人也相对安全些。如果侵害我，我可以找到他们，他们也犯不着为了几百块钱搬家。

最害怕偏僻的招待所，我不敢肯定招待所老板和打劫小姐的歹徒是一伙的，但他们十分熟悉是绝对的。遇到问题时，招待所老板往往是睁一只眼闭一只眼。我们是叫天天不应，叫地地不灵。很多小姐被害都是发生在小招待所里。荒郊野岭、一些破屋或者烂尾楼也容易出事。

我一般选择熟悉的场所。比如在洪山广场或者是大学城附近的KTV包间，如果选择包夜，我一般选择的也是宾馆，宾馆都有闭路监控系统，万一发生什么事情都能有个线索，这对客人来说也是种威慑。如果住招待所，去的也是我熟悉的招待所，因为我和老板、服务员早已混成了朋友。谈价格的过程中也能发现不少东西，对钱斤斤计较、将价格压得很低的人，以及对钱根本不在乎、故意开出高价的人都有问题。前种人会为了点小钱谋财害命，后种人更是诱惑我们上钩，一旦跟他们外出，不但高价要不到，身上带的财物也往往被他们顺手要去。

人的表情很重要，一脸冷漠或者一丝冷笑的人都很恐怖，我喜欢那些看起来色迷迷的人，过来没说几句话，就对我动手动脚，又捏又搂。那种青涩的小伙子也没什么威胁，他们一般出行不久，扭扭捏捏，想上前搭讪又不好意思。这种人目的比较单纯，只是为了满足自己的生理需要。

记者追问晓华："依据你的判断，我是个什么样的人？"

晓华满不在乎地说，早就知道你是记者，看起来老练深沉，但实际上还是一个很善良的人，而且这么年轻。她不怕，因为对她们来说没有任何危害。她说她和那些胆小的农村小姐不一样，她是城里人，虽然阅历很丰富，但是还没有内心麻木，她喜欢交朋友，多交个朋友没坏处。

都说你们记者见多识广，但要比起社会阅历和接触到的社会阴暗面，我们可是更胜一筹。你相信婊子无情吗？干我们这一行的，有时候我还真能体会"婊子无情"这句话的含义。

不能说我们敌视社会，而是有很强的戒备心理。我们每个人的身后都有曲折的命运，磨难和打击不计其数。

我们对感情看得很淡漠，这些姐妹看起来无话不说，关系亲密，但绝大部分是貌合神离，只能说我们很虚伪而已。有时候为了争客人而大打出手，就算是两个人陪一个客人出去，钱有时候都被一个人独吞。为了维护团结，专门有一个类似老鸨的角色负责协调我们之间的关系。比如有客人来了，老鸨就会分配我们去接客，一般是年纪大的配年轻点的，好看点的配长得差点的，但还是矛盾重重。

有人说我们接客很冷漠，眼中只有钱，没有职业道德，根本不理会客人的情感需求，让我们多待一分钟都不行。可实际上这也是无奈之举。

哪怕客人包夜，我都是做完两次就走，哪怕时间再晚。因为在外面停留的时间越长，风险就越大。我的一个姐妹就有个教训，有个客人趁她昏睡，将她的手机、首饰和上半夜接客的两百块钱偷走了。

还有客人在茶水饮料中下安眠药，伺机抢劫。所以，现在我根本不会吃喝任何客人给的东西，也不会携带任何有价值的财物。

你看我手上的这个戒指，在地摊买的，几块钱。可别小看了这戒指，它的用处可大着呢。喏，高度仿真，遇到危险时，我会主动将戒指送给匪徒，反正他们不是珠宝鉴定专家，最起码他们不会杀害我。这上面雕刻一尊弥勒佛，我也算是领悟了佛学当中的一些精华，一切都是虚空的，人的感情更是如此。要不要，送给你？它可以拿来祈福呢。

“帅哥，要不要松松骨，服务好价格便宜。”晓华招呼一名过路男子，满眼期待。瞬间，一个30来岁的黑衣女人不知从哪里冒了出来，说：“双飞。你只要付一个人的价钱，就可以享受我们两个人的‘服务’。”男子把头摇得像拨浪鼓。两人将男子拉到一棵高大的棕榈树下继续“谈判”。黑衣女子笑着伸出一根手指头，意思只要100块钱。拦了辆的士，三人很快消失在洪山广场的夜色中。

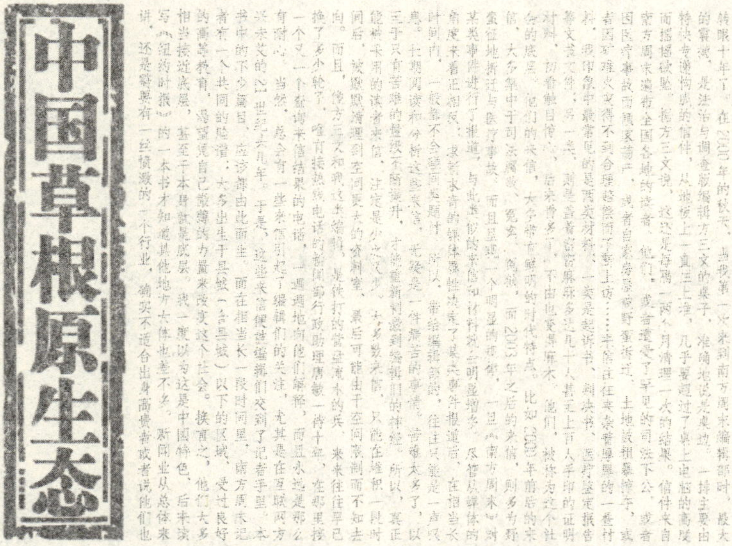

第叁辑

裸露的乡村

朱镕基流泪后的宁边村

■ 尹鸿伟

“要照相！朱总理可以看见这些相片！把这些腊肉照进去，让朱总理知道我们过年吃腊肉！”

1999 年 2 月 10 日，春节前夕。曹金忠老人对记者说这些话时表情很兴奋，在昏暗的灯光下，在闪烁的黑白电视机前，墙壁上显眼地挂着几块褐色的腊肉。

曹老人是宁边村村民。宁边村地处云南省昭通地区昭通市小龙洞回族彝族乡，是一个偏僻贫困的村庄。村中间有一条简陋的公路通往昭通市，它是昭通市最贫困的山区之一。

村民们经常能在电视上看见朱镕基总理，他们很骄傲，因为他们认为：朱总理和他们的平凡生活有着非同一般的联系。

朱镕基的眼泪

1995 年 10 月 6 日下午。

浓雾和毛毛雨像往常一样笼罩着偏僻贫穷的宁边村。村民们觉得今天好像有些不寻常。许多小汽车辗过崎岖和泥泞来到了村里，很少有这么多外地人一起来，于是大家离开了朝夕相伴的火塘，好奇地围到了村中央。

这群外地人下了车，一位官员率先朝围观的村民们走来，脸上充满了慈爱和笑纹。有人向大家介绍老人名叫朱镕基，是国务院副总理。一个年轻的村民悄悄说他在电视上见过了，不过大家不知道朱镕基为什么要来宁边村，来干什么。

朱镕基用带点湖南口音的普通话向村民们询问“是什么民族？”“粮食收成怎么样？够不够吃？”等等，让村民们很新奇，觉得他很亲切，很有人情味。

一名大约五岁的小女孩挤在人群中好奇地仰望着正在发生的一切。朱镕基伸出宽大的手掌握住了她的小手。

“你叫什么名字呀？”

小女孩眨眨眼，并不害怕。

“叫小琴琴。”

“叫小琴琴吗？”

朱镕基弯下腰把耳朵凑近小女孩。

“是的。”

随后朱镕基直起身，笑了。舒心的笑声在清凉的空气中荡漾。

回族老人马二健坐在低矮漆黑的茅草屋里，围着火塘取暖，这样的日子他已经过了 70 多年。朱镕基弯腰低头才得以进到他的屋中。马老人告诉朱镕基自己每年只有 100 多块钱收入，有 600 市斤主粮收成（主要是洋芋），只够吃半年，每年都要领用政府的补给，油盐钱只能靠卖鸡蛋换来。马二健的家里只有一口破锅和用几块木板支起的床铺。

于是朱镕基从马二健家出来时，脸上没有了笑，嘴唇紧闭着，嘴角两边的沟纹更深了。

村民杨长才前几日被马踢伤了左腿，站不起来，朱镕基挨着他坐到了火塘边的木板上。火塘里红红的，边上正烤着洋芋。

“早上吃什么？”——“吃洋芋。”

“午饭吃什么？”——“吃洋芋。”

“晚上吃什么？”——“吃洋芋。”

“一天三顿都吃洋芋吗？”

“是的。”

小龙洞乡乡长马明亮那天穿上了自己唯一的中山装“陪领导”，尽管衣服有些旧了，却是当时他最好的衣服了。在一旁听完朱镕基对杨长才的问话，他觉得很平常，却诧异地看见朱镕基眼眶里转动着泪花，在火光照映下闪烁而过。

宁边村公所属当地的“办公机构”，房屋依然破烂不堪。不久前村里有了一笔钱，却先建盖了小学教学楼，闻讯的老师和学生们在用钢筋混凝土新建的教室前拼命向朱镕基挥手和鼓掌。朱镕基向师生们挥手致意后伸出了大拇指：“希望就在这里！”

后来朱镕基和乡村干部们合影留念，随后，朱镕基坐到了起程的车里，打开车窗——窗外是衣衫褴褛的贫困村民，在风雨和浓雾中表情复杂地静静围观，身后是破旧的房屋。

朱镕基鼻翼翕动了一下，眼泪终于忍不住涌出了眼眶……

许多村民看见了，也记住了这一幕。

宁边村的变化

1999年春节前夕。

高山之巅的宁边村没有水，一切用水都要到很远的地方人挑马拉。在村边干涸的水池里，许多小孩子在沙土里挖了一些小洞穴，用水勺一点点收集着混浊的渗水，然后用木棍两人抬一桶，摇摇晃晃往家里挑。

宁边村的安贤才村长觉得自从朱镕基来过后，村里有了不少变化，而在自己以前50年土生土长的岁月里，一切变化都没有这么快。

如今的宁边村有名了，它已经成了云南省昭通地区一个备受关注的地方。于是，各种新闻记者不时从全国各地赶来，“寻访朱总理走过的足迹”。

昭通地区地方党委、政府更是对宁边村倍加关爱，各种拨款、平价化肥、平价农地膜、改造土地、架通电……粮食逐年有了增加，随即带来了村民生活的一些改善，一些人家盖起了砖房、小平房。个别人家还买了彩电，成了村里孩子们晚上聚集的地方。过完这年春节，乡政府还将在宁边村定期开一个集市，让大家更方便与外界交往，到时村里将出现第一块公用的水泥地面。

村里的电视只有两个频道信号，只能看到中央台和云南台（有时播昭通台），但能经常看到那位令大家心动和想念的国家领导人。

安贤才老村长闲暇时总端着水烟筒坐在村公所二楼的办公室里。村公所的两层楼是总理来过后政府拨款盖的，办公室的桌上已经装了一部直拨电话。老村长多少次也曾想打个电话给朱总理，告诉总理宁边村这几年的变化，但他每次都又胆怯了，况且他的确也不知道朱总理的电话号码。

不过，老村长希望有一天能在“上班”时接到总理的电话，他有好多话想对总理说，但他知道总理很忙。

马二健一家四口已从以前的茅草房搬进了政府拨款盖的一楼一底 80 平方米面积的新砖房；当年一日三餐吃洋芋的杨长才家已经吃上了大米饭，还宰了过年猪；还有李文姐家的大儿子考上了省城昆明的中学……乡亲们的日子比以前好多了。

当年朱镕基在昭通作出了“自力更生，生产自救，各方支援，共同富裕”的批示。这些话已用白石灰浆大大地挥写在了村边的一堵墙上，很醒目。三年来，以多种形式、多种渠道到宁边村扶贫的各级干部逾千人，累计投入扶贫资金近百万元。全村在各方面的支持下，扎实开展山水林田路电综合治理，大力推广应用农业增长技术。群众投工投劳开挖土石方 1 万多立方米，建石埂台地 700 多亩，新建蓄水上千立方米的抗旱塘六个，新修维修乡村公路十余公里，架通了四条输电线。如今，全村种地膜包谷的面积已由以前的 200 来亩扩大到 2500 百亩，新增洋芋垄作面积 4000 多亩，洋芋套种荞子面积 5000 亩，粮食单产大幅度提高，全村产粮近百万斤，比前三年翻了近一番，全村贫困户由 460 余户减少到不足百户。

尽管住进了新楼房，马二健却一直在用煤油灯，因为点电灯电费太高了。尽管一日三餐洋芋的日子已成往事，如今他家的甑子里也经常蒸着大米饭，但还总得把洋芋当菜。

曾与朱镕基照相的杨长才说宁边的条件太差，总在土里刨食真的不行了，不可能富裕，他想开春后办个养殖场，养猪、养羊，想请政府到时帮点忙。他说这个想法他想了好长时间了。

老村长家已在宁边村生活了好几代，他深知宁边这地方自然地理条件太恶劣，要发展和富裕起来太难太难，只能一步一步朝前走。

艰难的“希望”

快过年了，远在昆明“云南省民族中学”上学的儿子罗孝波回家来了，这让李文姐又高兴又伤心。

16岁的儿子个子似乎并没长高，但他是宁边村的骄傲，是村里第一个去到省城的孩子。

罗孝波在学校里每月有70元“贫困民族生生活补助费”，家里每月给130元，共200元，当然这远远不够用。

冬天的风冷冰冰的，卷起村边地里的灰尘令人有些呼吸困难。罗孝波和母亲李文姐在荒凉的黄土地里挖土，两把锄头此起彼落，又扬起股股灰尘。不时，李文姐都要停下锄头为儿子抖抖头发上的灰尘，擦擦额头上的汗水。儿子下学期的学费就在这些土地里，母子俩艰难地挖掘着，挖掘着希望。

宁边小学的孔繁宁校长说村里的入学率在98%以上，目前有300多名学生，但很难巩固。现在昭通市教委每年给宁边小学150人的免费名额和12人的希望工程捐助，但仍然无法全部解决问题，很多学生都因为家里穷而中途辍学，很多上不完初中，上高中的更少。

宁边村至今只出过几名师范生、一名师专生。在罗孝波之后，1998年有一人考上了云南省财校，父母是狠了心才借钱含泪把他送到了昆明，因为父母相信能上学的儿子会是他们未来的希望。他们说这话是朱总理说的。

宁边小学几乎是清一色的男教师。有两名女教师是代课的，每月工资60元。老村长觉得太对不起老师们，这儿的工资不太高，条件也差，尽管学校拥有全村最好的住房。放寒假了，除校长家在校园里外，没有一位老师留在学校里。老村长最大的心愿是分来好老师，分来的老师能留住，给今天吃得还不好、穿得还不暖的娃娃们带来希望。

宁边的气候和土地几乎只能种洋芋和苞谷，而且产量不高，除努力填饱肚子，土地似乎很难给他们再带来什么。

快过年了，村民们目前的希望是能有点腊肉吃，能走路到十多里外山下的乡集上逛一逛。至于他们的以后和将来，外面的人似乎比他们想得更多，做得更多。

按照昭通地区地委书记杨应楠的话来说，宁边村是昭通贫困的典型代表。1995 年朱镕基给昭通带来的不仅仅有眼泪，更有一种历史性的推动，因为他考察昭通结束后，指出了“昭通的困难是因为 97% 是山地，而且是高寒山区，交通极不方便，这是困难的根源。”然后确定了内（江）昆（明）铁路的工程及不少基础工程建设，这个根治贫穷的决策给封闭落后的昭通带来了许多新的希望。

离宁边村十几公里的地方从 1998 年 6 月 16 日起就机器声隆隆，穿越昭通的内昆铁路在日夜不停地施工建设。宁边村人不知道这条即将开通的铁路会给他们带来什么，但他们隐约地感到：日子，就要变化了。

一位组织部长眼中的农村现实：我们要向农民道歉

■ 邓 科

2001年9月，一本名为“向农民道歉”的内部资料在陕西省县级以上干部中间流传，不少人看了潸然泪下。

这本书的作者叫马银录，时任陕西省白水县县委常委、组织部长。2000年11月25日，白水县西固镇器休村因交税纠纷发生了数百名农民打砸镇政府和派出所的恶性事件。

2001年4月9日，马银录率领12人的工作组进驻器休村，至7月14日离开，共驻村96天。其间经历了从一进村被村民骂成“一帮狗东西”，到离开时村民们捧着鸡蛋、苹果流泪相送的过程。

在这90多天里，马银录以手记的形式记录下了每天的所做、所见、所感，真实地反映了农村的人缘、族缘和干群关系，反映了中国最基层的现实和矛盾，反映了农民之苦、农民之难、农民之善。

近日，这本书正式公开出版。

在接受记者采访时，马银录说：“接触之后才知道，没有一个农民是真正想闹事、想和政府作对的。干群关系出了问题，根子往往在干部身上。”

他说：“我们要向农民道歉。‘道歉’，是明确责任、解决矛盾最有效的方法。正是靠这个，我们才很好地解决了‘11·25’事件反映出的一系列的问题。”

“向农民道歉”，是“三农”背景下在一线工作的从政者自我反思后提出的一句响亮的口号。

进村：群众为何如此恨我们

对于“11·25”事件，新华社在后来的报道中这样写道：“11月25日，西固镇收税干部与器休村一户农民发生冲突。当晚，镇派出所警察强行将4个农民抓走。数百名群众闻讯后赶到镇政府，冲击派出所，救出被抓农民，酿成影响恶劣的‘11·25’事件。事后，一些农民害怕报复，吓得连春节也不敢回家；各级干部也轻易不敢到村里去。”

此后，西固镇曾先后两次派干部前往器休村试图处理此事，但群众对立情绪很重，干部“无功而返”。

在这种情况下，县委常委、组织部长马银录受命率县级工作组进驻器休村，试图彻底解决这里的问题。

为了避免激化群众的对立情绪，工作组没有乘坐专车，而是一人背一个行李包乘坐城乡公交车来到器休村。没想到的是，一进村他们就听到了这样的对话：“这伙人是弄啥的？”“一帮狗东西。谁知是弄啥的。”

马银录说：“我的心一下子提到了喉咙口，群众为何如此恨我们？”

工作组12人按照事先的安排分别住进了五户农家。临行前工作组规定：自带被褥，自带伙食费，每人每天5元，先向房东预交10天50元伙食费。并且制定了纪律：不能喝酒，不能打牌，不能说不负责任的话，不能做对不起群众的事。

晚饭时分，工作组两位同志来到马银录住的农户家。

马银录问：“你们吃饭了吗？”“没有。”“为什么？”

原来是主人肚子里有气，不愿做饭给干部吃。

过了一会儿，工作组的其他成员也来了。大家反映，有的主人热情，有的主人冷淡，问是不是又打人抓人来了。

马银录说：“老百姓有这些想法是很正常的，那个时候我们首先要做的是和村民拉近距离，让他们不把我们当‘敌人’看。我们觉得，光追究几个闹事村民的责任不能从根本上解决矛盾。我们到村里来，就是要了解事件背后深层次的问题在哪里，干部在这中间应该作什么样的反思，怎样才能彻底解开干群关系中的‘疙瘩’。”

工作组原计划用10天到半个月的时间来完成这些工作，但没有想到的是，器休村问题的复杂性大大超过了预料，他们一待就是96天。

现实：农民之难

工作组做的第一件事情，就是走家串户了解农民们的情况。

让马银录震惊的是，一些农民生活的困难程度到了无法想象的地步。

任组织部长之前，马银录一直在部队工作。他说，一直以来他对农民生活的认识主要来自各种宣传报道，这些报道给他的印象是：农民应该都过上了富裕的生活。转业后他负责组织工作，同农村接触不多。这次深入到最基层，他才真切体会到了农民之难。

在村民武来贵家，马银录看到他没钱用电，点蜡烛点了20年；在村民董自怀家，马银录看到他几乎是借钱度日，连1.2元的借款都清清楚楚地记在账本上。

马银录写道：“我的心被深深地刺痛了，几次坐着起不来，几次咬牙捏拳头，几次掉泪恨自己。”他把身上的钱掏出来给了他们，但他知道这些远远不够。

进村第三天，即4月12日早晨，工作组成员聚在一起开了第一个碰头会，交流自己两天来的所见所闻。

县委组织部办公室主任杨永生说：“我们盖自己的被子，交伙食费，到群众家走访。一些群众说，这才像共产党的干部；但也有一些群众说我们是黄鼠狼给鸡拜年——没安好心。”

煤炭局党委副书记张新发说：“今年苹果形势不好，一些青年准备外出打工，并放出话说，走时要放‘起身炮’，就是要放倒原来在税收纠纷中打过群众的人。”

许道乡副乡长贺文生说：“我走访了4户，3户人家很热情，说早就盼着我们来。说村干部心太黑、手太长，不整整他们，就没有群众活的日子。另一户人家，是南槐队的，不相信我们，说只有中央来人才能解决村里的问题，你们能干啥。”

大家你一言我一语说：有些群众说我们是抓人来了，收农特税欠款来了，卖狗皮膏药来了……

马银录说："碰头会后，我们决定，立即召开村民大会，告诉群众我们为什么要来，我们来干什么，免得群众猜测、议论，造成不必要的误会。"

村民大会：转折点

村民大会在村部召开。村部铁门锈迹斑斑，院中间刚扫过，并用白灰画出4道线，分别写着联合队、东头队、南槐队、前槐队、后槐队。

11时多，村民陆陆续续来到这里。只有个别人待在划定的区域内，绝大多数则坐在、蹲在、站在墙两边和大门外。

马银录用话筒叫外面的群众进来开会，可是只有个别人响应。

没有办法，马银录只好讲了起来——

大门口及外面的群众不进来也行，因为我们是群众大会，来去自由。今天的大会，是临时决定的。开会前，有些同志就阻拦我，说不能开会。为什么？因为我们村有"炸会"（指起哄闹事使会议不能正常进行）的历史，两年来，就炸过8次会，其中一次差点出人命，说是把4张桌子、8条板凳都踏成了渣渣，并给乡上的一名干部撇了一砖，人没受伤，但把窗玻璃打碎了。有人担心我也会被撇一砖，我说不要紧，咱们前世无冤，现在无仇，群众不会向我撇砖。

我们来器休村干什么？

1. 不是来抓人打人。这两天，有些群众传说，我们是来抓人的，我可以明确告诉大家，我们不是来抓人打人，但是我们可以管抓人打人的。不管是什么人，不能随便抓人打人。如果有人抓人打人，你们直接找我。我就不信，我们工作组在这里，谁还敢随便抓人打人！如果真有此人，我领着大家打官司。

2. 我们是来进行"三个代表"学习教育活动的。中央、省委、市委、县委都先后作出决定，在农村开展"三个代表"重要思想学习教育活动，以解决我们村班子不健全、制度不落实、运作不规范、财务不清楚、村风不正等问题。

3. 我们是来征求意见的。征求对县上的意见，征求对乡镇的意见，征求对村干部的意见。

4. 我们是来为群众排忧解难的。你们有什么忧愁，有什么困难，都可以告诉我们。我们能解决的立即解决，不能解决的共同商量，或请求有关领导、部门帮助解决。

下面，我讲讲我走访董自怀一家后的感受。大家知道，董自怀一家住在村西头。他本人有胃病，胳膊受过伤，不能干重活。他媳妇叫葡萄，他们有两个孩子，一个上五年级，一个上三年级。昨天上午，我们去他家，看着特别凄惶。两扇大门很旧很烂，用铁丝拴在两根粗细不一的木桩上。院子不大，房子很小，吃的饭很简单。现在欠款7000多元，每笔欠款都记得很细。其中借人家的1块2毛钱都记得清清楚楚。孩子上学交不起学费、课本费，几次被学校挡在门外，不让上学。

就是这样一个家庭，1999年11月23日晚上，一位农税干部嫌葡萄交税少，竟把她打得满嘴是血……这还不够，又和镇上另两名同志封了葡萄家的门，让孩子无处吃饭。如果被打的是我们的父母兄妹，封的是我们家的门，我们有何感想，我们能容忍吗？可当时在场的其他镇上干部、村上干部为什么不管？有的还帮着打，有的还讽刺挖苦，这些干部别说没党性，连人性都没有！

为什么发生这样严重的问题呢？我们县上有责任，我们镇上有责任。那我们村的干部、党员有没有责任呢？谁有责任谁承担，谁有问题谁检查。要登门向群众道歉。对不承认问题的，不登门道歉的，要严肃处理。我就不信，我们县委处理不了几个打群众的人。

马银录的话显然有了效果。一些群众说，他们村开会从来没见过人拍手，那天怪了，给马部长就拍了5次手。还有的说，从西安、渭南请来的秦腔名角唱戏也都没拍过手，那天确实怪。

工作组副组长说：“我还看见，会上不少群众掉了泪。马部长讲葡萄挨打时，确实很气愤，也动了情，我也控制不住自己的感情掉了泪。”

这次会被马银录称作“转折点”，此后群众的对立情绪逐渐淡了下去，工作组不再被看作“一帮狗东西”。

农村矛盾为何产生

通过调查，工作组深入了解了器休村的情况。

器休村的矛盾是在1998年后逐渐暴露出来的。这个村的主要产业是种植苹果，1997年以前经济状况较好，曾是白水县10个农业特产税上交大村之一。1997年后，由于果树进入老化期，再加上连年大旱、市场疲软，农民收入大幅下滑。有的家里供不起孩子上学，有的不得不贷款交税，有的在春季揭不开锅。

“这个时候政府对农民的税赋也进行了下调，但是下调的幅度跟不上农民减收的幅度。”马银录说，“因此就出现了一对矛盾，一方面农民没钱交税，另一方面税务干部又必须完成指标。一些干部就采取简单粗暴的做法，干群之间出现了一些摩擦。”

器休村女党员白琴钗说：“村里在经济状况好的时候，曾一亩地交税600元。那时交税大家排队交，税收任务十几天时间就完成了。现在税少了，逼着交也没人交。什么原因？群众收入下降了，交不起。”

但是一些干部没有认真对待这种变化。器休村党支部书记王玉田对马银录说道：“我们镇原党委书记 ××× 在全县召开的农特税动员大会上表态，要用‘三铁政策’收税，我开始没听懂，又听到他解释说，就是要用‘一副铁心肠，一张铁面孔，一双铁手腕’收税。当时你们县领导听了不知是啥感想，反正我听了很后怕。后来事实也确实证明了我的担心不是多余的。包村干部来了开着警车，一个警车从村东头叫，一个警车从村西头叫，吓得一些群众、孩子至今一见警车或听到警车叫就哭。”

马银录说：“这种简单的工作方式使矛盾逐渐积累，后来就发生了令人痛心的‘11·25’事件。”

在同村民的接触中，马银录感到其实没有一个人愿意故意闹事，农民是容易满足、最谨慎安分的一个群体。

反 思

白水县县长雷超武在听了工作组的汇报后说："我原来没想到，器休村存在这么多问题，感到震惊，心情十分沉重。我身为一县之长，负有领导责任。去年（2000 年）之所以出现打砸派出所、镇政府事件，是由以下七种原因造成的：一是基层组织建设薄弱，二是干部作风粗暴，三是税赋负担不公，四是群众生活困难，五是各种矛盾交叉，六是群众情绪浮躁，七是干部反应迟钝。农税干部几次打人，为什么？如果打的是我们的父母兄妹，怎么办？我们都要反思这个问题。"

马银录说："我们进村后，通过深入农户、走访群众、发放意见表等形式倾听群众呼声，感到问题虽然发生在村上，但根源在镇上。"

但当时西固镇的干部并不这样想，他们以为工作组是来帮助他们教育批评村干部和"闹事"村民的。

对此，马银录和工作组提出了一连串的问题：在苹果效益好的时候，器休村 70 万元的税 10 天就顺利完成，这能说群众是不愿交税，甚至抗税吗？近几年苹果市场行情不好，自然灾害多，群众收入大幅度减少，是不是事实？在这种情况下我们一味强调完成税收任务，收不上税就动硬的，"收拾"群众，群众能没有意见吗？群众在他们的利益受到侵犯，甚至人身安全难以保障的情况下，做了出格的事情，我们能一味责怪群众吗？我们不从实际出发、与群众"对着干"的做法，能代表大多数群众的根本利益吗？

在这些尖锐的问题面前，经过对照检查，西固镇干部"我们是对的，群众有问题"的认识被工作组"扭"了过来。2001 年 5 月 26 日，西固镇领导及农税干部一行 7 人来到器休村，逐户向近年来在征税中受到伤害的群众真诚赔礼道歉。马银录说："这一道歉，说明我们的素质提高了；这一道歉，器休村存在的突出问题就能解决好；这一道歉，农民的气顺了，就有精力去生产，就有精力抓收入。"

对类似"11 · 25"事件的处理，不同的立场就会有不同的处理方法。如原陕西省委组织部长栗战书所说："农民一肚子苦水，一肚子委屈，一肚子愤懑，咱们干部也有。办法硬了老百姓闹事，完不成任务（干部）要被批评。但首先考虑谁呀，是老百姓还是干部？”

在“11·25”事件的后面，器休村多年来一连串的老问题被暴露出来。由于村组织不健全，财务混乱，器休村内部的干群关系也很紧张。有群众用汽油烧过干部的门，砍过干部的苹果树，也有干部用刀捅过群众。

农村问题主要是财务问题。几年来器休村的账目混乱不堪，几任村干部都称自己为村里办事垫付了钱，群众欠他们的加起来有26万余元。一些干部把村支部、村委会的公章扣在自己手里，扬言说：“要公章，拿钱来。”

没有公章，村里很多事就无法开展，群众对此很不满，问道：“干部家不是银行，他们怎么会有那么多钱垫出来？再说，他们也没给村上办什么事情，怎么就花了那么多钱？”

显然，器休村要走上正轨，必须先把账目弄清楚。工作组从10年前的账开始查起，把账目一项一项公布出来。这个工作由于涉及的时间长、人数多、阻力大，进行得异常艰苦。

但很显然，它合乎民心。

马银录在一次会上曾提到自己牙痛，会后他正要往外走，一位老人挡住他说：“你等一下，我给你说两句话。”

他们走到一边，老人说：“我儿媳妇饭做得好，请你到我家吃饭。”

马银录心头一热：“谢谢您！”“你可要当心身体。牙痛不能咬，我让儿媳妇给你把饭做软些。不能老吃方便面，你想吃什么，什么时候吃，我让儿媳妇给你做。我们器休村的事难办，不能着急。”

马银录说他当时就掉泪了，“有了这样的老百姓的支持，我们还有什么问题解决不了呢？”

经过努力，工作组把1991年以来担任过村干部的21位同志的账务全部公布上墙，搞清楚了钱款的流向，让村干部退出了侵占的集体资产。群众拍手叫好，有人还写诗赞扬。在工作组的指导下，村里还选出了新的两委班子。

工作组在器休村共驻扎了96天，7月14日是他们返程的日子。马银录说，他们打好行包正准备离去，突然看见村干部和群众敲锣打鼓，拿着写有“人民的好公仆”、“农民之友、百姓知音”、“为党争光、替民解难”等字样的锦旗、牌匾前来相送。有的群众还拿来了床单、鞋垫、鸡蛋、苹果等物品。

马银录后来写道:“我们无法承受这隆重的欢送场面,个个泪流满面……”,“我们哭,群众哭……”,“我们不让群众送,群众却拉着我们的手不让走……”,“我们只好向群众再次鞠躬,‘谢谢大家的热情相送……我们是会再回来的’。”

在器休村这段时间里,马银录写下了20万字的驻村手记,记述了整个工作的历程和他的思考。中央“三学办”副主任刘登高称他们的工作使“干群矛盾得到比较满意的化解,组织部长进村入户的手记很感人。这是一项用‘三个代表’重要思想学习教育活动的方法,解决当前农村干群矛盾、恶性事件,促进农村稳定与发展的成功实践”。

2001年9年,马银录的驻村手记《向农民道歉》作为内部学习资料印发到了陕西省县级以上干部手里。日前,这部手记作为“当代中国乡村治理与选举观察研究丛书”中的一本,由西北大学出版社正式出版。

马银录说,他提出的“向农民道歉”并不是仅仅就“11·25”事件而言,也并不是只针对器休村的农民。实际上,整个中国的农民都享有接受道歉的权利,因为从某种程度上说他们受到了不公平的待遇。

在器休村一些最直接的问题得到解决后,农民们又提出了八个更深层次的问题,马银录说,这些问题凭他是无法回答的。农民们问道:“我们学习‘三个代表’,上面的人学不学?如果说学,为什么不实事求是,减轻我们的税赋过重问题?

“你们城里人走路、孩子上学交不交修路钱、老师工资钱?乡统筹村提留什么时候能不收?农特税什么时候能减下来?让我们喘口气,好好发展生产行不行?

“农产品价格直线下降,农药、化肥、农机具等农用品价格却不断上升,这是谁造成的?国家的农业投入都到哪里去了?中间的利润都让谁拿走了?……”

这些问题,马银录显然无法给出答案。

我该退耕 还是复耕

■ 张 立

仁和村心事

仁和村村民白继信的财产原本包括一台 17 寸的黑白电视机、2000 斤粮食，另外还有一头骡子“小黑”，桌上那部电话从不往外打，只用来接听在新疆当兵的儿子来电。

那天早上牵着“小黑”出门时，老伴哭了，抓着缰绳死活不松手，白继信只好硬抢过来。在路上，他越走越慢，几次转过“不卖”的念头，“小黑”是家里唯一的耕畜，已经陪伴他们 13 年了，就像一个家庭成员一样。“小黑”也似乎有灵性，打死也不走一步。但想起退耕要筹钱整地，白继信最后还是硬起了心肠。“小黑”以 1500 元被卖了出去。

为了退耕的事，头天晚上老两口已经吵了一架：白家一共有 30 亩坡耕地，2003 年 9 月 28 日，村里召开全体村民大会，榆中县、哈岘乡的头头脑脑全来了，动员村民“务必响应政策”退耕还林，每亩地退耕之后，国家每年提供 200 斤粮食、20 元现金，而且一补 8 年。主管农业的副乡长要求：“11 月底完成仁和村 8000 亩退耕任务，完不成的，影响整体验收的要罚款。”白继信兴冲冲地算了一笔账，如果 30 亩地退耕，一年就有 6000 斤粮食、600 块钱，“这比种什么都划算”。他开始憧憬，用这笔钱可以修房子，还可以给老伴治病，最大的好处还有把他解放出来打个短工什么的。

白家是村里的贫困户，村子里如今住窑洞的已经不多了，白家是其中一个。

没想到晚上跟老伴商量时，这好事却遭到了反对，老伴竟然认为："全国那么大，这样的好事还能轮到咱这穷山沟？"家里的30多亩地是唯一的生存保障，老伴舍不得。

白继信觉得"女人见识短"，他家30亩地全是连田埂都没有的山坡地，靠天吃饭，广种薄收，2002年一共只收了3000斤麦子，亩产100斤。

"这是明摆着的好事嘛"，他决定"响应国家政策"。

白家的这些地，被专家称为"坡耕地"，它是甘肃乃至西部水土流失的"首犯"。国家林业局曾公布数据说，"每年流入长江黄河的泥沙20亿吨，其中2/3来自坡地，全国有9100万亩25度以上的坡地急需退耕治理"。

村子里激动的不只是白继信一个人，仁和村340多户1000多人，户均耕地30多亩，几乎全是坡耕地，2002年的人均收入仅为800元，退耕还林的消息在村子传开后，简直像炸了窝，大家都抢着报名，和村委会签协议。

村民魏帮中当时还有点担心，"这好事能不能兑现？"在村支书周永桢拍了胸脯，给他看了红头文件后，他才放心下来。

退耕需要树种，可乡上一时拿不出购买树种的钱，当了十几年村干部的周永桢觉得"机不可失"，贫困的仁和村必须抓住这个机遇。他和村主任白兴才商量，干脆贷款买树种，等上面款子一到再补上。干部们雷厉风行，第二天，村长就以村委会的名义到信用社贷了4.5万元，打发人到县上买了杏树、胡条的种苗。

看着村民们的热情一浪高过一浪，周永桢当时还很得意，前两年别的乡镇退耕，大家都在观望，2003年仁和村终于被列入了退耕还林重点，本来他还担心村民反对，看现在这劲头，不亚于农业学大寨那年头。

10月12日，仁和村背面的山上人声鼎沸、热闹非凡，全村的老小都出现在工地上。有人还从村委会里找出一面旧得发白的红旗插在半山腰上。"那场面是承包到户以后再没见过的。"村委会主任白兴才回忆。

由于任务重、时间紧，仁和村好多家忙不过来，大家便商量订个价，让有劳力的人承包。白继信就是在这种情况下卖掉"小黑"，支付了1350元工钱，再说只留下3亩口粮田，耕畜也没有多大作用，全村80%的人家都卖掉了耕畜。

提起整地，白仁志是累得最惨的一个。这位40岁的汉子有一把好力气，他用3天时间整完了自家退耕的10亩地，然后就带上妻子，没日没夜地开始承包。钱和粮食的诱惑，对白仁志来说实在太大了。孩子小、父母年迈、家里缺粮是他最现实的困难，一个多月下来，他竟然整了110亩地。

从整了地之后，村民们就一直在盼上边的通知下来，谁也没想到，2004年3月份等来了一个晴天霹雳——县里的通知说，“今年没有退耕指标，平整好的地全部复耕。”去传达这个通知时，乡政府干部你找我，我推你，没人敢去。乡长哈明星没办法，只好亲自前往，他告诉记者，自己的乡长今年算是做到头了，而且“经过这么一折腾，几年的扶贫全泡汤了，一部分农民又得返贫”。

面对纷纷找上门来的村民，村主任白兴才更是有苦说不出来，村里一共退耕8000多亩，几乎涉及了每一户，他觉得无脸面对乡亲们，“找了好多次，上面也没办法”，白兴才只好时不时在外面躲几天。他告诉记者，自己现在焦头烂额，不仅复耕工作难做，自己签字的贷款怎么还，还不知道如何处理。

仁和村是兰州市北部的一个小山村，乡长哈明星告诉记者，政府已经初步估算过，每亩地一退一复，要损失200多元，因为平整后的地破坏了养土，在一两年时间里，“即使你把金子种上，地都不长”。白继信的老伴当时就气病了，在床上躺了好几天，病好一些后，她和白继信陷入了“冷战”——拒绝做饭。4月16日，记者到村里采访时，白继信领着记者四处参观，站在村庄的高处望过去，周围满眼灰黄的山梁，一圈圈全是挖好的树坑，风吹过时，满天尘土飞扬。

白继信告诉记者：“恨不得找人去拼命，但村上说是乡上的指示，乡上说是县上的指示，而县上说是省里的指示，我找谁去？”说这话的时候，他蹲在地里，戴顶灰蓝的鸭舌帽，脸上两团风沙吹出的腮红，眼睛里竟然有泪。

“风大吹的，风大吹的。”他对记者说。

两个乡镇的悲喜

回想这一年的时间，马骥觉得自己就像演了一场戏，翻云覆雨之中，自己的命运也因此变幻转折。

2003年3月，马骥走马上任宁远镇镇长，他的前任鲁生贵对退耕还林工作一向不太热心，从2000年试点一直到2002年，全镇一共才退耕8124亩，而相邻的几个乡镇中，有的甚至是整乡推进，少的也退耕1万多亩。

宁远镇一共有耕地10.05万亩，其中坡耕地占了大半，刚获提拔的马骥迅速地调整了工作重心，在全镇的干部动员大会上，他算了个简单的账："退耕1万亩什么概念？国家一年拨到咱们镇的钱20万元、粮食200万斤，我们镇里全年的财政收入也不过70万元。"马骥决定把"退耕还林"作为一项扶贫工作来抓，其他乡镇这时已经探出路来了：退耕之后，农民不再投入种地成本，补助的钱粮成为净收入，林间还可发展畜草养殖，生态环境也改善了，腾出的劳动力还可以出门打工，一年再增收入两三千元，可谓一举几得。

"全镇30多个干部都动员起来了,"镇干部李文告诉记者,"去年（2003年）秋季降雨多，全镇的工作重点就是退耕还林，干部们组成工作组，下到村里量线、规划、抓进度、把质量关，干得热火朝天。"秋季的一个月下来，宁远镇一举动员了4000多户农户，退耕1.74万亩，成为所有乡镇中完成面积最多的，可谓成绩斐然。这是马骥心情最舒畅的一段日子，"新官上任三把火"，他烧的这第一把火，看来就要先声夺人。2004年3月，安定区传来的消息震得马骥好长时间回不过神来：区里一共只分到退耕指标两万亩，消化上年超标任务6268亩后，剩下的1.3万亩被凤翔等其他4个乡镇瓜分，宁远镇一个指标都没有。

马骥觉得自己被耍了，跑到区政府去讲理："预安排时，答应给宁远镇1.5万亩指标，怎么现在不兑现呢？"不过区政府同样无奈，从国家到省再到市，退耕还林指标大幅削减，"僧多粥少，怎么办？"事情就这样僵持着，马骥的情绪变得消沉。他知道很多老百姓都在指着他的脊梁骨骂,他也知道2004年的"农业税费肯定收不上来","即使他们不骂,我也心里不好受啊"！面对采访的记者，马骥一直不抬头，不锈钢的茶杯在手里转来转去，他的办公室左边墙上贴着一封致全区人民的信，信的内容是宣传退耕还林优惠政策，右边墙上是镇领导分工，下面贴着照片和名字，记者注意到，镇长的名字已经全被抠掉了。

2003年还感觉自己在仕途上春风得意的马镇长，现在已经心灰意冷，他说："我也40多岁了，组织上怎么安排都行吧。"

正是看到一个个同僚都焦头烂额，陈天红的心情因此更显复杂，以致难以用一个词来准确描述，幸灾乐祸？不对，兔死狐悲？也不对，陈天红觉得自己是侥幸，想起来又有些后怕。

陈天红是宁远镇旁的杏园乡党委书记，辖下总人口 8663 人，耕地面积 8 万亩，在 4 年的退耕还林中，陈天红一马当先，整乡整流域（李家河流域）推进，并打出了“建设全区生态第一乡”的口号，到 2003 年底，别的乡镇开始如火如荼展开退耕还林时，杏园乡早已完成退耕面积 26773 亩，鸣金收兵，也因此，在这次的调整之中，杏园乡得以幸免。

对于自己超前一步的眼光，陈书记还是有点得意，他认为自己“抓住了政策机遇，就像炒股票，你不能涨的时候买，跌的时候卖，那不就被套牢了？”2003 年，杏园乡的人均纯收入上升到 1392 元，这中间，退耕还林功不可没，乡里作过统计，全乡人均退耕 3.1 亩，人均补助的粮款折算为年收入 403 元，占到了全部收入的 1/3。更重要的是，通过 3 年的生态建设，杏园乡的环境已经有了一定的改善，领着记者四处参观时，陈书记说起了当地的顺口溜：“荒山秃岭和尚头，林草奇缺水如油，山下布满碱沟沟，一年四季人外流。”现在，这些荒山秃岭在退耕之后，种上了柠条、沙荆、红柳等耐旱植被，陈书记开玩笑说：“和尚头变了癞子头，长头发嘛，估计还得几十年。”陈书记家在市区，任职杏园乡已经 3 年了，他对自己做出的成绩十分满意，但不知道能不能给他带来调回市里的机会。

甘肃省的两难困局

宁远镇和杏园乡，都属于定西市管辖。在此次退耕还林调整中，定西是重灾区，市退耕还林办副主任刘青告诉记者：“目前统计上来的数字，去年（2003 年）秋季一共预先整地 57.8 万亩，结果分下来的指标只有 6.3 万亩，我们当时一下都懵了。”为什么在上年秋季，就开始第二年的整地造林呢？刘青解答了这个疑问：“甘肃的气候春旱秋雨，大部分降水集中在 7、8、9 月，而且这时土地的墒情好，植树的成活率高。”记者后来在北京的采访也印证了这一说法，国家林业局退耕还林办综合处刘青处长说：“造林各地有季节性，国家因此与各省签订责任状时，也有意回避了时间，当年的任务，事实上可以跨年度完成或者提前完成。”定西市 2003 年完成的退耕指标为 64 万亩、荒山造林 49

万亩，两者相加的数字为113万亩，创下历史新高，刘青坦言：“确实没想到，今年（2004年）的退耕面积一下减了这么多。”甘肃省退耕还林办主任谢忙义同样对此满腹苦恼：“中央今年对退耕还林（退耕还林包括退耕地还林和荒山造林——编者注）作出调整，全国总任务5600万亩，其中退耕地还林1000万亩，下到甘肃的指标只有45万亩。”

“今年的指标比去年减少了88.75%，与已完成的整地和造林面积差距很大，”甘肃省省长陆浩在2004年4月2日的全省林业工作动员会上说，“妥善解决这个矛盾，是我们认真贯彻国家宏观调控政策，保护广大农民群众切身利益的重大问题。”甘肃省已经完成的面积有多少呢？省林业厅的一份情况汇报显示，2003年秋冬季节，全省已完成2004年工程建设整地、造林700.46万亩，其中退耕地整地、造林374.23万亩（造林230.74万亩，整地未栽143.49万亩），涉及14个地市州的86个县。

对于这一数字，谢忙义主任持保留态度，他告诉记者：“这是各地报上来的数字，并不是省里的核实数。”但统计数无疑已经凸显出甘肃的窘境：一是国家计划任务仅能消化已造林面积的19.5%，尚有185.74万亩将无法兑现补助粮款；二是已整耕地既不能造林，也影响耕种，将直接影响农民收入。

记者在调查中了解到，陇南地区的个别乡镇，已有村干部因无法向农民交代，有的外出打工，有的辞职不干。

对于甘肃的高层领导来说，目前燃眉之急的是两件事，一是向中央争取追加指标，二是组织农户对未栽种的田地复耕。“这就涉及一大笔钱，”甘肃省政府研究室农村处处长张泽林算了笔账，“140万亩未栽的地，每亩一整一复，损失在40元左右，如果赔偿全省就要拿出0.56亿元。”如果加上超标的185.74万亩已经造林的耕地，一年的补助粮款折合为36亿元。“两项相加是一个天文数字，”张泽林说，“去年全省财政收入才80多亿元，这几乎占到全省财政收入的一半。”记者查阅了甘肃省2003年的财政预算执行表，2003年是甘肃财收创历史新高的一年，地方财政一共收入86.71亿元，而总支出达300亿元，入不敷出，200多亿元的缺口靠中央财政的转移支付。

靠地方财政来埋单，无疑不太现实，但对这些超标的面积，要中央追加指标，谢忙义心里更没底，一个显而易见的逻辑是，在国家并未下达指标的前提下，甘肃的大面积退耕无疑是“先斩后奏”，尽管往年国家在11月底下达指标，2004年却延到3月19日。谢忙义告诉记者：“国家作出调整肯定有宏观上的原因，再说，各省都在打报告呢，这个口子怎么开？”甘肃省林业厅、财政厅、农业厅等部门，都已分别向主管部门递交报告，甘肃省政府一位官员透露：“已经送上去的报告有十多个了。”记者在甘肃采访时，该省的一个专题小组已经又飞赴北京向国务院汇报。

与此同时，甘肃省省长陆浩在一次讲话中，已经明确要求：“严格执行国家计划，对已退耕还林，今年无法纳入国家计划的面积，在今后逐年纳入，予以兑现政策，在未全部列入计划前，任何地方都不得增加面积，对已整地尚未造林的耕地，要研究政策，采取措施尽可能复耕，千方百计做好群众的思想工作。”记者获得的最新消息是，国家林业局已经派出调查组前往甘肃，并承诺“根据实际情况追加一定的指标”，甘肃省也已决定对复耕地进行补偿，甘肃省政府一位官员透露：“补偿标准还没最后敲定。”

退耕还林政策的进退之道

在国家林业局提供给本报的资料中，对于这次退耕还林的政策调整，国家林业局局长周生贤将其定义为“适时性、结构性的调整”。

周生贤在2004年3月19日的讲话中说：“根据中咨公司中期评估意见，以及我局和西部办、发改委、财政部、粮食局等有关部门的调研结果，退耕还林必须在继续推进的基础上，进行适当调整，把握好规模、节奏和力度。”

“怎么理解适时性和结构性？”国家林业局退耕办综合处刘处长接受本报采访时说，“适时性是指当前国家粮食安全和耕地锐减等多方面因素，结构性则是经过几年大规模的退耕，已经到了一定程度，现在退耕还林的重点将由退耕地为主，转到以荒山造林为主。”

耕地的压力

“近年全国粮食减产幅度很大，”国务院一位研究人士告诉记者，“粮食安全是国家稳定的基础，不能不引起高度的重视。”

从国家统计局发布的《2003 年国民经济和社会发展统计公报》可以看出端倪：我国 2003 年全年粮食产量为 4.3 亿吨，比上年减产 2639 万吨。2003 年全年粮食种植面积 14.9 亿亩，比上年减少 6720 万亩。由于生产锐减，每年形成的粮食缺口高达 250 亿至 350 亿公斤，2003 年的缺口更高达 500 亿公斤。以致 2004 年“两会”期间，不少代表呼吁政府要高度重视粮食安全问题。

这种重视从最近的电视新闻中都可以看出来，进入 2004 年 4 月，胡锦涛、温家宝频频入访农家，鼓励农民种粮，并承诺以“不低于 0.7 元 / 斤的保护价收购”。

与此相对应的是耕地面积的锐减，国土资源部 2004 年 3 月公布，2002 年全国耕地减少 2529 万亩，2003 年减少 3800 万亩，1996 年时我国的耕地总面积为 19.51 亿亩，到 2003 年底的最新数据已经减少到 18.51 亿亩。国土资源部的官员认为，建设用地、开发区圈地、生态退耕是其中的主要因素，在此背景下，从 2003 年下半年开始，全国范围的土地市场清理整顿拉开序幕，强行收回了不少未经审批的建设用地。

也正是在此背景下，退耕还林工程开始进入国家宏观调控的视野。“退耕还林是粮食换生态，退耕之后给农民补助粮食，”中科院地理科学与资源研究所刘爱民博士分析，“此前决策的基础是认为粮食太多了，现在在粮食安全与耕地锐减的双重因素挤压下，退耕还林不可避免要受到冲击，因为它不仅减少国家耕地，还消耗国家粮食库存。”

国家林业局提供给本报的数据显示，退耕还林工程推行 5 年来，全国一共退耕造林 1.08 亿亩，补助农民粮食折合资金 338.4 亿元（注：中央政府以 0.7 元 / 斤的价格下拨购粮款给各省），换算成粮食 483.4 亿斤。

刘爱民博士认为：“尽管看起来数字很大，但绝不是说退耕还林是导致粮食减产的主要因素，原因很简单，退耕还林主要退的是坡耕地、沙化地，亩产 200 斤以下，这些地本来就不该辟作耕地，10 亩的产量也仅等于南方一亩。”

国务院一位研究人士也透露，在 2003 年粮食生产中，山东、福建、江苏、浙江等东南沿海省份，占到减产量的 50% 以上，主要是耕地减少，以及种植结构由种粮为主，变成了种经济作物为主。这些地区都未列入退耕还林的范围。

但毫无疑问，在国家“以最严格的措施控制耕地减少”的背景下，粮食安全又日益成为社会关注的焦点时，就势必调整了。“一旦认为粮食要出问题了，大家的神经就很紧张，”北京大学中国经济研究中心卢锋教授认为，“只要上升到国家安全的高度，决策就带有了很大的政治性。”

卢锋认为粮食安全最近是不是构成了问题，学术界尚存争议，“而担心粮价上涨会导致通货膨胀，也是一个假设的逻辑”。20世纪90年代末的粮食体制改革最终以失败告终，根源正在于以行政手段替代市场功能。

事实上，卢锋认为，越来越多的迹象表明，新一届中央政府正致力于宏观调控，给中国过热的经济降温，在这一轮攸关大局的调控中，农业首先要起到基础的稳定作用，而真正的主战场在钢铁、房地产等领域，退耕还林政策调整，仅仅是一个侧面。

利益驱动的国家行动

如果分析退耕还林政策的整个历程，国家意志在其中所起的作用，一直在发生微妙的变化。兰州市政府办公厅农林处处长王宇和就认为，政策的实施过程中，存在复杂的利益博弈，而这些博弈反过来又导致了政策的变化。

梳理“退耕还林”的历史，这个词见诸新中国的政策，最早要追溯到1949年4月，当时晋西北行政公署发布的《保护与发展林木林业暂行条例（草案）》中，第一次提到“林中小块农田应停耕还林”。

此后，退耕还林在新中国的各种政策中被提及至少7次，但真正转化为国家行动，却是在1998年，在经历长江流域的特大洪水后，中央政府痛定思痛，将西南西北，尤其是长江黄河源头的生态建设，提升到“国土安全”高度，天保工程和退耕还林工程正是在此背景下启动，时任总理的朱镕基在视察西南西北6省后，首次提出了退耕还林的16字方针。

“这一政策的最大特点，就是将利益机制和市场法则导入运作之中。”定西市的一位基层官员告诉记者，“以往的生态改造，为什么总是雷声大雨点小，就在于以政治动员为主，没有解决利益机制的问题。”

在生态治理方面，定西无疑是一个值得解剖的标本，这是一个饱受生态恶化之苦的地区，清朝名臣左宗棠任甘陕总督时，就曾慨叹“定西苦瘠甲天下”。

中华人民共和国成立后，周恩来总理在看到定西人的生活状况时，不禁潸然泪下。

定西县志中记载，清朝康熙时还“立楼置门、伐木通道”，而到咸丰之后，就已经是“千里陇原一片赤地”的景象。

对于定西是否存在过“林草丰美”的时代，兰州大学生态学专家王刚教授表示值得怀疑，但近代人口膨胀导致大面积开荒，无疑是生态恶化的主因，“人多就要吃饭，要粮就要开荒”，在王刚眼里，“粮食和生态的矛盾始终就存在，小到升斗小民要养活自己，大到国家因为粮食安全而暂时牺牲环境，动机并没有区别”。

“根据联合国专家的测算，定西的生态和环境承载力，最多16人/平方公里，而现在，一平方公里147人，超过了10倍，”那位基层干部告诉记者，“773万亩耕地，坡耕地就占667万亩，不解决谁来养活自己的矛盾，生态改造事实上就陷入了死循环。”

“国家补助钱粮退耕还林，事实上正是针对这一点，”那位基层干部认为，“这样就将生态环境的破坏者，变成了建设者和维护者。”

被争夺的指标

但利益无疑是把双刃剑，一方面，各省在退耕还林工作中表现出从所未有的热情，以甘肃为例，1999—2003年，累计完成退耕还林建设任务1445万亩，累计获得国家投入31.12亿元，几乎等于前十几年的总和，水土流失面积和土壤侵蚀量明显减少，但另一方面，各个省也开始竞相争夺退耕还林的指标。

国家林业局提供的资料显示，1999年，退耕还林仅在陕西、山西、甘肃三省试点，2000年3月试点扩大到了17个省，而到2002年正式启动时，范围已经扩大到24个省和新疆生产建设兵团。

国务院一位研究人士认为：“退耕还林的主要目的，是针对西部的生态改造，但在范围不断扩大之后，就成了一块‘唐僧肉’，既无法突出重点，面积却越来越大，中央财政的负担也越来越重，所以采取措施调整也就势在必行了。”

对于甘肃超标建设的状况，这位人士认为同样存在利益的博弈，“每一级政府事实上都在超标建设，以拿到更多的指标”。记者在甘肃采访时也发现，例如宁远镇预安排指标 1.5 万亩，各村后来实际共完成 1.7 万亩；定西市的预定指标 42 万亩，实际各区县完成 57 万亩。

在层层以“既成事实”为理由，要求上级政府“开口子”时，既要保证政令的权威，又要体恤黎民的疾苦，还要考虑政策的连续性，避免一刀切，或许，这是甘肃退耕事件最让人左右为难的问题。

对于整个政策的流变过程，中科院的刘爱民博士认为，其中体现出现有行政系统的鲜明特点，“值得作为案例来进行深层分析”。

被自杀困扰的村庄

■ 师　欣

我国女性自杀率高于男性，而且主要集中在农村女性。这个现状催生了农家女文化发展中心（NGO组织）做一个面向农村妇女、对她们进行生命危机干预的项目。之所以有了这个指向不那么明确的名字，是基于中国农村现实接受能力而不得不作出的低调处理。

这是一些心理援助者，她们努力使那些处于生存危机中的灰暗灵魂浮现出来，再试图走进其间，了解、沟通进而有所改变。

这显然不是一个简单的关于自杀的课题，尤其是后程村这个自杀高发村作为个案被放大之后，“生存危机干预”发现自己要面对的已不是个体的困境，而是一个复杂的社会环境。

生存还是死亡，这是一个问题，但远远不是问题的全部。贫穷、闭塞、无知、传统、现实，这些字眼纠缠在一起。心理治疗这双手，这时显得过于柔弱，无法把庞大而盘根错节的疙瘩一一解开。

“生命危机干预”项目正试图帮那些农村妇女改变一些什么，不过改变注定是有限度的，而且在更广也更重要的层面上，它知道自己无能为力。

“至今我都忘不了，那时我才6岁，妈妈吃下安眠药……”讲台上，一位台湾志愿者讲述起一段往事，泣不成声。台下，更是唏嘘一片。

“老师，我跟你的经历差不多。7岁时，妈妈上吊。但是，她没有活过来。27岁时，相依为命的妹妹又喝了农药。这些年来，我心里总是放不下这件事。

老师，你母亲的自杀，会不会让你心里有负担和压力？”一个短发、小个子的女性按捺不住地站了起来。

“我当初因为夫妻双双下岗，觉得日子没奔头，就跳了大坝，后来被人救起。”又一个妇女加入了诉说的行列。偌大的教室犹如一个沉睡许久的火山，瞬息爆发了。

这是一个特殊的课堂，课桌前坐着一群特殊的学生——分别来自河北省三个县的近 30 名农村妇女。她们中大多数人都是第一次来北京。她们得以聚集在一起的“理由”是——曾经自杀或者亲人死于自杀。这一幕，出现在 2004 年 5 月北京昌平的一间普通教室。这次活动属于农家女文化发展中心率先在中国农村开展的“生命危机干预”的项目。

最初的工作是非常艰难的，对于普通的中国农村而言，这工作就像在火盆里拣芝麻，既烫手，又不易找寻。

5 月底，该项目的实施接近一年了。这家 NGO 组织分别从三个项目点——河北省海兴县、正定县、青龙县挑选出近 30 名妇女来到北京，进行了为期一周的培训。由吴青、荣维毅、翟燕、谢丽华等致力于妇女问题研究的学者亲自给她们上课。那些读书很少甚至没上过学的农村妇女，习惯于把这些老师称为“高级人”。

这将近 30 人中，很多自杀未遂的经历就连同村人都不知晓。它像是沉入海底的泰坦尼克号，悄无声息。项目点的设立、培训课的开展，渐渐地使沉入海底的秘密浮出水面。

最先在“倾诉课”上发言的，是一个叫邢景红的短发女子，她大方地告诉在座的 30 多人：“今年春节前我因和丈夫赌气，就喝了除草剂。”丈夫是个村医，开家小诊所。村里人看病买药，总是不给钱，赊账。春节前，邢景红打算买件 200 元的羽绒服，催促丈夫挨家去要账，丈夫不肯，“我一赌气便喝下院子里的除草剂”。

所有人都以为邢景红已经战胜了自己心里那个叫做“自杀”的妖怪，但是当 6 月底记者与项目组成员回到海兴县回访时，“另一个”邢景红却把大家惊呆了。

事先几次电话联络，线路那头的邢景红总是推托家里事多，没空见面。这已经让负责人许容很惊讶，她可是北京培训时表现最积极和活跃的一个啊！

好奇心促使记者不请自来，直接登门拜访。

闻讯后的邢景红骑着自行车老大不情愿地从麦场赶回来。黄色的布头巾把整个头、脸都包裹得严严实实。看到我们后，她眼睛里迅速地闪过一丝不为人察觉的烦躁。但碍于我们大老远赶来，她还是推开了自家的屋门。

“我现在最烦记者。我不想再说那事了。”她杏眼怒睁冲着记者，语速很快，异常烦躁。与在北京时的她，判若两人。其实她也根本没见过几个记者，不过是学习期间，项目组曾邀请两三个记者到学校旁听。

整个回访过程，邢景红的变化就如同一个巨大的阴影，罩在项目组每个人的心头。

那些轻微改变的生活

“回来后我脑海里老闪过一个念头，应该在我们这个市场上也办个健康小组，让那些心里不痛快、想自杀的人聚一块说说。”

回访的重点是海兴县后程村。到达后程村的时候，正赶上夏收。2004 年对后程村的人来说非同寻常，连续 7 年大旱之后，终于迎来一场大丰收。村里唯一一条小柏油马路，被来来往往装载麦秆的“三马子”、摩托车掀得尘土飞扬。

几个从北京学习回来的妇女，很快都回归原来的生活角色，投身到农活中。但这次北京之行，还是使她们内心的某个角落发生着不同程度的变化。

采访只有见缝插针地进行。有在田地里，也有在麦场。所有人说起感受，众口一词两个字——“老（当地习语，指特别）好”。

田燕青回忆自己刚从北京回来时，村里人老远看见就问道：“你们逛上北京啦？”她大声回答：“我们成天学习，老忙啊！”“看看变样了吗？白了，还是胖了，北京的水土不是老好嘛。”

当初她决定去北京时，家里人很顾虑：“因为这（指自杀）去，你不膩歪吗？”村里人也疑惑，怎么能让她去？因为平日里，燕青是村里有名的大嗓门，爱说笑。别人难以想象，她也有想不开的时候。

几年前，燕青打算在家里开个澡堂，对象（当地习语，指丈夫）担心风险，不同意。两人起了争执，对象甩手就出门了。越想越怄的她，打开了家里的煤气。幸亏女儿放学早，回家后及时发现。

“其实我就想吓唬吓唬他。”燕青事后说。

燕青夫妻俩平日里总因为钱的问题抬杠。心高气傲的她，嫌弃对象没有本事。“我们凡事都说不到一块儿。没别的，不就因为钱嘛，经济困难就容易发生矛盾。”因为这个心结，燕青总想着，自己啥时候才能混到七老八十算个头。

在她家墙壁上的醒目位置，贴着一张100元面值的人民币“招贴画”。这里很多家庭都习惯在墙上贴“人民币”。

在北京上课，让她收获最大的就是，知道凡事能回过头看看。“以前老琢磨混了这个谈不上来的对象，特别不痛快。现在能换个角度，想想自己的问题。老师说过，不能总是个人对。夫妻关系，要学会宽容。”这些城市人司空见惯的道理，却从来没有人跟燕青说过。

对象倒是满心欢喜：“出去一趟，长出息，说话不冲了，没白学！”记者刚想与他聊聊。“我哪里会说。”他头一扭就窜出院子。“他这人就是素质低，不会接待人。”燕青强调对象不如她学历高（她是初中毕业），只读到小学四年级。

在村里，多数农村妇女自杀的缘起，都是因小事怄气，感到委屈，就钻进了牛角尖。譬如买洗衣机，一个想买，一个不让买。火撮起来后，就动手，丈夫把妻子按在地上打。受了委屈的妻子，就赌气服下安眠药。

“在农村，男的打女的还不是常有的事儿？”很多妇女说起来都不以为意。

陈英红从后程村嫁到别的村，但经常跑回娘家来。她和姐姐一起去北京参加了培训。姐妹俩的婚姻都不幸福，尤其是英红的丈夫经常打她。两口子在县城里开了一家理发店。丈夫赌博，并有了别的女人，经常挑她的不是。“打也打不过，话也说不过”，气头上的她没有多想，就吞下了20片安眠药……

陈英红非常内向，半天都说不出一句话。在北京培训时，她总是凑到项目官员许容跟前，小声嘱咐：“许老师，千万别叫我发言。”

在县城理发店里再次见到她，她拿出北京培训时的笔记。“现在我每天睡觉前半小时都会翻翻看。”在这个薄薄的本子上，她抄写着：“实现幸福人生的八大条件”、“每日心理保健”、“社会性别和妇女心理健康”……

多年的心疾仅仅凭只言片语就可以治愈?

面对记者的疑惑，英红低下头沉默了一会儿："家人的开导都是说，好死不如赖活，虽然听得亲切，可心里还觉得不痛快。外人讲的道理就不一样了。前两天在电视里看到吴青老师，想想她竟然给我们上过课，我这辈子都难结识那么多好人。"坐在一旁14岁的大女儿插话道："我知道，吴青是冰心的女儿。"

以前英红总觉得没有脸面，不愿出门和外人打交道。现在她尝试去晨练，认识陌生人。"回来后我脑海里老闪过一个念头，应该在我们这个市场上也办个健康小组，让那些心里不痛快、想自杀的人聚一块说说。"

落户"自杀村"

村民遇到什么麻烦，很容易想到的方式就是"一哭二闹三喝药"，喝农药已成为不少人解决纠纷的惯用手段。

2003年10月22日，妇女健康支持小组在海兴县后程村正式挂牌。项目点之所以选择这里，是因为此前海兴县妇联对全县自杀情况作了摸底调查。仅2001年1月至2002年6月，全县共有175人自杀。海兴这个名字，是希望"靠海而兴"，可惜现在它还是全国贫困县。

在海兴县，后程村人的生命危机又显得尤其突出。

今年（2004年）40岁的霍秀英，是土生土长的后程人，因其热心和威望，被选做健康小组的会计。仅仅在她的记忆里，就能有名有姓地说出十多个有自杀经历的人。至于很多未遂者，则被家人当作秘密尘封，旁人无从了解。

52岁的村民杜金贵也回忆起村里几例影响比较大的自杀事件。究其原因，无非都是跟生活贫困、家庭矛盾相关。10年前，也是这个时候，正值麦收，一位杜姓人家的麦场突然间着了一把大火，瞬时，所有的麦子化为乌有。自此，杜家媳妇就像得了病一般，整日寻死觅活。最终，家人没有看住她，杜家媳妇投井身亡。

霍秀英的大嫂子多年前喝农药死了。从内蒙古远嫁过来的第二任嫂子，进了后程村最大的感受就是——"这个村自杀的特别多。"

村民遇到什么麻烦，很容易想到的方式就是“一哭二闹三喝药”，喝农药已成为不少人解决纠纷的惯用手段，因为农药在这里随手可得。

海兴县医院急诊室护士长韩金枝说：“送到我们院的自杀者主要是青壮年，尤其以妇女居多。她们往往都是一赌气就抓起农药瓶。”农药的主要危害是可以引发有机磷中毒。在这里，经常被用以解决生命危机的农药包括乐果、除草剂、秀氢聚脂等，剧毒农药“毒鼠强”现已禁止销售。“含有机磷的农药只要喝下去 1 毫升，如果抢救不及时，就能导致死亡。”韩金枝说。

由于乡镇卫生院条件设施跟不上，不具备洗胃机这样的基本器材，因而也延误了抢救时间。很多自杀者都是在送往县医院的路上就断气了。

回忆起第一次踏进后程村，许容唯一的感受就是：犹如一潭死水。“本来就不宽敞的一条马路，两旁到处堆的都是牛粪，几乎没有人能走的道。村貌很差。”

农家女文化发展中心拿出 1000 元作为启动资金。张金霞只是一个普通的村民，但是热情极高，因此被选为小组长。她在日记中写道：“由于生活所迫，造成各种矛盾发生，导致许多姐妹走上绝路。我们强烈希望给予学习和发挥的机会，改变目前的生活。”

记者进入后程村时，已看不到道路两旁的牛粪。这是健康小组的功劳。2004 年春节前，小组骨干们开始在村里说服那些住在临路的村民，清扫自家门前的牛粪。他们觉得改善生活环境也是在改善村民的心理环境，而且要让那些需要帮助的人知道，这个小组是实实在在要为村民做些事情的。

多年来，牛粪占路都没有人管，一下子要彻底清扫，阻力很大。这阻力也代表着多数人对所谓“心理干预”的不解甚至排斥。“真是该着你兔子露脸，你们算干吗的？整得村里自杀的人多了不说，还要我拉大粪。”“这帮傻蛋，这里跑，那里颠，落个啥？”自小组成立起，风言风语就相伴相生。

“反正我们大事办不了，只能做小事。以爱心、诚心去打动别人，这样才可能有心理抑郁的人过来找我们排解。”令张金霞高兴的是，原来这些人（指自杀未遂者）都是零散的，现在慢慢开始向“组织”靠拢，愿意倾诉。目前小组发展了 20 多人，骨干们每周日晚上开一次会，了解最近村里的事情——谁家又发生矛盾了，商量解决办法。

“幸福的气泡”破灭了

小组里有人提出，把1000元分了，哪怕一人一块钱，大家都能捞点。

许容说，这样的项目前所未有，在农村开展工作很困难。起初她们进入后程村时，都是打着心理健康辅导的名义。

后程村300多户，1500多人，竟然连一个大队部都没有。

当初，许容送来的一台彩色电视机，直接就被搬到村书记家里的伙房。看到这情景，张金霞向许容递了个眼神，出来小声说：“许老师，如果把电视放在书记家，那村里妇女们都不敢来参加活动了。”当时她主动提出，把自家临路旁的一间房腾出来做活动室。

活动室位于离村口不远处。十来平方米的小屋拾掇得很利索。墙壁上还挂着职务分工、服务公约以及小组职责，弄得像模像样。村里人可以在活动室里看书，看光碟。

但是，仅仅一台电视机就惹下不少闲话，而且分裂首先从小组内部出现了。

霍秀英在“健康支持小组工作记录手册”上写道：“不送电视、不给钱反倒好，现在给钱、给电视是矛盾的起源。大家议论：不过是张金霞落了台电视，霍秀英落了1000元（注：霍为小组会计，此钱为小组启动经费），其他人则一无所有。听到这些风言风语，我的心凉了半截。”甚至小组里有人提出，把1000元分了，哪怕一人一块钱，大家都能捞点。

说到这些，刚从麦场提前赶回来的霍秀英显得很激动。才说了一会儿，只见活动室门帘微动，传出一个声音：“疯子，得了神经病吧。赶紧上麦场。”丈夫过来催促她了。

做小组工作的人本身就承受着压力。在一次争吵过程中，张金霞的丈夫就把她的工作日记撕得粉碎。那些浮出水面的自杀未遂者，那些去北京接受培训的人，在周围人的压力下生活着，艰难地进行着自我调节，个别人的心理则像邢景红那样出现了反弹。

邢景红的情绪失控确实让心理小组的人陷入沉思。

当初在北京昌平的农家女学校里，她身着黑色T恤，一头麻利的短发，笑声不断。一个星期的北京之行让她放松了不少。但是，还没等她与家人一起回味这次心理释放的快感，轻松的、幸福的气泡就在回家的途中瞬间破灭了。

长途汽车到达县城后，没有往村里走的直达车。景红先给丈夫打了个电话，丈夫称手头有事没法来。她又打到公婆家，公公从电话那头甩出一句："有本事去，还没有本事回来吗？"倍感委屈的景红不明白到底发生了什么事情。临出门前，家人还都是非常支持她去北京的。最后，无奈的她只能拨通娘家电话，母亲找了辆摩托车接她回去，到家都晚上 8 点多了。

第二天，邢景红明显地察觉出村里人对她的态度不对劲儿。对脾气的人还能好言好语寒暄几句，平日里就"不对付"的人则在背后指指点点，"她到底去北京治病去了，还是开心去了呢？"

在家里再次见到许容时，邢景红仰起头，语调上扬："许老师，你们上课时总说贴标签，我就是给贴上标签的人。现在我一听见这事（指自杀）就烦！我不希望你们来！"

"以前我们要好的十来个人，互相叫着一块玩，现在没有人理你，这是啥滋味！"邢景红低着头，使劲搓着裤脚。"我承受不了了，心里怪害怕的。没有这一系列事，村里人早都忘记了（指她自杀未遂），现在倒好，从北京回来，传得更热闹了。现在上地里，你一去，人家一群人原本在说笑，看见你，马上就不作声，这太明显了。我捎到地里的干粮，给人家，人家也不吃。纯粹是给俺脸上贴标签。"

"你不是在北京表现得特别轻松吗？"许容问道。

"许老师，环境造就人，啥时候都别忘了这句话。在农村，自家门口停辆汽车都属于大事儿啊！"

邢景红说，她现在情绪都赶不上自杀前那会儿。"干上一天活儿，很累，再加上心理压抑，这日子还能过吗？"她开始变得易怒，懒惰，烦躁不安。

最让她受不了的是，家人对她的态度也发生了微妙变化。就在我们来的前一天，她和丈夫去公婆家吃饭。"怎么不炒菜啊？"当看到饭桌上只有馒头和大饼时，她下意识地问道。公公嘟囔了几句，邢景红说已经记不清了，"反正都是风凉话"。

"我就炒了盘西红柿，结果他们都不吃，只有我俩吃了。"邢景红说，以前公婆都挺疼她，经常叫他们过去吃饭，现在则害怕他们过去。

“你就大方地直接告诉他们，到北京上心理健康的课去了。”记者附和说。

“你也不看学习的前提是什么！”邢景红满脸的无奈。

“老乱”的后程村

“在北京整个人是豁亮的。但是光一个人进步不行，从小到大，都生长在这样的环境里，要突破，老难。”

“大方地告诉人家自己是去北京学习了”，这句话，邢景红始终没有勇气开口。村里人由此心生的好奇也就愈演愈烈。看似简单的逻辑，在后程村却绕不过去。“难怪这个村自杀的人多，人们心里有很多我们理解不了的疙瘩呢。”许容感慨道。

地处渤海湾、离首都北京只有250公里的后程，究竟是怎样一个村庄？

在杜金贵的印象里，村庄“土模土样，破房烂屋”。村里大多数盖的都是土房，除了一条3米宽的主路外，其余都是仅仅够走一辆自行车的窄土路，而且凹凸不平。

走进很多人家，用“乱”和“脏”两个字就可以概括。炕上蒙着一层土，桌子上的大饼附着一群苍蝇。五六岁的小姑娘还赤身裸体地满街跑，饿了随手揪着大饼吃。脏衣服就胡乱地扔在院子里。不少家庭连个像样的家具都没有，碗、碟就胡乱堆在挂着蜘蛛网的桌子底下。

这里家家养狗，走过每家门前都是狂吠声不止。“不养狗不行，晾在院子里的衣服转眼工夫就会被偷走，村里老乱。地里下来花生丢花生，下来枣就丢枣。”霍秀英的大嫂子说道。她丈夫嗜赌如命，几乎到了家里油瓶子倒了都不扶的程度。“像我男人这么懒的村里有的是。反正没有副业就玩牌。”说话同时，她眼泪不住地往下掉。“真是生了好几年的气，光想着往死的道上走，就像着魔一样。”但是，女儿大了，又怕没有人照顾，她才不忍离去。

记者在采访中了解到，所有自杀的起因，无非都是因一些鸡毛蒜皮的家庭小事引发。令人吃惊的是，这其中，多是一些丈夫打老婆、公公打儿媳的事件。

常见的场景是：公公追着儿媳从屋里跑到院子，甚至从院子跑上房梁。公公要么拿着棍子追着跑，要么把儿媳按在地上打，家庭矛盾总会闹个鸡犬不宁。

就连性格开朗的张金霞，手腕上都有一道缝了两针的刀口。因为张金霞有一次在某个丈夫不喜欢的人面前唱了两首歌，丈夫就和她较上了劲，当着村里男女老少的面就动起手来。“要是没人看，他也就不打了”。张金霞说自己被丈夫按住，无力还手，情急之下，拿起刀子，照着手腕就是狠狠的一刀。

在霍秀英的日记里，对造成村风不正的原因分析得头头是道：“封闭，没事干，农闲时村办副业少，文化生活不丰富，信息落后，思想也落后，不思进取，信心不足，怨天尤人，传统影响。家庭纠纷，重男轻女，冷嘲热讽，闲言碎语……”

这个朴实的农村妇女，快人快语，总是喜欢说：“如果我当了书记，我就要……”

村干部的不作为也让村民们意见很大。“好多问题都无法解决，使村里人不能联合起来。”

项目帮助的对象虽然以妇女为主，但是从北京来的人（还包括外国人），跑到这里做事、调研，对于一个闭塞贫穷的农村来说，其意义和关注程度早已超越性别的范畴。

当然，项目点的成立，从某种意义来说在村里起到一定范围的联合作用。但村干部对此并不买账，他们的态度是“要么给钱，要么带来个企业”，他们不支持小组的活动。这让小组骨干们感到很困难。按照项目最初的设计，对后程村的生命危机干预为期两年。目前看来，这个村子能走多远？张金霞她们能做多少工作？都很难讲。

就像邢景红反复告诉记者的话：“在北京整个人是豁亮的。但是光一个人进步不行，从小到大，都生长在这样的环境里，要突破，老难。”

想站起来的“乞丐村”

■ 关 军

在沈阳、郑州、成都、广州、西安等许多大中城市，当你问起流落街头的乞丐来自哪里，不少人会给出相同的回答：甘肃。甚至会更具体一些：甘肃岷县小寨村。

事实上，这其中有很多人并非出自岷县，甚至不是甘肃人，他们之所以喜欢把自己划归岷县小寨，不过是由于那里有远近闻名的“乞丐村”。

2004年年底，小寨初中的校报《清泉》上刊登了《致全乡中小学生的一封信》，大标题是“别跪了，小寨人，站起来”。

信中使用了一连串感情浓烈的排比句，比如：你这一跪，助长了他们（弟弟妹妹）厌学乞讨的心理……你这一跪，为今后的生活开了一个乞讨的先例……你这一跪，欺骗了人们的善良……

讨出一个“新生活”

那懒汉总喜欢在成都的寺院门口摆一帽子，然后就睡觉，睡醒了就看看帽子里有没有钱，他实在太懒了。

除了院落间树影的缓慢移动，时间在小寨村几乎是停滞的，无意义的。很原始的土坯房和很时髦的砖瓦房夹杂着，局促地拥挤在干涸的河道边上，村口几个老人蹲在地上默默地抽着旱烟，个别人家的台阶上坐着无所事事的大男孩。小寨像一个被遗落到大山深处的弃儿，只有一条狭长而破败的土路，表明它与远方的现代文明还没有完全失去联系。

记者到达小寨村的第一天，刚刚开始在村里游荡，就发现被一个戴深度近视眼镜的年轻人盯上了。他看上去不修边幅，脸上、衣服上也满是泥污，只是从神情上看，他与他的乡亲有着显著的区别。听说记者是来采访讨要现象的，他表现得极其热心，一再要求去他家里坐一坐，似乎有很多话要说。

这青年就是李玉平，23岁，湖北国土资源职业学院的学生，也是迄今为止小寨村唯一一个考到省外的大学生。小寨初中的校报上《致全乡中小学生的一封信——别跪了，小寨人，站起来》那篇文章，就是出自他的手笔。

带记者在村中采访的时候，村里的景象与村民的言谈，显然让李玉平既急且愧，表情复杂。

村里零星看到的多是老人、襁褓中的孩子、未结婚的小青年。妇女成了下地劳动的主力。“现在是村里人丁最少的时候啦，正赶上放暑假，很多人都领着孩子出去讨要啦。”坐在门前发呆的年轻人包世明（化名）告诉记者。

村口的老人说，如果是讨要的“淡季”，能看到另一番景象：很多窗口里会传出麻将的哗啦哗啦声，另一些窗口会传出卡拉OK的歌声，很嚣张的音量。如同要举办摩托车比赛，很多人都喜欢把摩托车骑出来，即使只是从村东头到村西头。小卖店里的啤酒白酒下得飞快，不像现在，小卖店里最繁忙的只是村里仅有的几部“能打长途”的电话——多半是外出乞讨的人向家人“汇报工作”。

除了少数几个租了孩子的“惯乞”每年在外讨要三五个月，多数小寨村乞讨者每年最多出去三四十天，“夏天跑东北，冬天去南方，两头不受罪”。在他们看来，能依靠讨要弄回三五千元，保证家里一年的基本生活，就很知足了。剩下的时光更多靠赌博打发。

摩托车，在小寨村是一种身份的象征。哪一家新买了摩托车，亲朋好友都会买一些鞭炮前去祝贺，主人则要杀几只鸡，摆下酒席款待大家，这一习俗被当地人称为“贺车”。砖瓦房、摩托车、彩电和音响，这些是那些解决了温饱的乞讨者的生活理想。这个夏天，村里人谈论最多的话题就是：知道吗，李××家已经开始盖他们的第三间大瓦房啦，据说还是村上第一间楼房呢。

村里最著名的薛家懒汉已出去乞讨了，家里只剩11岁的苦儿子和疯疯癫癫的奶奶。村里人说他虽是村里常年在外乞讨的少数几人之一，却从没见他带回钱来。据见过他“工作”状态的人说，他总喜欢在成都的寺院门口摆一帽子，然后就睡觉，睡醒了就看看帽子里有没有钱，他实在太懒了。

“我对拯救家乡人的灵魂负有责任”

> “我的努力不完全是为了自己，我要让村里人看到，到外面读书是有前途的，供孩子读书而不是带他们讨要，是值得的。”

李玉平自认是村里的异类。“跑那么远去读书，还总爱‘管闲事’。由于我选择了与他们不同的道路，甚至有一些人抱着不好的心理，等着看我们家的笑话。”

不过他显然把陪记者采访当作了那几天的头等大事而不是闲事。他也并不在乎别人看他的笑话，想要改变家乡的热望让他坚强得根本不在乎别人是不是把他的举动当笑话。记者采访的那几天，他一直忙前忙后，不断地说“看看还需要我为你们做点啥”，不断地说“你可以在报上登我的真名”。

李玉平说他有一种信念——他认为他对于拯救家乡人的灵魂负有责任。

“我痛恨自己幼年时代的乞讨经历，但我并不想隐瞒和逃避。”李玉平偶尔会和自己比较要好的同学讲起自己小时候随父亲出去乞讨。

李玉平只有六七岁的时候，就被父亲领到成都去讨钱。“父母做这个决定简直没怎么商量，因为没办法，家里太困难了，不出去讨要就活不下去了。”

第一次出远门、坐火车、进城市的兴奋，很快就被第一次讨要的恐怖记忆取代了。

李玉平说，第一次讨要的对象现在已经想不起来了，那时的紧张和羞怯却是一辈子也忘不掉的。前面是陌生的城里人，背后是熟悉的父亲，他跪下去乞讨的那一刻，头几乎要埋到泥土里。“对于当时的幼小心灵来说，尊严意识倒不强烈，但是对这样的生活充满了厌恶和恐惧。”李玉平回忆说。

和所有外出乞讨的乡亲一样，李玉平和父亲最怕遇到警察（他们有过一次被警察收容并遣返的经历），到后来演变成惧怕一切穿制服的人。即使是结束了乞讨生活，到岷县县城赶集的时候，李玉平远远见到警察，竟然也拔腿就跑。

“当然，好人也很多。有一个人问了我家的情况，拿出几百块钱，说是足够路上花了，劝我跟着爸爸回家。”李玉平说，他把钱交给父亲，哭着嚷着要回家，爸爸开心地收起钱，却绝口不提回家的事。

李玉平随父亲去了两次成都，分别讨要了20多天。“第二次去的时候，看到火车站广场旁边多出一栋那么高的建筑，是成都大酒店，心里想城里变化真是快啊！”李玉平说，如果说讨要的经历对自己有什么“积极意义”，那就是开始向往城市生活。他选择了一条自认为唯一正确的道路：读书，近乎拼命地读书。

父亲第三次想带着他出去讨要的时候，李玉平说什么也不肯去了，他还说服了母亲，一起阻止父亲再出去乞讨。

在湖北国土资源职业学院，李玉平属于那种吃得最少却浑身充满能量的学生，他不放过任何可能提高自己的机会。如今，他是计算机系的学生会主席，因为“个人奋斗”的卓绝而被同学们尊重。

“我的努力不完全是为了自己，我要让村里人看到，到外面读书是有前途的，供孩子读书而不是带他们讨要，是值得的。”

穷山恶水出乞丐？

“我不相信人穷志短的说法，就算在岷县，很多村子的生活并不比小寨村强，他们怎么没大规模出去讨要呢？”

和村里强大的讨要风气对抗，李玉平不无孤军奋战之感。好在他还有个同道，他的堂兄，小寨初中校长李平。

作为村子里难得的“文化人”，土生土长的小寨初中校长李平虽是教师，却更像一个医生，他喜欢探讨“小寨之疾”的成因，并试图给出治疗方案。

李平日常工作的核心，就是与自己的乡亲、那些家长争夺孩子。尤其每年寒暑假的时候，怎么把学生们留在村里而不被家长带出去，很让他费一番心思。“孩子是小寨村的未来和希望啊，其实他们接受了教育，多数都不愿意出去讨要了，学校就要帮助他们说服家长，拒绝家长。”

留更多的作业，甚至“违反政策”偷偷补课，李平认为，这既是为了留住孩子，也是孩子们“知识改变命运”的必然选择。“与发达地区比，我们唯一的竞争力就是拼命学习，在这一点上是没有公平可谈的。”

比起以上途径，李平觉得直接去做家长的工作收效不大。和他们讲未来，他们看不到那么远；讲知识的重要，他们不理解；他们知道的是，谁家出去讨要了，这一年的日子就能过得好一点。

现在李平对“乞丐村”的感情很适合用八个字概括：哀其不幸，怒其不争。

有一次，李平直截了当地向前来视察的县领导发问：“在你见过的村庄中，小寨是不是最穷的？”县领导沉吟了一下，回答：“差不多。”

岷县曾经是国家级贫困县，而大山深处的小寨更是远离现代文明。小寨现在已经与中寨合并，确切称谓应该是中寨镇小寨办事处，办事处辖区内的小寨村及虎龙村，都是外出乞讨现象最突出的村子。这两个村子的上千户家庭里，据说有过乞讨经历的占到八成甚至九成，记者接触的村民也基本认同这样的比例。

在小寨村，几乎连巴掌大的像样的耕地也找不到，村民们只能在荒芜的山上开垦出几块梯田，种一点产量可怜的土豆、小麦、洋芋或当归，年景好的时候，小麦的亩产也仅有四五百斤，“可惜好年景并不多哟”。

小寨人什么时候开始了外出讨要？当地人普遍的记忆是始自20世纪80年代初期。有一年土地绝收，很多家庭真的穷到揭不开锅，于是有三三两两的妇女背着孩子到临近县市讨饭。有时候舍不得花钱坐火车，就冒险扒着油罐车，把自己带到未知的地方。

“但当初只是讨一些米面或馍馍回来，完全是为了保命，不像现在……”一位当初有过讨要经历的老太太欲言又止。

老太太所说的“现在”，是一种以乞讨为致富捷径而非谋生手段的选择。事实上，乞讨的村民们并不是一步从“当初”跨越到“现在”的。小寨村的讨要者多数都有过正常的外出打工的经历。

“但是确实太辛苦了，打一年的工，也就相当于讨要一个月的收入，更别说很多时候要不到工钱。”曾到兰州等城市建筑工地做过小工的李文义说，“哪像讨要，挣的是现钱……”还有一位长着络腮胡子的乞丐，平时假装残疾拄着拐杖讨要，要够了钱扛起拐杖回家。他喜欢敲打着拐杖说一句口头禅：这就是俺的铁饭碗。

记者和村里的几位老师聊天，他们觉得也许是因为自然生存条件一直很恶劣的缘故，小寨人在两个性格特点上表现得更突出：其一是不大能吃苦，“能干的活那么少，人就养懒了”；其二是把解决生计作为第一需要，甚至不择手段。

与附近村镇相比，小寨村的乞讨风气或者可以解释为一种放弃道德的实用主义价值观。但是外界也有人作了另外一种解释：或者待在家里束手无策，或者置之死地而后生。在这点上，小寨人不肯如传统农民般固守土地，在20世纪80年代就敢走出门去讨遍全国，倒是表现出了穷则思变的勇气。衣食足而知礼仪。小寨人毕竟现在衣食足了些，知礼仪该是下一步的事情。

不过，衣食和礼仪孰先孰后，对于这个古老的命题，李平给出的答案斩钉截铁：环境的先天不足绝对不应该成为自暴自弃的理由。

附近就有例子支持他的观点，陇西县有的村子，父母也讨要，可人家讨要是供孩子小学，可不是为了享受。还有甘肃省会宁县，一样是全国级贫困县，可那里学风浓厚，是全国有名的高考状元县。

“我不相信人穷志短的说法，就算在岷县，很多村子的生活并不比小寨村强，他们怎么没大规模出去讨要呢？”

在沈阳“上班”的乞丐们

小寨村流落沈阳的乞丐通常都有二三十人，他们当中确实有个别人是生活窘迫，带着自己的孩子出来讨生活，但更多的人把乞讨当做了改善生活的捷径，尤其让人不安的是，近年来乞儿租借现象开始多起来。

2005年1月底，沈阳《华商晨报》的摄影记者田卫涛开始了对城市乞丐的关注。“最初准备直接拍摄，没想到他们对镜头极其恐惧，看到我就跑”，于是他收起相机，开始以朋友的身份走近乞丐们的日常生活。3个多月之后，乞丐们完全接受了这位记者，他们甚至还主动要求田卫涛帮他们摄取一些生活场景。

“他们总是小心翼翼地生存在城市的角落，希望不为人知。虽然他们也知道乞讨并不违法，但还是担心被关注，进而影响到自己的生计。”田卫涛介绍说，由于他在后来的报道中无意中透露出这些岷县乞讨者在沈阳的居住范围，部分乞丐朋友有了一种被出卖的感觉，他们如今搬到更隐蔽的地方，多数人与田卫涛失去了联系。每当想到这次“出卖”，田卫涛都懊悔不已，“无论如何，我希望他们得到起码的尊重”。

骨子里，小寨人并不以讨要为耻。能好好活着才是最要紧的，尊严对他们没有意义。与沈阳“丐帮”有过半年多近距离接触的记者田卫涛说：“他们轻易不接近城市人，即便是邻居和房东，但他们对城市人也基本没有敌意。他们不会在意你的同情、排斥或鄙视，只要能要到一定数量的钱，他们感到这个城市还是容纳自己的，就很满足了。”

小寨村流落沈阳的乞丐通常都有二三十人，他们当中确实有个别人是生活窘迫，带着自己的孩子出来讨生活，但更多的人把乞讨当做了改善生活的捷径，尤其让人不安的是，近年来乞儿租借现象开始多起来。李文义今年来沈阳，就不仅带来了自己的妻子和女儿，还租来了两个孩子。

即使是沈阳的岷县“丐帮”内部，李文义也属于不受欢迎的人，不仅因为他驱使租来的孩子乞讨而自己袖手旁观，更重要的原因是他对租来的孩子“太狠了”。

其中一个被李文义租来的孩子叫尕子。李文义对外宣称尕子是自己的外甥，但从来没有人听到尕子喊舅舅，孩子更习惯把李文义称为“老李”。尕子家住在临近岷县的漳县金钟乡，是李文义姐夫的一个远房亲戚。2005 年春天，李文义去尕子家，很顺利地就谈好了价钱——租借尕子 3 个月，一共给尕子家人 900 元，先付 400 元定金，其余的回来补齐。

像多数出租孩子乞讨的家庭一样，尕子家穷得吃了上顿没下顿，明知道孩子跟着别人讨要会受更多的苦，父母还是狠一狠心，把他交到李文义手里。这个 13 岁的男孩成了家里最重要的赚钱工具。

李文义把每天的乞讨称作“上班”。尕子的“上班”时间是早上 7 点半，李文义为他安排的任务是每天讨到 110 元——上午 50 元，下午 50 元，晚上再要 10 元。李文义的工作只是偶尔去“照看”一下，中午给孩子带一点可怜的午餐，晚上盘点一下当天的收入。其余时间，他就攥着手机在沈阳街头悠闲地游荡，偶尔喝点小酒。

如果哪天的收入特别好，李文义会以一包方便面作为奖赏，要是没有完成任务，他随便抡起皮带或皮鞋就是一顿暴打。

前一阵，李文义假借孩子的名义给尕子家写了一封“家书”，告诉尕子的父母，尕子在沈阳生活得很好，每天都能吃到水果。事实上，所谓的水果只是每天中午一成不变的一个西红柿。

田卫涛说，从尕子身上，他看到了这些乞儿的善良和淳朴。李文义一般是不管孩子晚饭的，而尕子就那么饿着自己，或者到饭店里拣一点别人吃剩的饭菜，“他从来没想过用讨来的钱买点食物，或者私下藏匿一些偷偷寄回家里。”

前几天，乞丐间传播着一个悲剧故事：一个小寨邻村被租来的女孩被车撞死了，她的母亲在家望眼欲穿，最后也疯掉了。讲完之后，大家唏嘘一下，那些带着亲生骨肉出来的乞丐看看自己的孩子，掉几滴眼泪，又要继续出去乞讨。

到了7月下旬，沈阳的城管等部门开始了大规模的市容整治，岷县“丐帮”的人紧张起来，其中20多个人背起包裹，决定到遥远的广州去碰碰运气，尽管那并不是如沈阳这么熟悉的城市。

拒绝“跪下”的人们

> 讨要的人往往获得了更好的生活，成了村里先富起来的人，这样就对那些拒绝讨要的家庭构成了某种潜在的挑战，甚或嘲笑。

在小寨村，“讨回来”的人们喜欢、兴致勃勃地谈论城里人如何有钱（这时他们也会顺便抱怨命运的不公平），以及城里人的钱如何好赚，还会很自豪地说：“我们快把大半个中国都走遍哩。”

2005年7月初的一天，虎龙村村民李文义从沈阳讨要3个多月后回来了。据说，在沈阳北陵城乡接合部的棚户区，当李文义带着他租的尕子（一个帮助乞讨的小孩子）回去，一些以拣破烂儿为生的人也会和他打招呼，但语气听上去不那么友善：“哟，丐帮回来了，今天又发财啦？”这时李文义就会没好气地回应道：“当然发财了，俺这一天比你们拣破烂儿三天还强哩。”

但是走在家乡的山路上，他却春风得意。迎面一个乡亲热情地打着招呼：“你也讨回来啦？”李文义很爽快地回答：“是啊是啊，你啥时候讨回来的？”

讨要的人往往获得了更好的生活，成了村里先富起来的人，这样就对那些拒绝讨要的家庭构成了某种潜在的挑战，甚或嘲笑。

21岁的包世明（化名）没有出去讨要过，如今靠栽种一些当归（当地特产）谋生，他具有初中文化，属于村里年轻人中爱思考的一个。“以前看政治课本上说，美国等西方资本主义国家贫富差距非常大，遍地是乞丐，现在从我们村来看，不知道为什么出现了一些类似的不好的现象。”

包世明说，现在村里的摩托车越来越多，“比驴子还多哩”。他做了一件“很有眼光”的决定：去县里学习了摩托车维修技术。“可惜没有资金，没办法开办一个摩托车修理站。”包世明为此感到遗憾和沮丧。更让他无法理解的是，村里那些因讨要而发家的人，并没有多少投资和经营的意识，他们总是安于现状。倒是听说临近村子有一个叫范发毅的人，最初穷得吃不上饭，后来开始租孩子讨钱，最多时租了十多个孩子，后来这小子发达了，就到陇西开了一家橡胶厂，据说投资十几万元，好歹也算转了行。

“多数人真的是挣了钱都不会花。”包世明说，仅仅是在近两年，一些“乞讨暴发户”才尝试着把余钱存进银行，更多的时候，他们习惯于把钱压到自家的炕沿下面。尽管在城市浪迹过，他们心中还是充满对现代文明的不信任感。

还有一些暴发户就显得为富不仁了，他们在村里放起了高利贷。每当开学的时候，总会有一些困难家庭为孩子的学杂费发愁，万般无奈之下，他们会找村里的富裕人家借高利贷，每100元的利息，居然高达5元/月。

前几年，因为父亲沉迷赌博，包世明的母亲悲愤之下喝农药自杀了，这样的经历使得包世明反感村里的一些习俗。讨要、赌博、酗酒、打老婆打孩子，都被他划归其列。

“他们（讨要者）怎么生活，我也管不了，但总觉得那不是长久之计。”包世明说，“我现在自己干点活，挣点钱，也累不着，生活还算过得去，挺好的。”

包世明平时的几个伙伴，因为家里大多曾有人讨要过，所以现在越发地闲散。包世明平时也不会发表对讨要的看法，是否讨要过，在小寨村从来不是划分人群的界限，大家相安无事。“只是见到记者了，有些话还是想说一说。”包世明补充说。

在小寨村，那些没有过乞讨史的家庭个别时候会表现一下优越感，只是这样的优越感流露得非常有限。包海忠曾是小寨的村支书，家里的条件看起来比普通村民好一些,但还是不如个别靠讨要致富的人家。包海忠20多岁的儿子说：“我们家就没想过出去讨要，丢不起那人。现在这样不也挺好吗，花正常劳动挣的钱，心里踏实。”

但是立刻就有村民对包家的“踏实”不以为然：“人家当然不需要讨要，因为他们的地多得都需要雇人来种哩。”

对于多数不曾讨要的家庭而言，他们的心态有些尴尬，虽然偶尔可以对讨要现象说几句风凉话，得到心理上的优越感，但是眼看着人家个把月就挣回几千块钱，羡慕后的挣扎也是不言而喻的。尽管他们最终还是拒绝讨要。

探究这些村民坚持不讨要的精神力量是一件困难的事情。因为没有人会对自己的坚定作出精神层面的解释。比如，没有人会拿这片古老土地上传统文化的积淀来说事，没有人能说出“不为五斗米折腰”之类的典故，也没有人把讨要生活和“不劳而获可耻”联系起来。

他们更常使用的一个词是“拉不下脸”。“没办法，咱家人天生面皮薄，干不了那个（讨要）。”一位姓李的大爷自嘲说。

小寨人能站起来吗？

“或许堂兄的思路也是没有办法的办法吧。只有让孩子们走出去，看看更文明的生活。那也许是够强大的拉力？”

身为走出去的大学生，见识了外面世界的李玉平为家乡孩子们的前途深深忧虑。

“讨要经历很长的孩子，会给心灵留下更多的创伤，或是造成畸变。村里有些孩子一旦和父母生气，偷出家里的几百块钱就敢出走。他们从小形成了一种思维，觉得凭着要钱生活很容易。”

比起揭不开锅的那段日子，小寨村如今的生活虽然依旧清苦，却并不至于连生计都难以维系。以小寨初中的李平校长为代表的一些人坚持认为，对村里人尤其是学生进行人格教育，是解决问题的关键。小寨人跪着生活是没有尊严的；仅仅依靠输血式的救助也是没有出路的；继续靠天吃饭，还是难以改变命运。于是李平近乎执拗地相信，只有让孩子们玩命学习，考出去，小寨才有希望。

在学校里，这个校长像反对外出乞讨一样反对学生们看电视、看课外书，也反对他们留长发、穿牛仔、戴首饰。他坚持要他们用所有的气力来读书，读书，读书。李平自己也承认，他的很多做法并不符合先进的教育理念，“但是我们又能怎么样？按城市学生的标准去素质教育，可能吗？我们唯一的竞争力就是拼命学习，在这一点上是没有公平可谈的”。

李玉平觉得校长堂兄的某些做法近乎“专制”，但他表示充分理解其初衷。他们必须并肩作战。2004年年底，他先在小寨初中的校报《清泉》上刊登了他写的《致全乡中小学生的一封信》。2005年年初，大学读了一年半的李玉平第一次回到家乡，他几乎挨家挨户地劝说乡亲，不要再出去讨要了，更不要带孩子出去讨要了。在李玉平的倡导下，小寨村的中小学在寒假之前举行了“告别乞讨行为”的升旗和宣誓仪式。

但是李玉平还想要做更多，他还想说服成年人。李玉平曾跑到乡政府和学校，提出自己的一些积极建议。县乡领导已经多次到村里调研，表示要为改变小寨人的生活方式多想办法。

实际上，从外界到当地政府，越来越多的人在为使小寨人完全站起来而付诸努力，不过现在看来还是一项没有时间表的工作。

近年来，随着“乞丐村”名声在外，当地各级政府更加重视“小寨现象”。他们相继出台了一些对小寨村的优惠政策，一些特困户还得到了政府三四千元的补助，用于危房改造。对小寨村的中小学，有关部门实行了“两免一补”（免除学杂费和书本费，对特困学生进行补助），使村里适龄儿童的辍学率大大降低。

这两年，当地中小学校在寒暑假前都会进行“禁讨教育”，乡政府甚至希望以罚款的方式阻止村民们外出乞讨，但这些措施只是部分地取得了效果，当这个适合讨要的夏天来临，还是有村民三五一群甚至几十个人结伴外出。“他们有时对政府说是出去打工，但是有打工带着孩子的吗？”一位村民质疑道。

面对人们日夜浸淫其间的讨要风气，无论李平还是李玉平，都不得不承认，自己属于弱势的一方。

一位村干部接受采访时干脆否认小寨村乞讨现象严重，他说多数外出人员都是正常务工；同时他也承认，假使村民选择乞讨为生，也仅仅是一种不被普遍认可的生活方式，“又不犯法，不好强制阻拦”。

在李玉平看来，对于那些习惯于接受施舍与救济的小寨人而言，不可能完全寄望于被外力拉起来。那么靠良心发现吗，衣食足是否必然导向知礼仪呢？李玉平无法摆脱矛盾的心态。

村里的许多人似乎习惯了这样的日子：被同情，然后被施舍。这一点记者到小寨村采访的时候也有体会。记者所到的每家每户都非常好客，当地人很以把“贵客”邀请到自己家为荣。据一位村民事后讲，记者从他家走后，很多人都跑去打听：“怎么样，记者有没有给你们家捐点钱？他回去能不能呼吁政府给咱们救济？”

“或许堂兄的思路也是没有办法的办法吧。只有让孩子们走出去，看看更文明的生活。那也许是够强大的拉力？”片刻的惶惑后，李玉平给自己打气，“让家乡的人站起来，我会为此作出自己的贡献，而且，对那一天的到来，我抱有信心。”

新暴风骤雨：28000 元与一个村庄的人心变迁

■ 何海宁

有着 300 多年历史的张福安村曾经顽强地葆有乡民淳朴的道德伦理，可是如今，“农民真苦，农村真穷，农业真危险”的艰难生活使得村民们变得冷酷了，而“征地——补偿”的巨大诱惑又催化了贪婪。村庄的伦理基石已经破碎，村民们分裂成两派，彼此斗争不止。

张福安村属沈阳市铁西新区高花镇辖下，它离沈阳市区是如此之远，从最挨边儿的铁西区乘车过来也要一个小时左右。心理上的距离更远，以致村民们拦住过路的乡村巴士准备进城时，言谈间就好像是要远赴异乡。一个问：“上哪去？”另一个就答：“上沈阳。”好像这个村儿就不属于沈阳似的。说起来，即便是在最新版的沈阳市地图上，这个偏远的小村子也还没被容纳到整张大图里呢。

本村与沈阳市区之路途迢遥，就仿佛是同一个世界中的两极。沿着从这个村庄通往沈阳市区的公路，你可以同时看到中国经济的炎夏与寒冬。在市区，地方政府的公共建设欲望是炽热的，大量的金钱正在经由政府财政拨出；在村子里，农业则是清冷的，既缺少投资又缺少利润。

因此当沈阳市铁西新区政府下令征用本村的土地时，打从清朝顺治年间建村之时起就有的风俗规制，立刻岌岌可危。“天文数字”的征地补偿款，就像酒精之于印第安人，村民们对此并无免疫力。

大利"灭"亲

邻居不再走这条近道儿，也不再过来唠嗑，甚至会成为探头探脑的敌对势力。

"非农业户站到农业户里头，没话唠。"村民张万金对记者说，"如今亲不是亲，友不是友了。"张福安村有2664名农业户，238名非农业户，如今各自分裂成了两个冷战阵营——如果不算那些偶尔发生的真正动武的"热战"的话。冷战的起因，正是征地补偿款。

春节后不久，从村委会领到首笔征地补偿款之后——农业户28000元，非农业户10080元——刘怀斌家爆发了一场争吵。在一次喝酒时，老大和老二觉得老幺分钱太少，想凑钱给他一些补偿。可是，两人的媳妇马上反对："非农业户就不该分钱。"最后吵到了刘怀斌这里。老头儿说："你们不要吵了，这钱我来给。"他不得不把老伴领到的10080元拿给了老幺才平息了纷争。

刘怀斌是村子里的退休教师，66岁，有3个儿子，老大和老二是农业户，老幺是非农业户。

他发觉，户籍差异演变成了生活里的隔阂。刘怀斌夫妇俩是非农业户，身为农业户的邻居以前经常爬过他家院子低矮的围墙，抄近道儿，见面有说有笑。现在，邻居不再走这条近道儿，也不再过来唠嗑，甚至会成为探头探脑的敌对势力。有时，刘怀斌的非农业户朋友来找他聊天，相邻的农业户们竟然都躲在一旁偷听。不久后，谈话内容就演变成流言蜚语，在村里飞快流传。

当记者准备去刘怀斌家并邀请路边一名农业户妇女同去时，她一撇嘴："他是非农业户，不去！"村民们用户籍差别来区分亲疏关系。在非农业户佟祥保的化肥商店里，聚拢了十多名非农业户，他们都跟农业户亲戚断绝了关系。每当讲起这些亲戚，他们大都粗着脖子，义愤填膺，几乎要大义灭亲了。

佟祥保的小舅子一家4口都是农业户。以前，小舅子是他家里的常客。"我是他的'银行'，老来借钱。"佟祥保说。每年春节，小舅子总会拜访他，但今年却没有。在大年初三亲戚们聚在一起吃饭时，打从佟祥保一进门，小舅子就装作没看见，甚至对他姐姐都不理睬。而且不一会，小舅子就起身离开了。“现在跟陌生人一样，见面不说话，实在抹不过去了就点点头。”佟祥保说。

这一切，都起因于2006年夏天，从那时开始，征地的消息在村里流传。自土地改革运动、家庭联产承包责任制之后，张福安村2902名村民再次面临命运的转折点。他们并未意识到，这一次他们将失去土地，成为中国四五千万失地农民的一部分，被卷入农村城市化的大潮。

对于何谓“失地农民”，村民们并无概念，更不准备做“钉子户”。他们几乎无一例外地对征地的消息表示了欢迎甚至狂喜。“土地对我们很重要，但卖地老百姓捞到实惠了。”村民郭鸿林说，他算了一笔账，村民以种植水稻为主，每亩纯收益每年只有六七百元，不少农民过的是“贷款——种地——卖粮——还贷”的循环生活。这次卖地，村民得到的信息是，最高能得15万至18万元，“我们一辈子都没见过这么多钱！”可是，这是以全村7296亩耕地为基数得出的补偿额，并不准确。铁西新区农业办公室主任张伟向记者介绍了此次征地的具体计划，“征地2278.49亩，用于建设一条开发大道和一个建材园。”铁西新区政府到位的总资金为8540万元，迄今为止，还没有下一步征地方案。“出于我们工作的实际需要，也是农民的要求。”张伟说，铁西新区政府同意全村停耕，进行整体开发。

区政府只征用一部分土地的计划没能让村民们满意。村委会几次开会，48名党员和60多名村民代表共同讨论后，达成了此次机会实属“百年不遇”的共识。他们代表全村，要求区政府征用全部耕地。

2006年底，村委会进行了全村公决，村民代表拿着纸，挨家挨户签名。“村民都很痛快就签了。”刘怀斌说。

过了元旦，次年初，村委会大喇叭广播了这个“好消息”，并公布了补偿方案：每亩征地补偿安置费为37500元，按全村人口平均分配。不论农业户和非农业户都能获得相同的补偿款。“分配方案由村委会决定，政府来把握。一般是征谁地给谁钱。但农村现在的情况是，补偿一个人，别人也来要钱，不给的话就上访。”张伟的说法是，“为了稳定，为了和谐，就出现了人均分钱。”当时，“人均分钱”没有引起农业户们的反对。从1958年中国户籍制度建立以来，农业户与非农业户就被分成两个享受不同福利标准的阶层，不过在农村，差别并不明显。农业户自己生产口粮，非农业户由国家分配，两者亦无直接利益冲突。就算是在2003年，张福安村开始第二轮土地延包时，村委会决定非农业户跟农业户一样，人均1.7亩地，农业户也没有反对。“村里的土地都在撂荒，谁愿意种就给谁。村委会决定后，乡也懒得管。”刘怀斌回忆说。

可是，亦如刘怀斌所说，村民们之间的关系很快就“变成了从你手里抢钱的赤裸裸的关系”。

张福安村的第一支上访队伍，偷偷摸摸地，很快就出发了。

U形大回转

“按下葫芦起来瓢，按下瓢起来葫芦。”

停耕消息公布后，村民开始忙乎起来。2007年春耕之际，其他村开始育稻苗，张福安村民却开始大张旗鼓变卖车马绳套等农用工具。刘怀斌家有一辆农用拖拉机，还有修大棚用的塑料布、育苗木排，一口气全部卖掉，得了1000多元。“给钱就卖，都是废铁的价钱。”他笑了。

电井、电线杆，全部被拆除，运水通道也堵上了。村中所有农田如今荒芜一片，耕地中长满了膝盖高的野草。

同时，农民们也机关算尽地装饰这些土地。他们在地里抢盖大棚，栽种果树、药材，迅速翻修自家院子的围墙。这是从已征地的农村传来的经验：地上附着物、农作物能博得额外补偿。“这不荒唐吗？”刘怀斌说。不过他也在自家院子里盖了一个大棚，在后院里栽满了药材。

可是恰如村民事后所说：“再精还能精过当官的？”高花镇政府早已领命作了准备，早在宣布征地不久，就派人下来登记各户情况。村会计领着两个人到各家录像——以后出现的物件一概不算。

刘怀斌也忙于影像记录。他拿着相机，像那些到外白渡桥上照最后一张相的上海人一样，想在这个万物飞逝的国度中记住过去。他和老伴在村里拍照：村委会大楼、寺庙、桥。“村子要没了，我不得留个纪念嘛。”已经迁出了村子的一些非农业户则想方设法迁回村里。有种招数是到派出所“挂失”户口簿，只要花9元就可办个新证，户口簿上身份变成了“居民”，据说这样就能享受农民待遇。按照“人均分钱”的方案，这些“非转农”的回流人口必然会分割村中农民的经济利益。由此，有人为此偷偷上访。铁西新区政府下派了工作组调查，查出了4户16人不合规定的户口。

真正的烽烟四起，还要延至2007年7月。当时村委会瘫痪，农业户“恍然大悟”，才爆发了一场土地利益的争夺。2006年6月，新区政府下派由7个部门组成的稳定工作组进驻张福安村，牵头协调工作的几乎都是部门一把手。除了涉及征地补偿工作的工作组之外，还有违法违纪案件调查组、村级财务审计组。

由60人组成的工作组进行了两个月调查，对11年来的村级账务、8大土地问题进行调查，审计资金达6369万元。张伟介绍说，目前调查工作告一段落，共查出48项问题，违规资金189万元，已追缴了33万多元，正在处理的违纪干部有10名左右。

工作组进驻不久，村支书赵国强和村委会主任徐洪利便辞职了，其他工作人员也纷纷回避。

多名村民讲了相同的笑话，赵国强辞职后，雇人在自家地里种果树。“咱也不当官了，也是农民了，不能少得啊！”一名村民笑道。

在非农业户眼里，赵国强是“能镇得住场的官儿”。在他离开之后，农业户开始活跃起来，纷纷上访，“非农业户不能分钱”被列入主要申诉要求。一名参与上访的农业户已说不清上访次数了。

不过，这种办法奏效了。2007年8月一个星期天，铁西新区农业发展局官员到村小学宣传土地政策，包括其他已开发的乡镇土地补偿办法、张福安村的分配草案。会议持续了4个多小时。最后，政府来了个U形大回转，宣布了另一种分配方案：非农业户不能参与分钱。上百名农业户和非农业户挤在一起听政策。一讲完，农业户都鼓掌，非农业户则在一旁沉默不语。稍后，一名非农业户站起来质问：“这是哪个法律规定的？拿出来。”不过没有得到答复。

不久，村委会贴出了名单，详细罗列了农业户、非农业户、学生和亡者，要求村民“互相监督”。

这下子，农业户消停了，可非农业户的上访队伍又出发了。“按下葫芦起来瓢，按下瓢起来葫芦。”张伟说。

“运动员”、“造反派”

“造反派”分工明确，识字的做“秘书”，不畏拳脚的做“保安”，甚至还专设了负责在村里打探消息的探马。

位于沈阳西部的铁西区被誉为“共和国工业的长子”。在振兴东北的国家战略中，铁西区被沈阳市放在首要地位。早在2002年铁西区和西郊的沈阳经济技术开发区合署办公，成立铁西新区之时，区政府就加速了郊区城市化进程。“为老工业区东搬西迁创造空间。”张伟解释。2006年9月，地理位置接近的“沈西的工业走廊核心”细河经济区成立。8个月后，细河经济区和铁西新区合署办公。目前，铁西新区的面积达484平方公里，作为工业区很可能是全国最大。不过，这个工业区中包含了87个村，占了410平方公里。

张福安村被划入铁西新区行政区划之中。世代种地的村民转眼被列入装备制造业的区域规划范畴。

大规模征地是在为沈阳成为“东北中心城市”作准备。在2005年初，原市长、现市委书记陈政高在沈阳市“两会”上，为中心城市制定了两个标准：一是城市规模和人口规模，二是城市的经济实力。“只有加快郊区的城市化进程，沈阳才会成为与北京、上海、广州一样的中心城市。”当地媒体报道引述了陈政高的话。“深圳成为全国首个没有农村的城市，这也是沈阳发展的方向。”由于这一宏大构想的实际推进，在张福安村，村民们得以憧憬他们的新生活：这里将变成城市，他们将成为城镇人口，住进商品房，不再伺侯土地，不再为化肥、农药价格上涨烦恼。

可是他们最关心的一个问题，始终难有明确答案。在农村土地归集体所有的前提下，征地补偿款怎么分？

在这个失去了规则的村庄，在北边一户有大房子的村民家里，非农业户经常聚集“开会”，研究法律法规，策划上访方案。这种事先张扬的会议同时又被赋予了心理战的功能。“我们公开开会,鄙视他们。”一名非农业户说。“他们”是指后来担任村委会主任的赵群、妇女主任石白玉这些农业户的“头儿”。非农业户称他们是“运动员”、“造反派”。村民们介绍说，“造反派”比非农业户有组织得多，分工也明确，识字的做“秘书”，不畏拳脚的做“保安”，甚至还专设了负责在村里打探消息的探马。

某种程度上，村民们像华尔街的交易员一样聪明，他们根据自家利益最大化的原则选择阵营。一些村民自己是农业户，但有孩子是非农业户，他的利益就跟后者绑在一起。陈连荣和他二姐同为农业户，而他的儿子家里 3 口人都是非农业户，姐弟俩见面也是吵架，几乎决裂。

二姐是“造反派”里的活跃分子，陈连荣看不下去：“你老蹦干啥啊？”在当地方言中,“蹦”,就是“活跃”和“起事”。“哪能呢？咱侄儿哪能不给钱呢？”二姐搪塞说，隐藏了自己的居心。

同时，身为农业户的陈连荣又不得不担心自己的“蝙蝠”身份。他害怕被非农业户阵营抛弃，冲着佟祥保喊：“你们有些事不告诉我。”“哪能呢？”佟祥保回答，尽管确实有些事不告诉他。

非农业户们感到了社会阶层的蜕变。“矮人半截啊，没要到钱，上街都灰溜溜的。”非农业户李宝菊说。“以前说话还顶用，现在说话成反动标语了。”佟祥保坐在女婿的小轿车上，有些心酸地说，好像置身于过去几十年中经常在村里露天上演的讲述农民与地主斗争的国产电影之中：“变天了！”村中的非农业户中，除了少数致富者之外，大部分仍是农民。他们由于政策照顾转为非农业户，但依然生活在农村，靠种地营生。李宝菊 54 岁，丈夫原在供销社上班，供销社解体后便回家种地。随后他们遇到了一项国家政策：如工龄在 20 年以上的，家属可以转为非农业户。“不花钱就能变啊！”李宝菊说，“当时听说，非农业户还能给个低保，孩子考试、入伍可以少一两分。”所以她心动了。然而 8 年过去了，她户口簿上的“性质”一栏仍是农民，没有享受到城镇人口的各种社会保障，非农业户口成了鸡肋。

2006 年 4 月孙子出生，她想入农村户口却不行。派出所告诉她，孙子必须随儿子的户口性质。

非农业户们激动地举出各种农村义务：农业税费、修路、立电线杆，在计划经济时代每户供应沈阳市区一头猪，保证城镇人口有肉吃。他们觉得自己所尽义务与农业户无异，这次征地补偿理应有份。

每当两个阵营的村民们到省里和北京上访，区、镇干部就得急忙赶过去，接回来，平息事端。

非农业户一开始没有经验，一群人闹哄哄上京，去到国家信访局门口，马上有辽宁省信访局工作人员过来招呼："来来来，跟我走。"就被送回了村里。

长经验之后，他们印制了多份申诉材料，一行12人分成两批，各自乘车，每两人为一组，每组都拿上材料。只要有一组闯进国家信访局，就算是成功。在沈阳火车站，他们中的第一批被镇干部截住。在交涉过程中，他们偷偷把车票、钱雇司机递给了后到的第二批。后者赶紧退票，转搭大巴车赶到了北京。这一计划成功了，终于有一组人马把材料递进了国家信访局。

后来，非农业户们还准备去国土资源部，镇干部赶来了。像央视春晚小品中的赵本山一样，佟祥保提出了一个"来前儿的车票谁给报了"的问题，要求报销上访费用。镇干部不同意，双方吵了起来，最后只能答应了。一个月后，一名非农业户到区信访局报销了4天的上访费用7500多元。

农业户知道后，很不满意："我们都没有报销啊！"

选举总动员

她发疯似的在村委会门口蹲下撒了泡尿，骂咧咧径直走了，身后留下目瞪口呆的村民。

村委会瘫痪后，区政府下派了两名干部暂时担任村支书和副书记。征地补偿工作由8名农民代表（农业户）和3名党员代表（非农业户）执行，包括佟祥保。这是村里的临时决策机构，在村委会议事。

村委会变成了以辱骂和恐吓为武器的"战场"。每次开会，都有一群村民围在大楼前，农业户自然占大多数。

有一次，只有佟祥保一名非农业户去上班，他被一堆农业户夹在了中间。一名妇女骂他"绝门气"，意指他没有儿子衍宗续嗣。佟祥保火了，打了她一巴掌，场面顿时混乱起来。最后佟被拉到派出所，赔了2000元医药费。

一名非农业户妇女也出来骂农业户，与一名农业户妇女撕打了起来。有人高喊："打倒非农业户！"最后，前者被送到了医院，后者则躺在大楼走廊里，走出来时外面围着一群看热闹的村民，她发疯似的在村委会门口蹲下撒了泡尿，骂咧咧径直走了，身后留下目瞪口呆的村民。

当时的辱骂花样翻新，甚至让村上的老支书张万金难以启齿。他有着那种农村的上了岁数又曾有点儿身份的人常有的"有点儿左"的态度，沉浸在过去的生活中，对如今世道愤愤不平。"我上去说几句公道话，他们就谩骂，什么大粗……我都说不出口。"他粗声说，又试图保持矜持。

一旁的妇女接口，流利地说完了农业户骂出的整句粗口。她不觉得有什么为难："有啥不好说的？"斗争越来越有火药味，区、镇党委决定选择一个党员干部出来维持秩序。张福安村进行了党员民意测验。这是非农业户"翻身"的机会——党员中他们阵营占大多数。赵国强被再次起用，担任副书记。

赵国强解散了那个谈判不成却谩骂不休的"议会"——联合议事机构。"赵书记来了后，把那些人（农民代表）撵走了。他们问，明天还来不来？赵书记说，还来个啥！"一名非农业户回忆说。2008年1月，村委会进行补选。两个阵营开始各自"串联"、拉票。"这是有史以来最激烈的一场选举。"刘怀斌感慨。

许多村民大院都被塞进几张农业户的宣传"小字报"，上面写着匿名的顺口溜，足以证明东北人所言之"赵本山那套不算什么"并非虚言。一条顺口溜讥讽了佟祥保："祥保卖假药，农药化肥来钱道，变本加厉狠狠要，我们不成全你这一套。"另一条则深入"揭批"了一个绰号"一只眼睛"的非农业户："一只眼睛你还占，大树卖了几百万，研究你厂院土地跟你算，吃喝嫖赌村上算，坚决送你去法院。"

农业户还得到了承诺："选出两个好干部，头年能分两三千。"

非农业户人数少，在这场宣传战中明显处于下风，几乎无所作为。正式选举时，刘怀斌准备到村委会领选票，负责发放的是农业户的头儿，不理会刘怀斌。他空手回到家里，立即宣布："家里12口人全部弃权。"那些准备竞选的非农业户也都陆续弃权。"这些'运动员'就是想发动群众，夺取政权。"佟祥保说。

投票那天，竞争白热化。据一名农业户回忆，有人在村路口堵路，不许他们去村委会。农业户则派车去镇、区里拉人回来投票。有一名老太太走不动了，也被农业户抬到了投票现场。

最后，农业户的头儿赵群、石白玉以绝对优势票数当选村委会主任、妇女主任。

赵群开始工作，但他与大娘陈振娇家决裂了——后者一家有6口非农业户。春节前，陈振娇到村委会要钱，见到赵群，两人一句话都不说。陈振娇很愤懑："现在，我们得去给侄儿拜年。人家是村长，得送礼啊，送礼都没钱买。"

硝烟未了

农业户回来，非农业户又去，村民们亢奋地奔波在路上，却似乎只有少数人在担忧未来。

农业户的安置补偿款是在2007年底发放的，28000元。非农业户的上访效果差强人意，2008年春节后不久，他们领到了10080元。与农业户领存折时人山人海的场面不同，刘怀斌到村委会时，那里只有几个人。村委会没有通知，非农业户是靠口耳相传才得知领存折的。大楼前站着一些农业户，刘怀斌听到有人低声说："就不应该给他们（非农业户）钱。"拿了存折后，到镇农村信用社领现金。佟祥保看到一个50多岁的农业户拿着钱，双手颤抖。

佟祥保是村里的种地大户。谈到农业户时，他脸上总挂着历史优越感。说到上访时，他也会慢条斯理地说："他们（农业户）是刁民、泼妇，上访是胡闹、堵路，不像我们这样说话。""当年，必须是优秀人才才能转为非农业户口。"1977年退伍回村后，他被分配到乡政府，后到供销社工作，每月能发4两油，过年过节还能分一两斤花生。"不用种地啊，衣服干干净净的。"

1983年，农村生产队解体；再过两年，国家取消了粮票、布票等，非农业户待遇逐渐消逝；1992年，供销社也不复存在，佟祥保下岗了。

尽管早已是明日黄花，1985年以前的历史痕迹却依然留存在那些曾经低了一个等级的农业户心里。"你（非农业户）以前分油分粮的，享受完事了，还想跟我们分钱？"农业户张德安说。

争吵还在延续。钱成了一些农业户家吵架的导火索。张金冤去世6年，按补偿标准可以获得10080元，儿子张德安和他的大姐都想要，两人在村委会吵了起来。父亲去世前一直由张德安赡养，最后张德安领走了这笔钱。他大姐在街上大喊：“我要到法院告你去！”不过，他至今没有收到法院传票。但村民说，有另一户已闹上了法庭。

村民们意想不到的是，事情变化很快。2006年底，国家开始新一轮宏观调控，控制土地使用，区政府在2007年1月15日又下达了复耕令。赵国强开始在丈量土地，准备重新分地。这在张伟看来，政府的征地步骤并没有改变。但农民认为政府出尔反尔，这意味着他们无法进一步获得补偿款。

再也没有农民愿意回到田地里了。“生产工具都卖了，运水通道都堵了，草都长这么高了。”一名农民比了比膝盖。

目前，开发大道已修了约两公里，农民说这是村里最好的田地了，复耕的话，他们只能分到沙地，收成很难保证。

农业户上访的队伍又出发了。2月28日上午，有村民看到一批农业户坐着区政府的大巴车回到村委会，村里传来消息：区委书记发话了，张福安村不复耕。当晚，村广场大放烟花庆祝。

次日，张伟在接受采访时，仍对记者说：“我们要做到两个‘确保’，确保土地不浪费，确保农民利益不受损害。镇、村委会正在跟老百姓做工作。”言下之意，仍是政府希望农民能复耕。当他听到确切停耕的消息时，张大嘴巴：“这连我都不知道啊！”停耕了，硝烟亦未了。3月3日，上访村民又到了区委，这一次是非农业户们。他们要求获得同等的补偿。然而，区农办一名官员告诉刘怀斌：“市里开会决定了，非农业户一概不给，谁给处理谁。”非农业户们决定再到北京上访。刘怀斌很担心未来：“现在没有安排就业，也没有社会保障，到手的钱不就打打牌，不少人拿去还债了。”他也很心疼撂荒的土地。往年这个时候，村民已经在育稻苗，打听种子、化肥的价格。他比划了约5厘米的长度：“别村的茄子苗都这么高了。”即便是打牌，农业户和非农业户也不在一起打。农业户们突然“有钱”了，打牌时比非农业户们豪气得多。

刘怀斌的忧虑，恰合一个他并不曾考虑到的问题：当一只试管中装着“近似疯狂的投资”和“奔腾式的膨胀”的沸水，另一只试管中则装着贫瘠清冷的冷水，当它们被强制连通之后，会发生什么？

有的晚上，他急得睡不着觉，意识到自己毫无用处，没法跟村民们说心里话：“我是非农业户啊，没法去宣传，农业户会认为我是来挑拨离间的。”

两个买媳妇的男人

■ 迟宇宙

尹志军，男，26岁，身高168厘米，体重130多斤，不胖，用他自己的话说，他长得很“瓷”。他现在在石家庄打工，干着维修管道的活儿。据说他每天的工作除了上班、下班外，就是扇自己嘴巴和捶自己的脑袋。他的媳妇跑了。他已处于半疯状态。

2000年2月1日，农历腊月二十六，距离大年初一只有4个夜晚，他从派出所买来的媳妇冯英跑了，而为了买这个媳妇和操办婚事，他们家花了23000多元。现在，债主纷纷逼上门来，他们家快要破产了。

尹志军说：“和我结婚的那个姑娘是我花5000块钱从于家乡派出所‘领’回来的。要是人贩子卖人，我是绝对不会去买的。我就是冲着派出所才决定做的。我向派出所交了钱，不知道为什么还会上当。”

贫穷和买“媳妇”是河北省井陉县于家乡残酷的现实

尹志军不是南张井村第一个买“媳妇”的人，南张井村所在的于家乡是井陉县最穷的乡之一，因为穷，这里的姑娘都不愿嫁在本地，外地的姑娘更不愿嫁到这里，所以条件不好的人家讨个媳妇成了一件颇为困难的事。于是，买“媳妇”就慢慢盛行起来。据尹志军的父亲尹四喜介绍，在于家乡，“媳妇”的价格从2000元到6000元不等，长得漂亮一点的黄花闺女最高可以卖到10000元。

李桃英的8000块钱泡了汤

1999 年 7 月 24 日，几个姑娘在一个叫“程林”的贵州男人带领下来到了这个穷山沟里，这让附近村里的几个大龄青年看到了“希望”。在“媒人”的撮合之下，有两个姑娘分别以 5000 元的身价被卖给了两个青年。

程林卖出的第一个姑娘叫万开琼，她逃跑后留下的身份证显示她的出生日期是 1981 年 2 月 26 日，住址是贵州省大方县黄泥塘镇各大村新寨组。

“买”万开琼的是狼窝村的李桃英，今年 30 岁，在村里已属超大龄青年。为了“买”到万开琼作媳妇，李桃英先后花了 8000 元。

李桃英说：“我们双方见了面后，都表示同意，那位姑娘也没提什么条件。农历六月十八，我家一次给了人贩子程林 5000 元，当天晚上就把人领了回来。住了一夜，第二天晚上 12 点左右，万开琼想逃跑。她跑的时候，连鞋都没有顾上穿，结果翻墙头时摔坏了，上树枝子划破了胳膊，我发现后把她又背了回来。到屋里后，万开琼跪着跟我们说她是被骗来的。她说她是一个学生，暑假期间在贵阳找活儿打工时碰到了程林，程林说他是做药材生意的，说北方的药材便宜，可跟他到北方倒药材。到这里以后，她才知道是被骗了，被卖到我家是被程林用刀子硬逼的。她求我们送她回贵州。”

万开琼的逃跑让李家觉察出了这桩婚姻的潜在危机，他们不敢冒险将万开琼留下，又不愿自己的 5000 元打了水漂。于是他们又找到了正在邻村吴家庄进行交易的程林，要求一手退人，一手退钱。

“这时吴家庄的吴锁文也买了一个叫冯英的姑娘，花了 3000 元。他一见我们的情况，怕上当，也让人贩子退钱。人贩子说回到狼窝村再退钱，我们一起到了狼窝村。人贩子说先吃饭再退钱，正吃饭时于家乡派出所就来人把他们都给抓走了，钱也没退成。”

这时候，李桃英已经不管什么“媳妇”了，他的心里只剩下了被人贩子带走的 5000 元血汗钱：“他们到了派出所，还拿着我的 5000 元钱呢，我追到了派出所。在派出所，所长让我跟他一起看着人贩子和那些姑娘，前后看了五六天。那 5000 块钱眼看着要不回来了，有人说愿意帮着跟派出所说说话，再花点钱把万开琼领回来，能留下过日子也不错。我先后给这个中间人 3000 元，说要为万开琼办户口呀什么的，也不知他是怎么花的，光说有一次请派出所的人吃饭花了650元。”

后来，李桃英又不知道从谁手里领回了万开琼。过了不到三个月，万开琼借去县城赶集时逃跑了。李桃英的8000块钱就这样泡了汤。

尹志军花了5000元“买”到了冯英

名叫冯英的姑娘留下的身份证显示，其出生日期为1979年4月12日，住址是贵州省金沙县长坝乡重中村。然而，明眼人都可以看出，冯英的身份证是伪造的，所以，直到今天也没有人知道“冯英”的真实身份。

据买冯英作媳妇的尹志军介绍，他们婚后在一次计生检查时发现冯英子宫内装有节育环，因此他们怀疑她是“放鹰”（与人贩子合谋搞诈骗活动的妇女）的骗子。

冯英是辗转三次才最终被“卖”给尹志军的。

冯英一开始是被卖给吴家庄吴锁文的。

吴锁文的哥哥说：“当时是一个熟人给介绍的，见面后说要5000块钱，本来我说你要一分钱我们都不要人，但熟人从中打圆场，最后给了人贩子3000元。后来因为狼窝的那个要跑，我们也怕上当，人我们没有要。派出所把他们抓了以后，我去派出所要我们的钱，要了几趟，最后给了2000元，那1000元说什么也不给了，也不给个手续。”

尹志军说：“人贩子和几个姑娘被抓到派出所过了几天，人贩子和另两个女的给放了，万开琼到了李桃英家，冯英就住在了派出所司机于贵柱家。

尹志军记得，农历七月初一，父亲给他打电话说介绍了一个对象，要他马上回家。他先是花了100多块钱买了一套新衣服把自己打扮一新，然后就坐上火车回了家。下午3点多钟，他在于家乡派出所司机于贵柱家里见到了冯英。

在尹志军的记忆里，“冯英上身穿着黑色衬衫，下身穿着裙子。个儿不是很高，脸是圆的，皮肤很白，反正不难看”。尹志军说他当时就看中了，冯英符合他的所有要求：长得挺好，会说话，也愿意嫁到他们家。

“七月初三，由于贵柱的女儿花花陪着，我们到集上买了订婚的衣服。七月初四，介绍人到家里来谈条件，第一，向派出所交5000元，再给于贵柱

2000 元，因为冯英在他家住了 20 多天，于贵柱家算是娘家人，2000 元是以后结婚时的嫁妆钱；第二，冯英的条件是要买三金（金戒指、金耳环、金项链）、组合柜、沙发、家庭影院、洗衣机、电风扇等。”

尹志军家答应了全部的条件。

“七月初六，我们交给了派出所 5000 元将冯英领回，很快就结了婚。所有的钱算下来我家共花了 23000 元。”

婚后，尹志军一家对待冯英“如同贵宾，吃什么买什么”。不料冯英穿戴着价值 3000 余元的衣物首饰于 2000 年 2 月 1 日逃跑了。

派出所究竟有没有卖人

冯英跑了之后，尹志军一家感觉上了派出所的当，数次去讨要那 7000 块钱。2 月 24 日，尹志军去派出所总算要回来了给于贵柱的 2000 元（实际是 1850 元，于贵柱说尹志军去年给他那 2000 元里有 150 元是假币），而另外的 5000 元，一直毫无结果。

数次与于家乡派出所交涉未果，尹志军一家只好找有关部门投诉。

3 月 6 日，井陉县公安局整理出了一份《调查报告》，称：

1999 年 7 月 24 日中午 12 时左右，于家乡派出所接到县局指挥中心电话：“群众举报狼窝村李桃英家有人在拐卖人口。”所长牛彦军立即带领民警赶到李家，将外地的一男四女带回派出所进行审查。经查，程林、叶华、陈兰、冯英、万开琼等以冯英、万开琼找对象为名骗钱。派出所决定让每人交 1000 元暂押款，7 月 28 日程林等人交钱后派出所将他们放走。

关于尹志军家从派出所领走冯英一事……尹志军和冯英谈成对象后，于 1999 年 8 月 16 日从于贵柱家领回冯英，所以冯英不是从派出所领走的。

关于尹志军交给于家乡派出所 5000 元一事……据尹志军、尹润喜二人讲，5000 元给了于贵柱。据于贵柱及其妻李玉梅、尹志华等人讲，5000 元是尹润喜给了尹志华（“媒人”——记者注），尹志华又给了李玉梅，李玉梅把 5000 元给了冯英。据尹成槐讲，5000 元是尹润喜给了尹志华，尹志华又给了李玉梅。据于家乡派出所所长牛彦军讲，尹志军没有交给派出所 5000 元。因此，尹志军没有交给派出所5000元，但5000元的下落说法不一，无法认定，需要找到冯英才能落实。

最后，井陉县公安局党委研究决定，程林等5人涉嫌犯罪，此案移交刑侦部门查处；牛彦军对案件性质认识不足，处理不当，负有重要责任，责令其停职检查；全力查找冯英下落，落实5000元的去处。

尹志军一家对这个《调查报告》很不满意，觉得它回避了一个最重要的问题——究竟谁将冯英卖给了尹家？难道没有在派出所交钱，没有将钱交到牛彦君手中就能证明于家乡派出所是清白的吗？

2月24日，记者到于家乡采访时，尹志军又一次去派出所交涉，那时牛彦军给他的答复是："另外5000元，有3000元'赔'给了吴家庄吴锁文，有2000元已上交，你家也不容易，我再给上边说说，看能不能再退给你家1000元。"

2月25日。于家乡派出所。

牛彦军说那些人不是人贩子是诈骗犯，但情节不严重构不成诈骗犯罪，罚了一些钱就都放了，共罚了三四千元。至于万开琼和冯英的被贩卖，牛所长的看法是："她们自己愿意留下来。"记者问："后来又跑了是怎么回事？"牛所长答道："婚姻自由嘛，后来又不愿意吧。"

虽然牛所长一再否认收过尹志军5000元以及前一天由司机于贵柱退还的那2000元，但是退给吴家庄吴锁文的钱、从人贩子那里罚的钱、上缴县公安局的钱，几笔账目他始终糊里糊涂地算不对，一会儿把上缴的钱改成3000元，一会儿把罚没的钱改成七八千元……最后他承认，他说过"跟上边说说，看能不能再退给尹志军家1000元"的话。既然没有收过尹志军的一分钱，不知道这1000元要从何而出，也许牛所长一再说的一句话是对的："时间长了，都记不清楚了。"

3月8日下午，记者在井陉县公安局再次采访了牛彦军。

对自己说过的话，牛彦军突然全部矢口否认。对于尹志军家发生的事情，他也表示一概不知。

然后，他就是不停地抽烟。

至于从程林那儿罚没的款项，牛彦军终于有了一个确切的数字，即收每人1000元保证金，总共5000元，全部上缴给县公安局，用作购买微机。

一场虚幻的“爱情”

3月3日。尹志军家。

尹志军的母亲躺在床上，据尹四喜说，冯英走后，儿子变得半疯半癫，老伴一气之下就病倒了。现在到派出所要钱又出了问题，她每天就只是哭。

尹志军的新房现在已经没有人住了，冯英的照片还放在桌子上面，墙角堆着没开箱的电器。尹四喜见到冯英的照片后，马上拿了过去，跟他的小儿子尹志明说：“把它丢了吧，志军见到会发疯。”

对于尹志军来说，忘掉冯英是一件残忍的事情。尹志明说他哥哥已经深深地爱上了那个女骗子。所以，冯英跑后，处于半疯状态的尹志军一直顽固地认为，冯英不是骗子，骗子是于家乡派出所和牛彦军。尽管除了他之外，一家人都觉得是于家乡派出所和冯英一起放了他们的“鹰”。

2月23日，尹志军给冯英写了一封信，用的不知道是他从哪儿搞到的“正定县总工会鹊桥联谊中心信笺”。信上说：“自从腊月二十六，我和你在井陉县买东西分别后，我特别想念你。你不应该一句话也不说就离开我。我是不会怪罪你的，因为我知道你特别想家。我妈妈现在也病倒了。我们全家都不会怪罪你的不辞而别。我现在整天吃不好饭，睡不好觉，变成了精神病人。我现在已到石家庄工作。如果你有良心的话，应该给我来封信。你如果回来的话更好。我一定会和从前一样爱你。”

这封信，尹志军最终没有寄出。尹志明怕哥哥睹物思人，就“送”给了记者。

尹志军处于半疯状态的时候，总会怀念以前与冯英在一起的快乐时光。他记得最清楚的是，一次村里凑钱请人来唱山西梆子，冯英说她没有力气，要尹志军背她去看戏。尹志军就背着她，小心翼翼地走了一公里多的山路。

想起这些来，尹志军就愈发痛恨当初给他“介绍”对象的于家乡派出所：“就是派出所骗的，不是冯英骗的。”

至于能否要回自己辛辛苦苦打工赚来的5000元血汗钱，他想都没有想。

尹志明说，他哥哥现在吃饭、睡觉都成了问题。事情解决之后，他们家准备把于家乡派出所和牛彦军告上法庭，要求赔偿精神损失。

贵州牌坊村：282 条光棍的心灵史

■ 何海宁

贵州省贵阳市牌坊村，这个 665 户 2249 人的山村，有 282 条光棍。

他们男大当婚之时，正是打工潮滚滚而来之时。光棍们未曾想到他们踏在一个历史的夹缝中。留下来，还是出门去，这是个问题。更大的问题是，无论留下来，还是出门去，他们都将面临一个婚姻窘境。

“我需要一个女人”

“你带个女娃过来，1000 块钱。”可能是觉得钱太少，他又伸出 3 个指头：“3000 块，怎么样？”

贵州省贵阳市牌坊村原名牌方村，处在崇山峻岭之中。2000 年三村合并时，因为“土地多”，就在“方”字边加了土旁，意为这里的村民世代以土地为生。

一条 8.3 公里的国家扶贫公路环山蜿蜒，串起数个汉、苗族寨子。2007 年 8 月 2 日，在回家的山路边，张成梁喃喃地对记者说：“你带个女娃过来，1000 块钱。”可能是觉得钱太少，他又伸出 3 个指头：“3000 块，怎么样？”

36 岁的张成梁有些秃顶，不时翻着白眼。“他脑筋失灵了，连 123 都数不清。”父亲说。张成梁的逻辑思维天生有缺陷，但日常行为与常人无异，他这些直愣愣的话正说出了光棍们沉默的心事。

村里几乎没有适龄未婚女孩，在册的 60 名其实早已“逃离”这里在外打工。

相反，这个665户2249人的山村有282条光棍，约占男性总数的1/5。30岁以上的光棍俯拾皆是。最大的光棍65岁。这里的男女比例（以女性为100，男性对女性的比例）是134.7，远高于全国2005年人口抽样调查的106.3。

张成梁无法从事需要思考的农活，比如种田。白天他抽着烟杆在村民家里闲聊，有人开玩笑说他是“处男”，他便愤怒地瞪眼；晚上回到木头房的阁楼上闷睡，房里除了撑着塑料膜“蚊帐”、铺着稻草的床，以及堆放在竹竿上的衣服之外，一无所有。

村里其他大部分光棍身体健康，而生活与张成梁如出一辙。不同的地方是他们或外出打工，或种地，种植玉米、水稻、烤烟。

这不仅仅是牌坊村的故事。“全乡8个行政村，光棍至少有1500多个，最多的村有300多个。”高寨乡（下辖牌坊村）计生站干部杨绍伦说。他今年50岁，丧偶，有个5岁小孩，也找不到女人续弦：“我需要一个女人，50岁以下，不能生育的也行。”

没有老婆的四处讨老婆

女孩到家里“考察”后说：“你太穷了。”他把气憋在心里，大喇喇地说：“穷你就走吧。”

除了偶尔有登记结婚的村干部，大部分村民在近两年已看不到热闹的婚礼。村委会主任兼村支书杨学品把光棍问题归咎于贫穷。全村面积23.11平方公里，几乎全是山地，田地只占不到2%。2006年人均纯收入只有800多元。

40岁以上的光棍有60多个，他们是认命的一代。每当讲起婆娘问题，都会心一笑，给出一个出奇一致的回答：“条件不好，找不到嘛。”

农闲时，董学魁独自在家编着竹筐。他从不出远门。平时，他自己做饭、洗衣服，腰间别着钥匙，独守空房。弟弟经常外出打工，在家也不愿意煮饭，他认为这是女人的活。兄弟两个都是光棍。“在家里，他（指董学魁）就是女人，弟弟是男人。”一名村民打趣说。

董学魁腼腆地笑了。有时他会不经意地自嘲。家里养着几十只鸡，小鸡总是想溜进屋里觅食,他“喝”一声,把鸡吓出丈外,随口扔出一句:“婆娘找不到,鸡婆养了一堆。”

近几年,40 岁的董学魁每年都会有几次相亲,但都无功而返。现在,他已经对讨老婆不抱希望,连相亲都懒得去了。

他姐姐已经外嫁,两个哥哥结婚后分家了。4 年前父亲去世后,家里只剩下他和弟弟董学彪。两人借钱在公路旁修了 4 间房的水泥平房,住在一起,比其他村民的茅草房、木房要显得气派。这使他有了“筑巢引凤”的资本。

然而他依然找不到老婆。光棍们希望能生儿育女,但他们恰恰卡在尴尬的年龄段:年轻女孩外出打工,有更好的婚姻机会;中年寡妇或已结扎,或带着子女,再生育的话,原本贫寒的光棍家庭无法承受多子女的生活重担。

董学魁成了村里条件较好,但讨不到老婆的“典型”。“条件好的女方看不起他。条件差的,他又看不起女方。”弟弟董学彪说。

董学魁的好条件其实仅限于现在。在 20 世纪 90 年代,他跟其他光棍一样过着穷日子。全家住在山坳里的木房——4 年前倒塌了。耳聋的父亲、生病的母亲被看成是“累赘”。那时,兄弟俩并没有讨价还价的资本。

35 岁的董学彪跟哥哥一样,喜欢把夹克奋拉到胳膊上,一副吊儿郎当的模样。他同样相亲无数。20 多岁时,他第一次相亲。女孩到家里“考察”后说:“你太穷了。”他把气憋在心里,大喇喇地说:“穷你就走吧。”

但随着年龄增大,他变得像热锅上的蚂蚁了。半个月前,有个在江苏打工的老乡打电话,说要帮他介绍女朋友。他不假思索就坐上火车,来回花费 2000 多元。结果是传销骗局,他又狼狈地逃了回来。

更早的时候,有 3 名外地人开车到另一个寨子里,边拍照边散发招工传单,附带一个更诱人的条件:介绍对象。话一传开就变成“外地人带女人来了”,全寨都轰动了。

7 月 31 日,三五村民在董家闲聊,董学彪感慨这个社会骗术太多了。“他是想女人想疯了。”一个村民说。董学彪讪笑着,手里正在编织哥哥未完成的竹筐。忽然他把竹筐一扔,长伸一个懒腰。“太累啦!”他闷吼了一句。

有老婆的要守住老婆

他一直没有寻思再“骗婚”，只是念叨着：“啥时候把离婚手续给办了啊？”

“没有老婆的四处讨老婆，有老婆的要守住老婆。”本村的“丑事”有时候让村委会主任杨学品“羞于启齿”。

村里的光棍数据没有包含另一个群体：老婆“偷跑”的单身汉。数量不得而知，但每每问及，任何一个村民都能掰着指头数出几个来，连带一声叹息：“娃儿都生了。”

44岁的董学奎还保存着结婚证，黑白双人照挂在墙上的镜框里。“她肯定又结婚了。”当着11岁儿子的面，他粗着嗓门说。他母亲跟孙子打趣：“带你去找妈妈，好不好？”孙子别过脸去：“不！”一甩手，把凳子上的猫打翻在地。

1996年，老婆丢下8个月大的儿子，不辞而别，至今杳无音讯。说起来，这老婆也是他侥幸“骗”来的。

十多岁时，他便开始相亲，但没有哪个本村女孩看上他。家里住的是茅草房，有7口人，一个弟弟卧病在床。有亲戚指点他：“到更穷的地方去找。”31岁时，他漫无目的地去到县城汽车站，一个“生意人”搭讪说毕节地区黔西县可以做药材生意，他就跟着去了。

后来董学奎知道“生意人”是人贩子，便撇开他自己找对象。经熟人介绍，在一个满山都是石头的村里，他认识了一个17岁的农村女孩，“我哄她，说我们这里经济比她们好，我在外地打工，家里有钱”。女孩相信了，带着父母到他家看看。

董学奎提前回家“布置”了一番。他借来亲戚家的木房，说这是他的房子，把女孩一家安排在那里。这一招蒙住了女孩。女孩父母走后，董学奎就换回自家茅草房，女孩意识到被骗了，但木已成舟。她没有路费回家，当时也没有电话。在接下来的两年里，吵嘴成了家常便饭。

结婚两年后，老婆的父母过来看她，她没有揭董学奎的老底。后来说要回家过节，跟着父母走了。一直不见老婆回家，董学奎跑去黔西接人。老婆说“要回来就回来吧”，但一到黔西县城，她便“走丢”了。

董学奎又去找过老婆家、村干部、县政府，但都没有办法。一晃11年，家里父亲、弟弟陆续去世，3个妹妹嫁到外地，他也一直没有寻思再“骗婚”，只是念叨着：“啥时候把离婚手续给办了啊？”

没有人嘲笑他。“这种事情不稀罕。”37岁的董学普说。他是董学奎的表兄弟，住在隔壁，也是在黔西找的老婆，“本村的不好骗了，只好去外面骗”。9年前，他们夫妻一起到贵阳卖菜，准备还清结婚时3000多元的借款。过了不久，老婆便悄悄走了，丢下两个孩子，最小的才1岁多。

这表兄弟算是“幸运”的。陈老二在10年前花了3000元买了一个外地老婆，不到几天便“失踪”了。谈及此事，陈老二闷头整理刚刚摘下的烟叶，任由旁人哈哈大笑。

守住了土地，娶不到老婆

张永兰临走时，怂恿六哥张永华一起去。但张永华的回答让她至今都记忆深刻：“我才不去呢。打工几年始终是要回来的，那还不是要种田？”

老一辈家中常有四五个子女，儿子找不到老婆，但女儿远嫁他乡，几乎没有哪个女孩愿意留守这一片土地。村里的新生代在减少，2006年村里新生婴儿只有6个。

这几天，张永兰带着11岁的女儿回家探亲。女儿不会讲贵州话，第一次骑牛，吓得用绍兴话大喊：“快点！我要摔下来了！”张永兰大概一年回家一次，“还是家乡好。夏天忙一点，冬天就闲了，就可以去旅游”。

不过，如果让她再选择一次，她说她依然会义无反顾地离家外嫁。

20世纪90年代正是现在30岁以上光棍的婚娶时期，他们的婚姻大事夹杂在滚滚而来的打工潮中。问题在于，牌坊村的女性更迫切地走出去。而男性，更愿意守在家中。

早几年，村里大批女孩已经离家打工。老一辈固守乡土的传统开始土崩瓦解，一部分女孩甚至下意识在抵抗这种本分思想。

1995年，20岁出头的张永兰准备到浙江绍兴打工。父亲不同意，说“女娃大了就嫁人”，到手的车费又被父亲要回去。张永兰比父亲还倔，她带着90元私房钱，偷偷溜走了。

“我们就想要赚钱，将来结婚才能用。”经济上的独立让她们对婚姻有了更多的选择。后来她嫁在了绍兴，如今已经能讲一口流利的当地方言。

也有一些女孩被拦住了，陈妹（化名）是其中之一。当记者看到她时，她正抱着一捆毛豆上坡。她说“不后悔”，婆家虽然穷，但好在丈夫对她很好。当年，她连衣服都备好了，却无法踏出家门，上街也被父亲派人盯着。接着，她嫁在了本村。

和女人相比，在打工潮开始之时，男人们不愿意离开土地。张永兰临走时，怂恿六哥张永华一起去。但张永华的回答让她至今都记忆深刻：“我才不去呢。打工几年始终是要回来的，那还不是要种田？”

张永华家头屋（相当于客厅）的墙上贴着“祖德流芳”，下面是“张氏堂上历代宗祖考妣位”。靠近地面的墙上是“金玉满堂”，贴着对联：土中生白银，地内出黄金。“这是一个家最重要的地方，上祭祖，下祭土。”张永华说。无论是茅草房、木房，还是水泥平房，村民在头屋都供着祭祖的牌位。

这代表了牌坊村两个传统：孝敬父母，固守土地。

村里一直流传着习俗：结婚的儿子分家出去，光棍跟着父母住。年迈的父母经常被笑称是“家庭负担”，但没有一个光棍选择背弃父母。

1990年代日渐成型的光棍们，未曾想到他们正踏入一个历史的夹缝中。留下来，还是出门去，这是个问题。更大的问题是，无论留下来，还是出门去，他们都将面临婚姻窘境。

留下，周围的适婚女子越来越少，因为她们一个个热切地奔赴城市而去。

出去，他们在婚姻市场中更处于劣势——按照一种叫做“甲女丁男”的朴实的婚姻迁徙链条，女人总是会寻找高一层次的男人，那么最后被剩下的便是“甲女”和“丁男”。在中国近20年的人口流动中，从乡村走出去的女子可以在外边找到高一层次的男子。从乡村走出去的男子却不容易遇见比自己还低一层次的女人。因为在城市里，他们彻底处在社会的最底层。

“我上门也行”

这3年来，他连一次相亲机会都没有，村里只有一两个未婚女孩，但也“看不起”他，尽管他已是村委会主任助理。

2004年底，夏明凯结束了在深圳4年的打工生涯，准备回家娶妻生子。

村里现在有1/3的人在外打工，包括89名光棍。光棍们清晰地勾勒了一个思想变迁史。最早的一批压根就不出门；随后的一批出了门又回来了，他们多是20世纪80年代以前出生的汉子，觉得还是应该回乡娶妻；最近的一批，80年代以后出生的年轻男孩彻底没有了父辈的思想束缚，他们喜欢城市的生活，很多把婚事办在了外地。

29岁的夏明凯属于中间那一批，他到外边的世界探了探头，却依然把山村视为归宿。

夏明凯在深圳一家鞋厂打了4年工。曾幻想待在深圳，不再回到家乡。“那里是沿海，经济发达。”但2004年底，他还是回来了。“我现在很后悔。”

可以确认的是，父亲的意见起了作用，“父亲觉得还是家里好”。至于他，曾经比较清晰的期盼，就是在家乡找个老婆。

他觉得在外面交女朋友很难：“我们条件太差、太穷，想来贵州的女孩太少太少。要把女孩子骗过来也不是个好办法。”一些女孩一听说是贵州，第一反应就是：“那里很穷吧？”他很反感：“她们都没有来过贵州！”

2002年秋天，他偶然认识了一个江西女孩，小他3岁。女孩被分配到他手下学习技术。一来二往，两人谈成对象。有时女孩会问起他家乡的情况，他刻意回避了。他想过带女孩回家拜见父母，最后也放弃了，“我怕”。他说原因很复杂，在内心，连他自己也不愿意回到家乡。

这段不坦诚的打工情缘注定无法稳定发展。那年年底，女孩想带夏明凯回江西过年，一名江西朋友却告诉他，他去了女孩家就不能再外出了，这是那边的风俗，他等于是给人当“上门女婿”去了。他临阵脱逃没去江西，两人就此悄然分手。

夏明凯回到了牌坊村。带着赚到的几万元，这本来足够他筹办一场婚礼。

后来这笔钱投入了养殖业，到现在已养了20多头猪。

8月3日，他趁着记者采访的机会，希望记者能帮他找个对象。“广州、深圳那边女孩挺多的，我上门（当女婿）也行。”

这3年来，他连一次相亲机会都没有，村里只有一两个未婚女孩，但也“看不起”他，尽管他已是村委会主任助理。

“这里的光棍大都吃苦耐劳”

“光棍没有给村里的工作带来什么问题，他们还是很支持工作的。”

约两个月前，村委会主任杨学品接到电话通知，县计生局要来检查计生工作。一见面，他们的问题把杨学品逗乐了：“村里有多少光棍？”“有没有治安问题？”

这是杨学品第一次把光棍和治安问题联系起来。实际上，早在2004年，两名英美学者合著的《光棍：亚洲男性人口过剩的安全意义》就引起了国际学术界的关注，该书把中国、印度两个人口大国的光棍跟安全问题挂钩。这导致了当时的一场辩论。

有一件事让杨学品印象深刻。大概在1997年的一天，凌晨2点多，一群村民闹哄哄地敲开了他的家门。他定睛一看，院子里一前一后蹲着一对男女，双手被捆绑，串在一起。

男的是43岁的光棍，家有6弟兄，只有他未婚。被绑的妇女住在他隔壁。几天前，妇女的丈夫隐隐感到光棍和妻子有染，但抓不着证据。后来他撒谎说要外出打工，纠集了一帮亲戚，在半夜潜回家中。当家门被踢开后，光棍被当场抓住。

杨学品的工作是调查有否强奸。“双方是自愿的，互相看得起。”他说。他对光棍只是说服教育。丈夫不服，天亮后去到乡政府，处理结果一样。

记者在村里采访，听到各类事关男女的传言，比如某家四个兄弟共一个老婆，某人在广州打工和有夫之妇纠缠闹出人命之类。仔细去问，均是语焉不详、查无实据。

每个季度，牌坊村的村委会将全村人集中起来学习《婚姻法》、《刑法》等法规条文。“光棍没有给村里的工作带来什么问题，他们还是很支持工作的。”杨学品盖棺定论。

不过县计生局下来检查时，杨学品还是说了自己的心事：“既然你们下来检查，请你们帮个忙，有对象的话介绍一下。”

村委会主任助理夏明凯希望能登个征婚广告。他想替全村光棍征婚：“这里的光棍大部分都是吃苦耐劳，做事踏实，很多是初中以上文化。这里有铁矿、煤矿、两个溶洞。”他像是在招商引资，“通过招商联姻，一举两得”。

“你是读书，还是翻土？”

“我决不愿意孩子种地，读书不行就出去打工，不要在这里了。”

35岁的董学彪看上去多了一则生活哲学：“先赚钱，后娶亲”。过几天，他准备外出打工，“我还年轻，要找点钱，风风光光讨个婆娘，再过几年就完蛋了”。

他的根还在牌坊村，打工更像是一种娶老婆的手段，但或许能在外面碰到合适的人选呢，“我也不知道以后的事”。

现在每逢过节，村里家家依然在祭祖，但观念已经改变。30岁是一道泾渭分明的坎，父辈选择固守家园，子女选择离开。如今，后者的选择，也成了父辈的强烈愿望。

21岁的邓明学在湖南上大专，每年需要贷款6000元。他妹妹今年高考没考好，准备复读一年。小学六年级时，他曾不想读书了。父亲没有骂他，第二天带他去田里翻了一天土，晚上回到家，他累垮了。这时父亲说话了：“你是读书，还是翻土？”他没有再犹豫：“我去读书算了。”

“我们这一代读书的意识很强，都想出去。女孩也想读书，读不了就出去打工。”邓世杰说。他刚从南京一所本科大学毕业，正在上海一家物流公司实习，即将正式开始工作。他的两个姐妹也都外嫁，村里只剩下父母。

回到村里，他穿着白衬衣，系着红领带。晚上父亲放牛回来，满身泥土，两人恍如不同时代的人。在皎洁明月下，他构思着职业蓝图，计划在 5 年后建立自己的公司。父亲在屋里抽着闷烟，默默地收拾着碗筷。

有子女的单身汉也期盼孩子能走出去。老婆跑掉的董学奎，儿子已经跟他一般高，马上要进初中了。每个学期 100 多元学杂费，每周还需 20 元生活费。2006 年，家里收成的玉米、大米换回 2000 元左右，供孩子读书有些吃力。

但这不能动摇董学奎的决心："我决不愿意孩子种地，读书不行就出去打工，不要在这里了。"至于他自己，早已不再想着盖房子，讨老婆，"我只想安安静静生活了"。

董学奎家门前是山坳，可以望见远处层峦叠嶂的山脉。在雾气朦胧的天边，他说那就是贵阳："晚上灯光很大，整个天空都红了。"他双手合拢成圆圈，瞄着眼，望向想象中的贵阳。

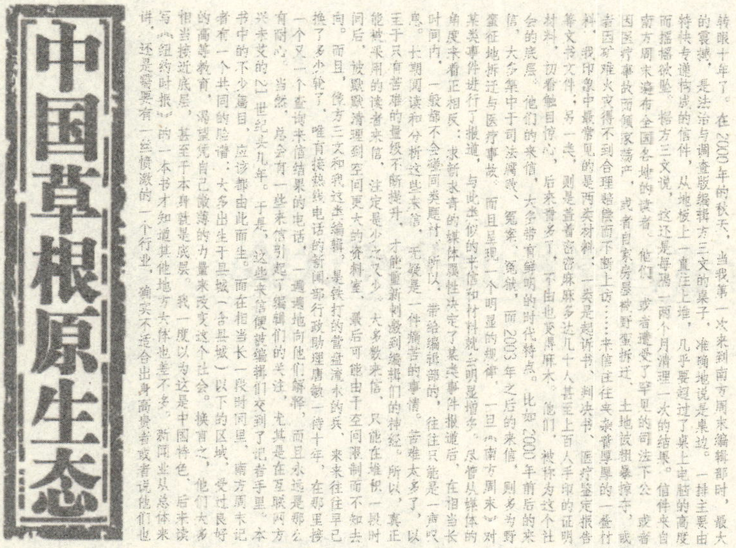

第肆辑

苦涩的课堂

一所慈善学校的苦涩试验

■ 翟明磊

有人说：不相信梦，不相信理想，只相信物质和消费，这是20世纪70年代生人的最典型的精神特质。

可你相信吗，从2000年1月开始，在安徽利辛县一所破旧的乡村学校，先后有30多位来自大城市的民间志愿者，放弃了安逸的城市生活，来做一名乡村教师，从无到有地办起一所乡村中学。

那是怎样一所学校啊：校舍全都是危房，所有的窗玻璃，只有1/4是完整的，其余的就用塑料布或木板挡着；志愿者常常一个月吃不上一次肉，只能靠想象解馋，连学校的两条小狗都被叫成了“火锅”；孩子们拿到篮球，只会紧紧抱在手中，歪着头左看右看——他们根本不知道篮球怎么玩，甚至不会拍球；下雨天，操场上全部成了泥浆；孩子们在雨中打乒乓球，用纸与木板做的球拍；没有食堂，一下雨师生们就只能在雨中吃饭，雨水落在碗里，打在鼻尖上……

在这样的生存环境中，这些全都是大学毕业生的城市志愿者，每月只拿200元生活补助，一待就是一年甚至几年。一个叫顾菁的广州女志愿者，原是公司白领，待了半年后，竟然瘦了20斤，当全身红点的她被送到医院治疗时，医生的诊断是：缺乏营养，臭虫咬的。

没有人逼迫他们，这些大多于70年代出生、在消费主义逐渐盛行的时代长大的年轻人，绝大多数受过很好的教育，有一份很不错的职业，他们中除了公司白领，还有政府职员、教育专家，甚至海外归国留学生。他们的所作所为，只为了一个理想：中国要想进步，就必须切实从改革教育做起。

他们的目标很清晰：从改革中国的乡村教育入手，利用城市里大量的慈善资金，募集善款，召集有志青年，从我做起，从复兴学校做起，把青春与才能“空降”到最需要的穷困乡村，逐步推广这种由民间志愿者管理的复兴模式，一步步改变中国乡村教育的困境。

这是一些有着炽热理想主义情怀的年轻人，他们真诚，他们实干，然而3年多下来，他们笑着过来，咬牙度过，含泪离去。2003年3月底，最后一个志愿者也选择了离开。

“记下我们的教训，留给后来人。”在接受记者采访时，几乎所有志愿者都这么说，他们是清醒而自觉的，“这应该是一个完全透明的事业，而我们是真诚的失败者。”

村里来了大学生

复兴学校的创办，始于2000年的第一天。大专毕业的当地青年杨华，再也忍受不了当地孩子失学厌学严重的状况，未经任何部门批准，就在村里贴了办学告示：自己不拿一分钱，也要为失学的孩子们上课。

尽管这个学校发不了文凭，收的都是其他学校放弃的天学生，初中二年级还在上本该小学一年级就完成了的汉语拼音课程，还是受到了村民的欢迎。杨华给学校取名复兴，“意为中华民族的复兴”。

学校老师不够。把军用挎包一背，再塞进学生作文本和教师证，杨华去了北京。很幸运，在北大游荡时，他遇到了北大法律系毕业生殷永纯，以及殷永纯的朋友、河北理工大学毕业生赵志雄。殷永纯一直有志于教育事业，赵志雄在一家广告公司工作，但厌恶广告业的虚伪，两人抱着将信将疑的态度来到了利辛。

这一来，他们的人生轨迹彻底改变了，朴素的崇高感让他们留下来：为欢迎他们的到来，村里人都端出了自己家的好东西，孩子们为他们下河捞虾，这是当地所能吃到的最好美味。更重要的是他们都在农村长大，都知道农村孩子最需要的是什么。

于是，3个老师七八十个学生的民间学校开张了。百废待兴：没有校舍，他们在马路旁租了两间房，旁边就是村里的接生站；没有黑板，就在墙上刷几道黑油漆；没有桌椅，连庙里的香案都派上了用场；甚至没有粉笔，孩子们就到别的学校捡粉笔头来给老师用。

条件实在太过艰苦了，有好几次殷永纯们都想离开学校，但最后还是坚持了下来。支撑他们的，是他们心中诗意般的深厚情感。

在有月光的夜晚，赵志雄常带孩子们去河边练习英语，背诵语文，他鼓励孩子们“把心中的希望大声说出来，喊出来”。在日记里他写道：“今夜月光如水，我带着几个学生在公路和河边唱歌游荡，仿佛一群昼伏夜出的精灵。我们的声音和影子飘在空中，天地间仿佛只有我们几个在活动。这是一支没有乐队的剧团。我们自己的声音便是天籁，我们的歌舞来自远方，只为把沉睡的唤醒，让沉默的开口，让悲伤的轻松起来。”

这是殷永纯给学生作文的评语：“其实，我早就看出了你眼中的忧郁，只是你从来都没有诉说过，别害怕，孩子……因为你已长大，可以解决好多事情了，总之，只要你努力去做。还记得我对你说过的话吗？”“记住，你有自己的前途！关键是：自己掌握自己的命运！”

3个孩子王不收学费，家长给一点算一点，没有会计，账目支出全靠自觉。在这种以爱为主导的教育方式下，那些从没有见过不打人的老师，也从没见过和他们吃睡在一起，教他们人格自觉的老师的当地孩子，他们的自尊心被第一次唤起。

一个叫苗翠芳的孩子写道：“在我的心里，有一个高大的身影，他（即殷永纯——记者注）像一颗空灵的蓝水晶一样散发着诱人的香气，他用全身心的爱教育我们，让我们每一个人都有成功的希望。在这个世界上，金钱可以买到山珍海味，可以买到金银珠宝，也可以买到丝绸罗缎，就是买不到一个真真正正为学生、为国家、为民族献出爱的人。”

师生之间，深厚的情意开始生长起来。没有任何体育器械，老师与孩子们只能蹦格子，看谁跳得远。但那场面让人难忘：赵志雄赛完坐下，立刻有几个孩子挤过去，坐在他旁边，小猴子一样，有的扯衣服，有的摸鼻子，一个女孩子竟拉着他的胳膊把脸靠上去。

冬天没有火炉，孩子们手冷，都抢着把手伸到老师衣服里暖手；老师的手冷，学生也拽过来，放到自己怀里……

更多志愿者到来

殷永纯们的奋斗引起了媒体的关注。2001 年 2 月，在北京一家全国性媒体报道了他们的事迹后，鼓励信与捐款过来了，更重要的是，受他们的感召，一批同样充满激情的志愿者从全国各地赶来。

在田埂上，殷永纯、赵志雄接受了香港与北京志愿者衡理等人的建议：成立董事会，办一所财务公开透明的公益学校；董事会通过网络远程管理学校并公开募集资金，校长对董事会负责；向全国征集从城市来的教学志愿者，每个志愿者至少当一年的乡村教师。“我们要完成一次教育远征，用城市文化和现代管理，来改变农村教育。”

2001 年 8 月，感动于志愿者的热情，利辛县政府予以大力支持：将一所有 500 名学生的肥东中学，连校舍带学生无偿并入了复兴中学，同时过去的还有志愿者们严格挑选的十多位当地教师。县政府放手让志愿者们按自己的想法办学。

复兴学校成为国内第一所由民间志愿者集资管理的乡村慈善性中学，殷永纯与赵志雄满怀着一个美好的理想：开创完全不同于希望工程的乡村教育模式，如果民间试验成功，他们想把复兴模式推向全国农村。

第一批志愿者过来了，他们背着旅行包，带着天文望远镜，全都来自广州、深圳、北京、上海等大城市，每人都至少是大学学历。满地尿水的厕所吓不倒他们，上课钟挂在树上，两个板凳架上门板就是床，泥巴墙上糊上旧报纸。“城市应当回报农村了，农村孩子们也应该有一流的教育。”志愿者们彻夜深谈。

这时，3 个创业者间发生了严重分歧，杨华认为：“学校就是我的，你们是给我打工的，只要我杨华在，你们娶媳妇盖房子的钱学校包了。”在激烈的争吵后，杨华离开了学校，用 3 万元捐款在自己的宅基地上盖了新房，重新招生，但难以为继，最后杨华娶了媳妇，过上了简单幸福的日子。

超出想象的现实

尽管早有思想准备，现实困难还是超出了志愿者们的想象。

更大的问题是学生素质参差不齐：大部分小学毕业生不会乘除法，不会写作文。有志愿者老师出了个作文题——“童年趣事”，结果有一半的学生走题，还有几个学生写的是自己或同学童年“去世”。

一个班英语及格的只有六七个，没有一个学生考上县高中。而在当地，只有考上县高中才有可能考上大学。

更糟糕的是，许多孩子厌学，他们的理想是打工。复兴学校所在的村庄离公路并不远，地处平原，家家有人外出到南方或上海打工，40%的学生家庭长年见不到父亲或母亲。家长基本上无力过问孩子的教育，只能放手让老师管，甚至称“只要管好了，老师打也行”。

有志愿者开始掉头发，不少志愿者老师每天改作业要到半夜12时，每一个人都消瘦得厉害。

矛盾：难以适应的财务制度

焦虑的志愿者内部，不协调的声音也开始出现。

对多数凭着热情参与这项事业的志愿者来说，严格的财务管理一时半会还难以适应。创办人殷永纯就说：“既然相信我，就应当放手让我干。”而大多由海外学者和职业经理人组成的校筹委会则认为，没有监督的权力肯定会有问题。要殷永纯立即完善财务，交出账目。

从没有记账习惯的殷永纯苦苦学习财务。他第一次感到筹委会是个“巨大的责备机器”。一次喝醉后，殷永纯喊道：“我不要我爸，我不要我妈，我不要衡理先生。”

一笔4800元学费的丢失，成了双方难以化解的心结。逼账半年未果后筹委会失去了耐心，最后决定撤换殷永纯的校长职务。而面对筹委会的不信任，更有人贴他的大字报，殷永纯也伤透了心，他甚至天天躲在角落里一人流泪。这又被认为是在故意逃避账目问题。

2002年2月，在被撤掉校长职务一年后，副校长殷永纯在会上突然宣布不承认筹委会，并发起了一场运动：要由学校老师公选校长。但筹委会不承认这一结果。至此，这位深受学生喜爱的老师，带着部分志愿者愤怒地离开学校。

但一个共识被确立下来：明确的账目，是这项公益事业的生命。继任的校长赵志雄已习惯了将每天的开支打入电脑，精确至元和角。复兴中学第一次有了可以对外公开的清晰账目。

那一天筹委会有人哭了。他们知道，为了这一时刻的到来，他们付出了太大的代价，失去了不应失去的同志。

困难重重

账目建立起来了，筹委会却没有筹到钱，原因很简单，由于国家不批准新的基金项目成立，复兴学校无法借此公开募集资金。“我们无法用个人的声誉承担集资风险。”大部分由职业经理人、学者等组成的筹委会解释说，“实际上学校的钱大部分是筹委会人员自己的捐款。”

渐渐地，志愿者老师们也失去了对筹委会的信心。

有志愿者认为，筹委会有一个致命伤：由于组成人员多有海外背景，他们处理中国农村教育的方式和做法有时并不适应中国现实。“他们说要建一个厕所，请了专门的工程院设计，而按环保标准，光一个标准的4米深的化粪池就需要上万元。而且迟迟无法落实。其实我们只需要当地泥水匠盖间有水泥地的厕所。”一位志愿者老师称。

筹委会召集人衡理是位在中国内地生活了十多年的香港职业经理人，他按香港的标准，坚持实行严格的慈善事业制度。他把远程志愿者的任务细分切割成每人每一星期一小时，而小额捐款者最低以每月50元长期捐助。

而实际上，远程志愿者往往会抱着业余献爱心的心态，一旦发现自己要付出远远不止一个小时的时间和精力时，他们就消失了。

“中国的乡村教育往往是投入毕生精力也难以有成效。我们低估了这一事业的难度。”一位筹委会人士称。

前方的志愿者老师也有问题。大多数志愿者是出于对民间教育的兴趣和牺牲精神而来到这里，但也有的是想避世。有个人甚至说要卖了全部家产来当常年志愿者，原来是在商场上失败了而看破红尘。

由于不拿工资，也没有约束力，有些志愿者带有很大随意性，对当地老师与农村文化不够尊重，当遇到意想不到的冲突时，有人往往选择一走了之。由于志愿者频繁更换，甚至出现过一个班一个学期换了7名英语老师，对学生感情伤害很大。

在上海的远程志愿者也同样碰到了问题，一谈到大的框架与概念，大家滔滔不绝，可是一到具体做事，却无人去实实在在地完成。至今连募捐班子都没有搭建起来。

冲突：在当地老师和志愿者之间

志愿者们还面临着如何与当地文化和谐相处的难题。

2002年12月26日，记者从上海动身到达复兴学校采访。刚到第二天，志愿者蔡战老师就告诉记者，他要离开复兴学校了。几天前几个人踢破了他的宿舍门，拍着桌子让他滚蛋。而此时这位满怀理想、曾徒步穿越数座雪山的汉子才刚来几个月。

另一件事是：张老师是一位有威信的当地老师兼副校长，但有一天张老师连续两次体罚一个不听话的学生，这引起了反对体罚的志愿者老师们极大的愤怒。

当筹委会没有带来当地老师想象中的大笔资金时，摩擦升级了。最后，筹委会被迫撤消了张的副校长职务。这位能干的老师离开了复兴中学。

“张是位教学上很不错的老师，他也没有办法摆脱这种做法。”一位志愿者老师沉痛地说。

志愿者同样存在问题。他们中有些人认为当地文化是落后的代表，有人甚至说他们来复兴中学是“用城市文化殖民的”。还有人说：“未来中国只需要25%的人种田，其余农民将进城成为工厂劳动力。”持类似观点的志愿者，已经失去了赵志雄们对农村孩子的心灵关注，更看不起当地老师的乡土腔调。

当地老师对志愿者也有想法：“他们不睬我们，是不是觉得我们傻？有的志愿者，一进门就把门关起来，还写着‘请勿打扰’。”城市志愿者保持私人空间的做法，成为没事爱串门的当地老师最敏感的痛处。

在这样的情绪影响下，志愿者与当地教师之间很难合作，在教学上，双方经常各行一套。

没有当地老师的帮助，志愿者也难以控制班级的秩序。由于优秀生流走，在复兴学校一个班差生往往占了80%。为了学习有所成效，志愿者老师不得不分班。看着被抛弃的差班学生失望的面孔，志愿者老师的心在滴血。

连赵志雄也不得不板起面孔，请调皮的学生走出教室，罚站。沉重的教学使他失去了欢笑，失去了爱心。

艰难的沟通

2002年12月下旬，当地老师与志愿者之间的冲突日趋激烈，为协调双方的矛盾，当地教育主管负责人和筹委会召集人衡理等来到了学校。记者也旁听了志愿者与当地老师的座谈。

当地老师："我们现在4个教室都是危房。慈善学校投资到底能到哪个数？公办学校每个月奖金比我们多，每年还有四五万元办公费下来，志愿者少来一点还可以给学校省点钱，你看学校乱糟糟的样子。志愿者能不能管理学校？"

衡理："你们想没想过：没有现代化管理是集不到资的。没有平衡账，没有年报是集不了资的。没有志愿者过来，也不会有人捐钱的。志愿者每人每个月拿200元，五湖四海的生力军，如果你们不欢迎，对他们挫伤是很大的。"

志愿者："你们不是想知道蔡战老师为什么要走吗？不是他吃不了苦，是当地老师伤了他的心。"

长时间的沉默，有老师嘀咕："他总是抬头看人，不睬我们。"

志愿者："打个比方，有几个年轻的科学家想帮助当地提高亩产，几乎义务下乡做试验田，这对当地农民是好事，而科学家们不会占田，甚至不会带走一块砖头，但是当地老农民看不惯他们穿白衬衫，看不惯他们科学的办法，不仅不帮忙在边上看笑话，还在地里掺石灰，这荒不荒唐？"

当地老师都笑了。

…………

座谈会开了一下午，在教育主管领导和衡理等人的沟通下，当地老师与志愿者终于坐在了一起，晚上大家喝了一顿团圆酒。

这样的沟通进行了多次，看起来很有成效。然而没多久，事情又回到了旧的轨道。

“我们愿意教书，我们愿意受苦，但是我们再也不愿做当地老师不欢迎的人。”越来越多的志愿者对复兴中学失望了。

志愿者们纷纷离开，各种借口地离开。

尴尬结局

2003 年 3 月，赵志雄——这位复兴学校创办者和最长时间的参与者——也选择了离开。这成了志愿者们大规模离校的导火索。

他的离开，源于学生周翠的一篇文章。周翠是赵志雄班上的才女，在目睹了学校的风风雨雨后，这个孩子写了一篇作文《假如我有一朵七色花》：

> 假如我有一朵七色花，当我摘下第一片时，我要让我自己重新活过。因为我不想认识现在给我伤害的人，更不想得到“朋友们”给我的欺骗，因为我为他（她）们伤透了心。
>
> 假如我有一朵七色花，我将永远都不想到赵志雄，因为他已经变了，变得那么不可思议了。他显得很自私，很自私，也很残暴，他不再是那个善良、可爱的人了！
>
> …………
>
> 假如我有一朵七色花，而它只剩下最后一个花瓣，我将会让它把我带走——我将选择死……这个世界，在我看来，已经不再辉煌灿烂了。

孩子的心是纯净的。

赵志雄把文章贴上了论坛。他和志愿者们终于认识到，太多的矛盾、太多的纷争，让他们偏离了教育的本义。而在不知不觉中，孩子们受到了伤害。“我应当重新去学教育。”他离开了复兴学校。

已经离开复兴学校的殷永纯也看到了这篇文章，殷永纯一度痛心疾首地认为自己的行为谁都对得起，但现在“对不起学生”。

在复兴学校，志愿者有太多的疑惑了。一群抱着美好愿望过来的人，看到了最不美好的东西。

“是我们承担了根本无法承担的责任？还是……”志愿者们在静静地思考，“假如我们多一点耐心，多一点信任，多一点……”

2003 年 3 月底，最后一批志愿者撤离了复兴学校。一场曾鼓舞人心的教育改革实验归于沉寂。

新的希望

沉默。没有了志愿者的复兴学校仍然存在。真的是一切都沉寂了吗？

有人还在坚持。负气出走的殷永纯带着 6 个志愿者住进一幢未完工的破楼，办起了复新学校，这 6 位志愿者全是复兴的第一批老师。两年过去了，复新学校已招到了 100 个学生，殷永纯们决心一辈子留在农村。

而在上海的复兴学校召集人衡理痛定思痛，请教了中欧管理学院，决定改变做法，重组筹委会，建立职业化工作队伍，召集志愿者重返复兴——那个梦开始的地方。

寻找乡村教师马骅

■ 易 颖

年轻的义务教师马骅在一场车祸中落入澜沧江，他的命运惊动了一个村，一个县，乃至云南、上海、北京许许多多的人。云南省的领导要求尽最大努力进行搜救。而马骅的朋友们相信马骅没有走。“我们不是怀念，只是想念。”

云南省德钦县明永村，一个澜沧江边的小山村，自 2004 年 6 月 20 日起陷入一场持久而痛彻的哀伤——为一个“失踪”的年轻外乡人，那是个名叫马骅的义务教师。篮球场边的看台上，密密麻麻地摆着几十盏点燃的长明灯。村长大扎西说，25 日，村民专门请了一尊金佛供在了明永村的寺庙里，为他祈福，当地德高望重的扎巴活佛还为马骅在澜沧江边做了超度；26 日，是他不在人世的头七，活佛在寺院里为他点了七盏酥油灯。“我们还专门派人到西藏的寺院去做法事，为他超度。”

学校的厨房里也摆放着长明灯，里面的酥油一直有人添加。供桌上有苹果和糕点，有一些刚采摘的野花，还有一杯青稞酒，一支点燃的香烟。

马骅坐的车翻入了湍急的澜沧江。车祸发生的当晚，当地的交巡警和各路人马赶到现场，这时天已完全暗下来了。德钦县成立了搜救指挥部。澜沧江下游数百公里沿江地区都展开了搜救工作。黑暗中数百人打起手电、火把沿江搜寻。他们已经知道，出事的那天，马骅穿着黄蓝相间的格子衬衣，戴墨镜，头上扣一顶毡帽。他们要把马骅找回来。

尽管现在是当地人上山挖虫草、捡松茸，积攒盐巴茶钱的季节，但明永村的放牛娃、放羊娃都把牛羊关在圈里，成年人也将田间农活放下，一起到江边有漩潭的地方寻找。

“马老师哪去了”

我从风与风之间穿过，打着手电找着黑暗里的黑。

——马骅·《风》

马骅走得很突然。

他在明永村义务教书已近一年半。这个村子坐落在滇藏交界处、梅里雪山脚下的巨大峡谷中，散落的上中下3个自然村落全部加起来只有51户人家360人。在村头，抬头就能看见被藏民们视作“神山”的卡瓦格博主峰。阳光下，山峰发出凛冽的银白色光芒。

从德钦县城到明永村只有20多公里。汽车先是顺着山壁在海拔3500多米的滇藏公路上行驶，然后拐下明永冰川公路，这条2003年才铺柏油路面的村级公路盘曲着滑下海拔只有2200米的澜沧江边。过桥，往峡谷里面走两公里，就是明永村。

如果一切顺利的话，再有几分钟的车程，马骅就可以回到明永村了。

20日下午，马骅在澜沧江边的布村门票点吃过一盘炒饭后，准备回村。前一天，他刚刚去德钦县城买回粉笔。布村到明永小学还有4000米的路程，景区门票办主任阿主要开吉普车送他。马骅坐在副驾驶的位置上，年过70岁的卓玛也坐到后排。大约19时30分，离开门票点大门过了澜沧江大桥300米后，突然，吉普车飞下80米悬崖下的澜沧江。

梅里雪山景区管理局的工作人员扎史永宗听到了吉普车掉进江里的那声巨响，“起初以为是山体滑坡，雨季这里常有发生，几个小孩子跑进来说‘出事了’！我们奔到窗边看，吉普车已经不见了！”

阿主被摔在路边。扎史永宗的同事看到江面上伸出了一只手，五指张开，似乎在求救。他们后来从肤色判断那是马骅的手。澜沧江的水流实在太急，不到两秒钟，那只手就被江水吞没了。

现在，车辆飞出的地方已经插了4条经幡，在呼呼作响的山风中飞舞。当地朋友插的那一条上面写着藏文：“马骅，你不会寂寞，我们永远和你在一起。”

云南日报的记者在采访明永村小学学前班的小朋友时，问其中一个小姑娘：“你们马老师去哪里了？”小姑娘回答：“马老师死了。”坐在前面的一个小男孩迅速转身，举起拳头要打这小姑娘。“马老师就是出去玩了，肯定还会回来的。他还要再给我们上课。”

“我们明永村没有这个福气？这么好的老师啊，都留不住！”右眼失明，年过七旬的老奶奶阿姆泣不成声。年过六旬的藏族老人阿青康珠说：“马骅白天教我们的孙子、孙女上好课，晚上还要给他们的父母补文化，教他们学英语，好心人就这样说走就走了？”

32岁的马骅是2003年2月底从北京来到明永村的。他热爱藏北文化和质朴的藏民，希望与“透明”的他们生活在一起，以此作为自己新的生活方式。他在这里当义务教师，没有领取村里一分钱。另外马骅还自办了一所夜校，每星期有三天晚上，他要组织村里的村民和景区管理人员学习英语，一年多来从没间断过。

“活着的时候游去吧，他想在哪儿就在哪儿吧，现在他走了，我想把他找到，带回家，父母都等着要看看他。”哥哥马捷事发后立即从天津赶来。家里就两兄弟。坐在弟弟约8平方米的简陋的寝室里，看着旧书桌上堆着的藏族文化方面的书，他一阵阵想哭。

乡村教师

上个月那块鱼鳞云从雪山的背面
回来了，
带来桃花需要的粉红，青稞需要的绿，
却没带来我需要的爱情，只有吵闹的学生跟着。
12张黑红的脸，熟悉得就像今后的日子：
有点鲜艳，有点脏。

——马骅·《乡村教师》

梅里雪山脚下的明永村子分为上、中、下三块，学校在中村。只有四个年级二三十个学生的学校没有挂牌，就一座木楼，坐东南望西北，正对着峡谷。

一楼3间都是低年级的教室，二楼除了一间四年级的教室外，东边就是老师宿舍和厨房。刚到明永的时候，2003年3月16日，马骅在发出的第一封信上说："每天教书，烤火，喝酥油茶。加上我一共有三个老师，两男一女，一起在学校里烧火做饭。"

"学生们都很可爱，也很让人生气，特别是他们不写作业的时候。最大的问题就是语言。因为这里是藏区，村里的人都是藏民，包括学生在内，汉语水平实在让人头疼。"

这以后，他在语文课堂上一点点地教他们说纯正的普通话，他带着他们去明永冰川捡拾有人丢下的不可降解的垃圾，他教他们打篮球，也要求他们洗澡，还每天早上来就让他们张开嘴巴检查有没有刷牙。

等到7月，他的第一批毕业生——8个女学生、4个男学生——去西当小学读书的时候，他在学校举行的简单的毕业典礼上，"跟他们说了些他们可能无法理解的动感情的傻话。学生们都哭了，我却奇怪地保持了平静"。

那种尖锐的幸福感已经在两天前冲击了他。那天，他带着学生去山另一侧的小学参加完统一的期末考试后，搭车回村。"挤作一团的20多个学生开始在车里唱着歪歪扭扭的歌。薄薄的日光时断时续地在车里一闪即过。学生们把会唱的歌基本全唱了一遍，我在锐利的歌声里浑身打颤。""圣经中的先知以利亚曾在山上用手遮住脸，不敢去直面上帝的荣光。在那个时刻，我突然想起了遮住自己面孔的以利亚，我觉得自己不配拥有这样的幸福。"

他后来觉得那是"多少有些可笑和矫情的感伤与自我感动"。而最可能的一个原因是，"生活在经历了一个剧烈转弯之后，震荡和晕眩都还没完全平复下来"。

几乎是在教孩子的同时，他用每周一三五晚上的时间，教村里的年轻人一些基本的英语。"这里的年轻人还是很好学的，随着游人慢慢多起来，他们也慢慢时髦起来，晚上打麻将，平时唱'陪你去看流星雨落在这地球上'。"

劳动者

喝过的美酒忘记了，忘记了，呀依啦索，只有青稞酒忘不了，呀哩呀啦索；

看过的雪山忘记了，忘记了，只有梅里雪山忘不了；

走过的村庄忘记了，忘记了，只有明永村忘不了。

——马骅·《明永村》

《明永村》是马骅编的歌。现在明永村的学生和英语班的年轻人都会唱，有时候给游客牵马的时候，他们除了唱一些“弦子”，就是唱这首歌。

马骅到这里以后半个月，发出的第一封电子邮件就把明永村狠狠地赞美了一番：“村里有不少桃树，已经有一些好出风头的桃花零零星星地开起来了，估计下个星期就会粉红一片。头顶上是垂直绵延3000多米的冰川，昨天雪已经积到我的大腿了。出村口不远，就是澜沧江。正值枯水期，江水蓝汪汪的，悠悠地从山间流过去。”

但是他只能每两个星期进城一次。“这里到县城大概要坐近两个小时的车。碰到下雨塌方可能就没车了。进城的感觉还是不错，可以买点东西，上个网。最关键的是可以洗个澡。所以，朋友们，你们每次收到我的信，肯定是我心情很好的时候，”他兴冲冲地说，“因为我刚刚洗过两星期一次的热水澡。”

实际的情形还不止这些。他忍受不了原来厕所的气味，就和老师学生一起挖沟，把山上的水引过来冲厕所。

厕所背后的一片菜地也是3月的时候和学生一起拾掇出来的。他在给朋友的第一封邮件里面开玩笑说，铲了草，浇了粪水，“也算是自我循环，自产自销吧”。

村里的篮球场也是这样弄出来的。“上个星期，我和另外两个老师请村里的人帮忙，请在村外修路的工程队把推土机开过来，花半天时间把学校前面的一小块空地平了一下，准备建一个小的篮球场。学校实在太小了，只有巴掌大的地方，学生根本没地方活动，下了课只有在木楼梯上打闹。如果球场能建好，就能解决很多问题。”

做泥水工开始成为他的家常便饭。他在 6 月 12 日的电子邮件里说："一个月前，美国自然保护协会给村里捐了几个太阳能热水器，村里分给我们学校一个，其意思也是方便周围的村民到我们这儿来洗热水澡。于是我们得盖个简易的洗澡房。这项工程耗了我们近两个星期的时间。幸好村里人帮忙，免费给我们送来几根大梁，沙子和石头都是我带着学生到河边和山上抬回来的。又向村里修公路的人讨了些水泥，我们自己买了 1000 块劣质青砖，干了一个多星期，总算把这个洗澡间给弄起来了。我已经是个熟练的泥瓦匠了，再过几天，我就可以洗澡了，此后进城的次数就会更少了。"

这个时候，处在河谷地带的明永开始变热。"我们每周进城买的菜要不了两天就烂了。我已经连续吃了两个多星期的臭肉了。肉刚买来的时候还新鲜，放了两天之后就开始发臭。刚开始的几天不适应，一天要跑好几趟厕所。现在已经无所谓了，倒是觉得有点发臭的肉炒出菜来有股火腿的鲜味。"

马骅跟村里人熟溜得到处乱串的时候就开始被叫上帮忙做农活。"前天和昨天我帮着几户邻居收麦子，没一会儿工夫腰就直不起来了。说来也是笑话：吃五谷杂粮这么多年，一直到过了而立之年才算正经八百地下地干了一次农活。"

但是，很明显的是，他的身体素质开始变好了。他刚离开城市到达明永的时候，身体不太好。"爬山的时候，学生们跑得飞快，我像个老头，在后面一步一喘。"但是，等到 2003 年 10 月上海的好哥们来明永跟他一起去转山的时候，却发现他身体变得很结实了。这个朋友在上海的时候天天晚上跑步，结果都跟不上马骅，只看见他背着大包在前面健步如飞。

而 2003 年 5 月北京的朋友秦晓宇来的时候，马骅专门在布村收门票前面的地方等他，让他一定要买门票，"不能说来看哥们就混过去了，这个门票是村里的收入"。

精神之旅

湿热的白天在河谷里消散，天上也随着越来越凉。

四个年轻男人在雪山对面枯坐，等待积雪背后秋天冰凉的满月。

——马骅·《秋月》

马骅在明永的朋友很伤心，一直陪着哥哥马捷在江边跑来跑去。

诗人扎西尼玛是马骅在明永认识的第一个朋友。马骅是通过北京的朋友找到云南省的一个学者，然后又通过这个学者联系上在德钦县旅游局工作的扎西的。扎西的家就在明永村，他知道那里缺老师，所以，马骅就这样到了明永。

扎西后来把他在县图书馆、宣传部等等文化部门的一堆朋友介绍给了马骅。于是，他们的NGO“卡瓦格博文化社”又有了一个新成员，一个从北京来的学识渊博的朋友。他们会在周末碰面，如果是马骅进城来他们就在斯郎伦布开的“庸布拉”酒吧喝酒，如果他们一起下到明永来几个人就爱睡在扎西家的土掌房的房顶上看天。

“马骅知识面很广，他跟我们讲星座，讲汉族古代的文化，我们跟他谈藏文化，大家都觉得要做一些很有意义的拯救藏族民间文化的工作。”县图书馆的斯郎伦布说，“原来大家经常唱《打青稞》，现在都用机器来打了，就都不会唱这个歌了。”

起初是收集整理民间的歌舞曲调，有弦子、锅庄、热巴等几种。热衷音乐的马骅特别痴迷于这种实际上是二胡伴奏的歌舞“弦子”，他们录制了一盘磁带《萨荣弦子》。萨荣是附近羊拉乡的一个村,那里的村民唱的“弦子”很独特。市场上很热销，但不是从他们那里进的货，而是盗版带。

“神山调查”则是最近刚完成的一个项目。“五一期间出去做一本地大小神山的调查。由于每天有50块钱补助，而我现在又处于弹尽粮绝的惨状，所以欣然前往了。哎，这可能是我有生以来赚得最累的钱了，整整十天的时间，每天就是爬十个小时左右的山，测数据。我每天带着粑粑（发面饼）一大早上山，渴了就吃雪，一般到天黑才能回来。开始几天爬的山还算是勉强有路的，后面几天就全是原始森林和绝壁。我精神崩溃若干次，好几次在绝壁上慢慢往下蹭的时候都发誓这辈子再也不爬山了。可第二天还是不知死活地继续上山。”

“这一趟走下来，比起去年（2003年）秋天去外转怕是还要辛苦。好在坚持下来了，还赚了500多块钱，够我一个半月的生活费了。”

这个调查活动据说在藏区是首创。文化社 5 个人分成 3 个组，登了本地 77 座大小神山。

而一个中年的汉族文人范稳则惊讶地看着这个从现代城市来的年轻人在这里稳稳地待了下去。

马骅是“头发蓬松、胡子拉碴，趿拉着一双拖鞋”走到他面前的，朋友介绍了，两个人像萍水相逢的朋友一样点头致意后，马骅的一个动作让范稳大吃一惊：“我们面前的茶杯扑满了苍蝇，开始我总在赶这些家伙，但我发现马骅对此熟视无睹，端起茶杯就喝了。”“我们都知道，马骅身上的钱不多，因此吃饭住店什么的，哥几个从不让他埋单。他的钱全用在藏区的孩子们身上了。我们外出的时候，拿着相机噼里啪啦一阵乱拍，马骅也有一台相机，但拍得很少，因为没有更多的钱买胶卷。”

他们那晚在借住的藏族人家的火塘边聊天时，“主人得知这个带着眼镜的文弱书生就是马骅时，激动得直冲他竖起了大拇指，说他们早就知道他啦，还邀请马骅到茨中村来教书”。

范稳很感慨：“茨中村离明永村 200 多公里，驱车几乎要走一天。这么远都知道马骅，马骅是藏区村庄的名人啊！”

常年在藏区采风的范稳说：“马骅是我见到的最有爱心的汉人。他对藏族人做的事，尽管那么微薄，但是那是一颗实实在在的心，高尚的心。”

回　程

但挺拔的年轻人反向而行，
从一根琴弦
跳上另外一根；
踮起脚尖
努着嘴说：“让我们继续。”

——马骅·《少年游》

马骅原本准备在 9 月教完这一届学生，然后在川滇藏一带转悠两个月，再回到天津父母身边，复习报考一个大学历史系的博士。他的一个朋友说："他已经找到一个新的入口了。"

他收起"浪子"的心意是因为2004年春节回家，已经年近七旬的父母第一次流露出想他回家的意思。他2月20日的信里说："父母年事渐高，我不可能光顾着自己修炼而不理为人子的责任。"

2004年春节，他是穿着那件镶花边的酱红色的藏袍回的北京。本来只是花50元钱从"庸布拉"酒吧旁边的店铺买来的，但走在北京的街道上的时候还是很炫。他的皮肤也有些接近康巴汉子了。

但是，糟糕的是，穿着藏袍的他在生活了3年的北京频繁地迷路。直到和北京的那一堆老朋友照例在酒桌上"不醉不归"的时候，他才一点点地恢复了他过去的习惯。

很显然，马骅有着过人的智商。他大学的死党韩博说他"读各种各样的书，都过目不忘倒背如流"，胡旭东则说他的知识面像"活百科全书"，而浓烈的世俗的生活更是这般，"他踢球、看小报、买足球彩票。他精于远游、精于厨艺、精于购物、精于在夜里枕着各种毛绒洋娃娃入睡。他到处找人索要赵薇的签名，并沾沾自喜于曾和周星驰同台献艺"。

但是，嬉笑怒骂、喝酒唱歌的下面，很显然，有着一个认真写作的心灵。

马骅大学时候写诗写剧本，毕业几年后在"北大在线"工作时还致力于建设一个网络诗歌平台。胡旭东察觉到"马骅几乎从未游离过写作的状态"。"与他酒桌上的嬉笑相反的是，他对自己写作的要求极其苛刻。""他很少对诗歌夸夸其谈，在网上担任诗生活的版主时也是如此。他宁愿多做实事，促成一种理想的诗歌生态。"

韩博观察到的马骅这一年多的变化也是从诗歌里面。两个人在大学时分别把持了当时复旦的"剧团"和"诗社"。10月到云南一起转山的时候，马骅一路上给他不厌其烦地灌藏传佛教。而年底的一次通信，他却惊异地发现，马骅仍在写诗。

马骅的《雪山短歌》，号称"选章"，却已有22首。韩博说："他从最初的自怜自艾逐渐变得内心空旷。自我在消退，周围的事物开始呈现出质朴的面貌。"

所有朋友都感觉到这一年马骅的诗歌变了。在北大读文学博士的冷霜则想得更远，噩耗传来的这几天里，他反反复复地想，终于弄清楚了马骅的诗歌和他去明永的奇怪行为之间的关系。

“他是（20 世纪）70 年代出生的诗人当中最独特的一个……他的诗歌和生活连在了一起，他是以诗歌为开始，导向行动，想把诗歌的理想贯彻到现实中去，做一个有力量的人。”

事情有些玄妙。事实上，去的时候，30 岁的马骅也不知道，明永在藏语中的原意就是“明镜台”。

13 年，一人撑起一所学校

■ 李　梁

2005 年 10 月 14 日清晨 6 时，天刚蒙蒙亮，李小峰抖抖索索地穿衣起床，去给早到的孩子开教室门。站在寒气逼人的校园里，他突然感到一阵头晕。

“身体不行了。”李小峰说。在柿园子小学代课 13 年后，长年的困苦和繁重的工作，使 32 岁的他看起来像是 40 多岁的人。

柿园子小学，秦岭深处的一所学校，位于陕西省西安市蓝田县九间房乡，全部家当是一间漏雨的教室和一栋三间平房。13 年来，李小峰是学校唯一的老师，也是学校的“校长”、“后勤主任”。

13 年里，他一共送出 134 名学生，其中 4 个考上了大学——他没有实现的大学梦，在孩子们身上延续。13 年教师生涯留给他的，还有一贫如洗的家境和每况愈“瘦”的身体。13 年间，他的体重从 128 斤降到 103 斤，数目刚好和他的月工资相同。但每月 103 元的工资从 2004 年起就一直未发。至今他仍是代课教师，按照师资政策，他即将被清退。

但他仍然在坚持，这对他而言或许已经成了习惯。他只想把手中的教鞭继续拿下去——教书塑造了他的人生。

“命运真是偶然”

李小峰爱看人物传记，喜欢回味人被命运改变的感觉，那常常让他想到自己的人生。刚过而立之年的他，已经开始慨叹“人的命运真是偶然啊”。

1992 年他正读高三，在紧张的备考中憧憬着大学生活。

一场家庭变故改变了他的命运。

高考前的 5 月份，父亲因病去世。办完丧事，加上父亲治病借的钱，家里欠了上万元债，生病的母亲需要人照顾，他只能寄望于来年复读再考。

柿园子小学原有一名教师，教了一年后，嫌工资少不干了，30 多名学生面临失学。一天，村长找到村里唯一的高中生李小峰，说“山外的老师嫌苦不愿来，乡亲们都希望你来教”。当时代课工资是 53 元，家里需要还债，母亲也要人照顾……李小峰应承下来，也终于没能再去高考。

最初他住在教室边上一间低矮的柴房里，没水没电，土木结构的教室四处漏雨，教具没有，教材稀缺，课桌破烂，三四个孩子挤坐一张凳子上课……

李小峰到村里捡废砖头，摞起来，铺上一张纸，学生就当凳子坐了。1994 年，他干脆把自家的杨树砍了，为学生做了几个凳子。他骗母亲，“那棵树死了”。

用了多年的黑板，几乎成了“白板”，他向母亲借钱换新黑板。母亲生气了：“你不给我钱，反倒找我要钱，不行就别干了。”但最后母亲还是掏出手帕，把里三层外三层包着的 30 元钱给了儿子。

李小峰用泥捏成长方形、正方形和各种各样的立体图形，用切分土豆教分数，折一捆小树枝教加减乘除。这些教具，到今天还用着。

柿园子小学多年来几乎没收到过教育拨款。学生每人交的 40 元钱杂费，其中 5 元要上交乡里作“管理费”。为了改善学校条件，李小峰带孩子们在公路上拾废塑料和废铁；带大点的孩子上山打松子，一季可以卖五六十元钱。

不能让孩子们一辈子只会放羊

工资太低了，身为男儿，“上不能侍奉高堂老母，下不能荫妻教子”，13 年间，李小峰也动摇了好几回，甚至有一次离校出走。

但村民的情义又让他无法抗拒。

1993 年的父亲周年忌日，李小峰给孩子们提前放了学。下午，他趴在坟头，“想起家庭的重负和没有实现的大学梦”，痛哭失声。正伤心时，身后来了 30 多位村民，很多人还买来了纸钱、香烛。

“小峰他爸，小峰的书没有白念，正教村里娃们呢！”离去时，许多村民偷偷留下一元或两元钱。祭奠本来是不用送钱的，而且在柿园子村，许多人家一年也吃不上一次肉，一两块钱已是乡亲们最诚挚的心意了。

1997 年，订婚多年的未婚妻退婚了，理由很简单：“一个月 73 块钱，以后能养得活我和孩子吗？”李小峰崩溃了——在山村，女方退婚被认为是男人最丢脸的事。

他决定改变自己的命运，做出样子给人看。那年暑假，他通过同学联系，在西安找到了一份月薪 400 元的工作。领到第一个月工资时，他很高兴，因为这相当于代课教师半年的收入。

可没过多久，村支书带着几名村干部找来了。“我们也是厚着脸皮来的，”村支书跟他讲，“开学好几天了也没有老师愿意来，娃们天天到学校等你，你看能不能再回去？”

一夜失眠之后，“为了不让孩子们一辈子只会在山沟里放羊”，李小峰又回到了柿园子小学。

当他背着行李回到学校时，操场上早已站满了乡亲们，有的还握着他的手说：“回来就好，回来就好！要是嫌钱少，我们可以给你增加些。”李小峰拒绝了，土生土长的他清楚村民的收入。

这以后，李小峰的婚事成为村里的大事，村民们急着为他张罗对象。经过介绍，李小峰认识了现在的妻子。这位山外的姑娘觉得他“能对孩子们好，也一定能对我好”。

贫困的山村里，乡亲们和李小峰相互支撑，默默扶持。给父亲治病、办丧事欠下的上万元债务，村民们也不催李小峰还。“他家和大伙一样穷得揭不开锅，天天吃土豆糊，咱也不催他，别把他又逼跑了。”一位村民对本报记者说。而李小峰碰上贫困户的孩子交不起学杂费，也就让家长打一个白条，“有钱时再捎来就行，别耽误了孩子上学”。

山村大课堂

学校如此之小：五个年级24个学生，还比不上城里小学的一个班。李小峰用的是“复式教学”，所有年级的孩子在仅有的一间教室里上课，对于城里孩子而言，这间小教室又是一个闻所未闻的大课堂。

教室大黑板两边，各挂着一块小黑板，用来写不同年级的板书。五个年级的孩子从左到右大致分开坐好。李小峰一般先从五年级上起。例如本报记者听过的一堂课，“我们学习《秋天的怀念》，布置两个问题思考……”然后一个个年级教下来。每上完一个年级的课，李小峰就要布置作业，“不然孩子们就会在课堂上玩了”。

不同年级的课容易相互干扰。给五年级讲课时，四年级的几个孩子开始发愣，李小峰朝他们瞪了几眼。上四年级课时，一年级4个孩子的读书声越来越大，李小峰拍了拍孩子们的头，“声音小一点！”一个小时过去，他宣布下课，回过头才发现一年级的学生还在拼音图前念个不停，他忘了让孩子们回座位。

真正让李小峰头痛的是音乐、美术、体育等“副”科，他没受过专业训练，学校也根本没教学条件。音乐课，他只能教唱一些简单的歌曲；美术课，他布置孩子们“随便画，画自己感兴趣的东西”。2004年，天津的一位杨阿姨送来跳绳、篮球和羽毛球拍，孩子们的体育课才不再只是跑步。

一个人的坚持

13年来，作为柿园子小学唯一的老师，李小峰一直无可替代——不要说他走了，就是他病了、有事情了，课就没人上了。

一次，李小峰上山砍柴，不小心砍到脚，被扶下山后缝了5针。第二天，他让家人用架子车将他推到学校，躺在床上看着孩子们自习。

冬天的山区冰天雪地。常常在上午放学后，一年级的孩子太小回家不便，李小峰便在学校煮玉米糊给他们吃，碗不够，大家就轮流吃。教室里太冷，他让孩子们待在他房间里，生起柴火，最小的孩子则坐到床上盖起被子，大家围成一圈上课。

2005年“六一”，孩子们在好心人的组织下去了一趟西安，第一次品尝了鱼的滋味，一个劲地嚷“好吃”。10月14日晚，本报记者带着李小峰到蓝田县政府招待所，特意为他点了一盘鱼。他先是问“鱼怎么吃”，后又突然停下筷子自语，“要是孩子们在就好了”。

不光孩子们离不开李小峰，李小峰也越来越离不开学校了。13年来，他已经习惯一个人待在学校，过着困苦、简单的生活。离开学校和学生，他“已经找不到自己的位置”。

“出去打工，13年不就白教了吗？”李小峰说，“再说我能找什么工作呢？”

对自己13年来的教学成就，李小峰十分自豪：柿园子村的孩子没有失学，送出去的134个学生，4个考上大学，“明年再考两个估计也没问题”。其他的孩子大多初中毕业或者初中辍学后外出打工，“一个月起码三五百元，总比待在山沟里强”。

2001年起，一些好心人知道了李小峰的事，给他和学校捐款捐物，这一定程度上补偿了他没有工资的心酸。他也一直在努力通过函授自学。2000年他拿到了中专文凭，今年又拿到了大专文凭，前后花费数千元——从一家人牙齿缝里省下来的钱。

“小峰不能让回去”

2005年9月，李小峰和几名代课教师到乡里开教学工作会议。会上一位乡领导说，今年乡上财政非常紧张，代课教师的课要全部停掉。要干的话，找村里解决工资。

李小峰“受到了沉重一击”。但没过多久，有人告诉他：“教育局田局长说了，‘小峰不能让回去’。”一句话让他很感安慰，“回来干干再说吧”。

从2001年开始，李小峰就给教育局写信反映自己的境遇，但没有回音。第二年，他给县上主管教育的副书记和副县长写信，没有回音。第三年，他直接给西安市一位副市长写信，两个月后有人告诉他，“副市长批示了”。他欣喜若狂。结果批示转到县教育局，又没了下文。

李小峰最终豁出去了，他走进县政府，直接找到主管教育的副县长。

“你的事我知道。”副县长说，“你看，我的工作困难不小。等我和县长商量一下，再开会研究研究。如果要解决，也是破格解决。”

2005年3月，李小峰成了县教育系统的先进典型。县教育局局长田征带着30多位局机关干部和老教师来到柿园子小学，专门听李小峰作报告，随后局长带头，捐给李小峰2400元，并送给学校一台彩电和DVD。“按国家政策，代课老师将会被全面清退，”田局长告诉本报记者，“不过蓝田县小学师资总体上比较紧张，一些偏远山区小学公办教师根本派不过去，只能靠代课教师，但又没有政策解决他们的身份问题。”

以孩子们的心灵，实在无法理解“李老师那么辛苦工作，工资还两年不发”的道理。大些的孩子悄悄对本报记者说：“李老师其实挺可怜的。”2005年儿童节，好心人带孩子们到西安玩，并让他们写出“最想吃的东西和最大的愿望”。“最想吃大鱼，味道好极了！”三年级的赵芳和李亚楠同时写道，“最大的愿望是长大后做一名好领导，把李老师的工资涨得高高的！”

而李小峰最大的愿望，则是“有更多的人来关心西部农村的老师和孩子们，希望有宽敞明亮的教室，孩子们不再上不起学，能在学校寄宿，也更希望自己能转为公办教师，一个月拿上四五百元，一家人能够吃饭”。

9月教师节，李小峰的又一个孤独的节日，孩子们在已经泛白的黑板上出了一期板报，献给他们的老师一首小诗：

田野向秋天献上金黄的果子，枫林举起火红的旗帜
我们向老师送上真诚的祝福，老师您辛苦了，祝您节日快乐
希望老师在今后的日子里快乐多一些，困难少一些

诗是孩子们自己写的，周围环绕着孩子们精心画上的花环、蝴蝶、风铃。

乡村女教师卖身供弟上学

■ 傅剑锋

高校学费——难以承受之重

2006年初的大年除夕夜，23岁的乡村女教师徐萍红着眼圈看着坐满一桌的一家人。

父亲徐恩怀看着女儿显老的面容，对三个儿子说了一句意味深长的话："将来你们日子好过了，一定不能忘记你们的姐姐。"

这句话勾起了徐萍4年来的酸楚回忆。2002年春节期间，作为长女，她为了筹集弟弟们的学费和偿还家庭的债务而瞒着家人出去卖身。此后周一到周五在乡村教书，周六和周日到城市卖身，直至两年后道德的自责与身体的病疼行将压垮她时才停止了卖身生涯。

在2005年底，徐萍通过电子邮件将自己的经历告知南方周末记者，并且在天涯、网易、碧海银沙等论坛上发了帖子，讲述了4年来在亲情与忏悔间挣扎的艰难心路。

这些帖子引起了社会的广泛关注。是天使，还是堕落的魔鬼？人性是如何在矛盾中呈现的？记者对此进行了调查。

作为长女，她所面对的

几经周折，记者找到了徐萍家。这是中国南方某省一条乡村公路旁的单层红瓦砖板房，白色泡沫塑料箱四处垫放在屋梁下，她的父亲徐恩怀说这是雨天时用来接屋顶漏雨的，家里没有财力修缮日渐老化的屋顶。

徐恩怀的大儿子正在北方一大城市上大学，两个儿子读高中，三个儿子学费一年至少 2 万元。第二个儿子在 2005 年其实已考上大学，但考虑到家里供不起两个人同时上大学，所以他选择了再复读一年，等他的哥哥大学毕业找到工作后再考。学费重负已使他家在 2005 年欠上了 4000 余元新债，家中尚有 1994 年欠的旧债。

妻子陈蓉讲起了那 20 万元巨债的由来。1994 年，丈夫徐恩怀满怀希望地从本地“农村基金会”里借了 14 万元高利贷买了卡车，夫妻俩跑起了贩运香蕉的生意，但三四年间，高额的管理费和三次车祸，彻底击垮了这个缺乏抗风险能力的农民。他本息合计欠了“基金会”共 20 万元。积劳成疾的他还在 1997 年被切除了胆囊，后来肝功能也出了问题，不但欠了上万元医药费，而且身体再也不能承受这种高强度工作。

巨额的债务让不善言辞的徐恩怀变得更沉默了。他拖着病体承包了农场种荔枝和香蕉。

尽管日子艰难，但不识一字的母亲仍然认为，不能让孩子们失学，“你们只有读好了书，才能不再过像我们这样的生活”。到了 2000 年，徐萍快读完中专时，她的三个弟弟也陆续上了初中与高中。一贫如洗的徐恩怀咬牙以 1 万元的低价卖掉了那辆 14 万元买的货车，交了四个孩子的学费。

斜靠在母亲身旁的徐萍流泪了，她对记者说，爸妈如果不要他们读书，他们本可以过得好许多，也许像不少同村人一样靠勤劳盖起楼房。“在我们这个村里，只要有普通人家的孩子考上大学，几乎没有不会变得更穷的。”徐萍说。记者对这个村庄的调查也发现，尽管近年大学不断扩招，但这个村考上大学的孩子并没有多起来，近三四年来考上大学本科的只有三四个。受调查的农民们反映，他们不想因为孩子的大学费用而承受超出常理的负担。

所以父母的叹息日益成了徐萍“心中永远承受不起的重”。2001 年，中专毕业的徐萍当上了一个乡村小学的代课老师。这一年她买了300包榨菜，吃了一个学期，全力省下工资作为三个弟弟的学费。

在这一年，父亲徐恩怀又一次病倒，却舍不得花钱动手术，只想把钱留作孩子们的学费。但徐萍决心为父亲的手术筹钱。村里一个贪觎上少女徐萍的人传话给她，只要把第一次给他就可以借2000元。“为了爸爸我差点想豁出去了，是姑姑劝住了我并借给我们家治病钱。”徐萍在给记者的来信中回忆。

2002年春节前，“基金会”‘又一次来催债，要让法院来查封他们家的房子。徐萍陷入痛苦中，“那时我特别害怕以后过年时没有房子，大弟弟又读高三了，成绩很好，一定能考上大学。但学费至少要1万元以上，怎么办？我压力很大，得不到解脱”。

一个“阿姨”借机怂恿徐萍去做小姐，她说当时“听不得父母的叹息”，“就瞒着家里人豁出去了”，“我想可能是我前世欠了他们的，所以今世要还债。而且身体是父母给的，我用身体去偿还欠他们的债”。

在亲情与忏悔间挣扎

徐萍回忆往事的时候语调冷静，好像在讲述别人的故事。

她卖身的第一次是和一个不到40岁的男人。在徐萍的记忆中，那天她是在深深地吸了一口气后，带着赴死的决心走入房间的，“当时，我只是紧闭着双眼，脑子里一片空白，就像个木偶，任人摆布。木偶是不会痛的，但我的心跟着我的身体一起痛”。事后她得到了300元。以后每一次“生意”，她都会深深吸口气，安慰自已：“死就死吧，反正就半个小时。”

这样的日子被她形容为“周六到周日是魔鬼，周一到周五是天使”。她把攒起来的每一分钱都交给弟弟们交学费。她经常一天就是五角钱的豆腐加五角钱的豆芽，米是从家里带来的，一天就消费一元钱。她那时“心很苦，被人鄙视轻蔑，但坚信‘冷的是苦难，暖的是人性’”。

“当和学生们在一起，我就找回了真实的自已。”徐萍说，她在家访时发现一对十来岁的姐弟，每餐晚饭吃的都是酱油炒饭，因为父母都打工去了，“我很心酸，就给了他们十块钱，叫他们买些榨菜鸡蛋”。另有一个学生整天光着脚来上课，她在到城市接客的一个周末，为这个孩子买了双鞋。

到了暑假，她还会陷入深度焦虑中，因为暑假后常常就是要交三个弟弟将近 2 万元的学费，而她那时一年的教师工资不吃不喝也不足 4000 元，所以她在暑假时只得以更频密的卖身给弟弟们筹集学资。

就在 2003 年的一次接客中，她遇到了父亲一样年龄的工程师“文”。文同情她的经历，并且爱上了她，每月给她 800 元，并让她脱离这一行业。文还为她过了 21 岁的生日，她在蛋糕、红酒、玫瑰和铂金戒指间感动得不知所措：“原来做小姐的人也会拥有爱情，被他爱着宠着疼着感觉好幸福。”

但在和文相处半年后，她忽然发现自己得了性病，家里的财政依然紧张，这段时间她瞒着文出去接过客。性病是尖锐湿疣，她到医院里做激光治疗，“我也不知道自己是怎么熬过来的，下面都被烧焦了，全身都是汗水”。不久文知道了真相，他哭着走了：“徐萍，这次我真的不理你了。”她哭得死去活来，走到充满冬日阳光的街上，却再也“感觉不到温暖，心里冰了”。

几天后文出乎意料地回来了，给她带来了几支能根治尖锐湿疣的干扰素。治疗过程的痛苦超出了徐萍的想象，“晚上睡也不是，站也不是，躺也不是，全身好痛，不断地用头撞墙，不断地哭，不断地叫妈，把自己折磨到累了，能够睡着为止”。性病不再复发了，徐萍却悄然离开了一度想娶她的文，“因为我不想伤害他的家庭”，“曾经拥有过值得这辈子去感念的男人就够了”。

拯 救

她的心被撕裂了，“为不使自己疯掉”，她就到宗教里找慰藉。最初她信了基督教，在牧师的布道声中，常常泪流满面。但她又觉得像她这样的行为可能会下地狱，所以信了教后反而更害怕。于是她又上“戒淫网”里找解脱痛苦的道理，她希望过内心平静的生活。后来她遇到了一名信佛的网友，被这位佛友“度”了。但当信佛教后，她发现经文里有“六道轮回”一说，她觉得自己的行为是不是会万劫不复，结果陷入更深的苦痛中。后来一位佛友解开了她的心结，他说如果动机是为了家人，就是善的。她终于下定决心“脱离苦难”，“答应菩萨不会再给陌生人看见我的身体”。

她只想全心地成为一名正常人，爱她所爱的教师职业，她在日记中表达了这种爱："能够成为一名老师是我小时候的理想，当时的动机就是为了得到学生所送的卡片和图画……即使每月只有300块钱，住宿条件差，教学条件也差，但看到像天使一样纯真无邪的小学生时，一切的抱怨也就消失得无影无踪了。"2003年底，她参加了公办教师招考，以全市前茅的成绩从一名代课教师转成了公办老师。

而她读大学的弟弟这时候才知道过去姐姐给他筹学费的真相，他在电话里失声痛哭："姐姐，你别这样了。你再这样，我就不读书了。"但此后姐弟俩很少直接谈这件事情，到了2005年，在徐萍早已不做小姐之后，有一次弟弟还是用电子邮件有意无意地给姐姐发了一封武汉大学生朱力亚感染艾滋病的新闻。"我知道他在提醒我什么。"徐萍说。

爱的超度

2004年5月，徐萍以公办教师的身份被分配到了另一间乡村小学教英语。当2006年记者走进她的宿舍，一眼望见的是靠门的书桌，书桌旁的墙上一侧贴着佛像，另一侧贴满了孩子们童稚的图画，图画中有沉思的小女孩，也有花草与太阳……"我喜欢改作业时看着这些图画，孩子们总是可爱得让人发笑。"徐萍说。

她还珍藏了许多学生写来的信与贺卡，一些小纸条则被她仔细地贴在了一张A4纸上。这和她与学生间发生的一个小故事有关。

2005年9月份，她发现700元/月的工资不再被下发，上级部门答复的原因是她刚好属于要被重新调整教师编制的范围，要等调整后再说工资事宜。她的生活因此陷入困境，"弟弟们的学费怎么办"，"觉得压力太大了"，她想出家去做尼姑。她的想法也被学生们知道了。于是有了这张A4纸上的学生给老师的千奇百怪的小纸条，"老师，你不要去做尼姑，我们喜欢你"，"我觉得你上我们的英语课好爽，我看见你的笑容，笑得很甜，你平时对我们说话很温柔……"徐萍被学生们打动了："做尼姑只能解脱自己，而做老师可以造福一大批孩子。"

此后几个月仍没发工资，她一边向学校借钱一边坚持上课。回家时发现母亲已患上妇科病血崩，血流了一个月，却舍不得花几百元去治病挂吊针。没有了工资的她“眼睁睁地看着妈妈的血不断向外流，身体不断地干瘪下去”，在一次给五年级学生上课时，她终于无法自控地趴在讲台上抽泣起来。

11月15日下午，六年级的班主任无意中告诉学生们徐老师已经有两个月没有工资了。学生们就自发决定帮老师渡过难关。傍晚的时候，有两个女同学蹬着自行车，拿着一大袋东西交给一脸愕然的徐萍。里面有20多斤大米，两个橙子一个柑子，两把青菜，一包话梅。放下东西，这两个孩子就蹬着车跑了。

第二天早上，陆陆续续地不断有学生提着东西往徐萍的宿舍里送，有米、青菜、豆角、蕃薯、鸡蛋……她宿舍的一角堆满了学生们送来的东西。

徐萍流着泪对班上的同学说：“老师家里也是种田的，你们不需要拿米给我，至于菜，老师一个人也吃不了多少。真的不需要你们这样做。”说完，她深深地鞠了两躬。

下午的时候，六年级学生又来到徐萍的宿舍门口，拿出一叠由一元两元纸币叠起来的42块钱，要求她收下，说这是他们班学生的心意。徐萍不肯收：“你们是不是又想把老师弄哭啊，老师真的不需要。”她还告诉孩子们“老师也对不起你们”。因为她在开学时向学生们承诺，平时英语测验成绩90分以上的，老师会掏钱出来买些学习用品奖励他们。第一、二单元测验时，她都兑现了承诺，但后来几个单元，因为她实在是拿不出几十块钱买练习本奖励他们了，而且考90分以上的同学也越来越多，“反而要让你们破费拿米捐钱，真的让老师既开心又痛苦。但老师答应你们，等拿到工资了，我一定会买练习本回来补发给你们的”。学生们哭了。

事后，徐萍自己贴了4元，拿着共46元给学生们买了几份英语试卷和一盒听力磁带。磁带和学生们送的东西，直到2006年1月份记者前去调查拖欠工资问题时，还放在徐萍的宿舍中。学校的一位主任告诉记者：“我为有这样优秀的老师而感到荣幸，为有这样助人的学生而感动。”

谁来帮助她

12月份她的工资依然没有发下来。相反，镇政府要求每位老师去村民家说服每人交5元农村医疗合作保险，每个老师说服50个，完不成的自己拿250元填上。大约有一个星期，在每天放学后，徐萍和其他老师到村里去做“思想工作”。不少贫困的村民不愿交这笔钱，完不成任务，2006年1月15日老师们为此垫交了2100元。

徐萍在给《南方周末》的来信中说：“23岁，对于同龄人来说，是一个什么样精彩的世界呢？我不曾经历过。23岁的我，不断在天堂和地狱之间轮回……现在对我来说，最重要的是能够把那前三个月的工资要回来，过一些属于正常人的生活。那点钱，是留着给我弟弟读书用的，如果讨不回来，我只能够靠自己的方式去赚钱给我弟弟读书了。但我真的很害怕……那种滋味，比自己用刀来割破身体还要难受……我只想要平静的生活，我只想靠自己的工资去支撑这个家。”

记者介入调查后发现，不只有欠工资的问题，徐萍在2004年5月份转为公办教师后，拿的仍是300元/月的工资。那时当地政策规定，中专毕业的新进公办老师300元/月，大专400元/月，干满三年才能转正拿700元/月。该市有关官员向记者解释，本市是一个贫困的农业县级市，尤其是近年取消农业税后财政更显困难，财政支出主要靠上级财政的转移支付。为了节省财政，该市目前拿300元/月的代课教师数量仍有1391人。2004年9月份，这项关于公办教师工资的土政策才被取消。徐萍也终于在这一年的9月领到了700元/月。

但这700元/月的工资也常常不能足额领到。除了每年被摊派上百元的书报费外，仅去年每位教师被要求对建造当地博物馆、生态公园等的捐助就达数百元，镇政府甚至要求教师们在2006年捐出一个月的工资填上紧缺的修路款。

闻知记者到访的市宣传干部称，自从农业税取消后，市里办公共事业难上加难，他作为公务员也经常被要求给公共建设捐钱。另一方面，他也承诺，因调整编制被拖欠的教师工资将以最快速度发下去。果然，这起三个月没有解决的“调整编制问题”在三天内就解决了，徐萍等46位被拖欠工资的老师得到了工资。

徐萍得知这一消息的时候正在家里，当时她就哭了。她的大弟弟拉着她的手，眼圈也有些红。但他无法想象两个读高三的弟弟如果今年也考上大学，学费怎么办。“我是幸福的，因为有最好的姐姐和妈妈，有最好的爸爸和两个很争气的弟弟。”这个年轻人很认真地告诉记者，“生活在这样的家庭真的很幸运。”

最后的代课老师

■ 张　悦

2006 年夏天，那把陪伴了王政明 40 多年的二胡断了一根弦。

这不是一个好兆头。

在这个夏天，王政明和其他三名同校的代课教师被通知："接到上面的精神，你们明天不用来了。"

王政明是《南方周末》两年前《代课教师艰辛执著震动人心》（详见 2005 年 11 月 3 日头版）的主人公。这位"中国最老的代课教师"是张家堡小学的创建者，几十年来拿着不超出 40 元 / 月的工资，最后以"清退"之名不得不离开了这所与他血脉相连的学校。

两年前的报道受到甘肃省主要领导批示，代课教师的境遇曾一度好转，政府承诺转聘条件优秀的代课教师，补偿将被清退的代课教师。渭源县不少代课教师工资，终于由几十年来的 40 元 / 月涨至 80 元 / 月。

但这样的转机只是回光返照。

2006 年，教育部提出，为提高农村教育质量，要在较短时间内，将全国余下的 44.8 万名中小学代课人员全部清退；对于其中学历合格、素质较高、取得教师资格的代课人员，可以通过考试取得正式教师资格。

渭源县自 2006 年开始大规模清退全县 500 多名代课教师。王政明老师被清退后，他所在的甘肃渭源县数百名代课教师也经历了相似的命运。据记者不完全统计，现在全县还留在工作岗位的代课教师仅有 100 人左右。

被清退的数百名代课教师，经由他们争取，2007年县上给他们发放了300至800元不等的清退费——这类似于下岗工人的买断费，但数额只是后者零头的零头。而王政明被清退时，一分钱都没拿到。

甘肃乃至全国的很多地方都在像渭源县那样清退代课教师。除了重庆等少数地区，代课教师的不少优秀代表并没有被转为公办教师。他们有的被以微薄的清退费打发走，有的依旧以“临时工”身份坚守在农村基础教育第一线。

代课一生，清贫一生

王政明的办公室没有多余的什物，他收拾起那把断了弦的二胡，回到了离学校只有一箭之地的家中。这一方斑驳的木头被置于衣柜顶，从此尘封。

以前，每当课余，学前班的尕娃娃围坐在王政明周围，他用二胡拉奏起《在那遥远的小山村》。这样的旋律于今绝矣。

他前后教书近半个世纪。他说：“村子里孙子辈的是我的学生，父母辈的是我的学生，爷爷辈的也是我的学生。”他一共培养了80多名大学生，包括他的两个儿子。

1958年，王政明以代课教师的身份，创建张家堡小学，一人撑起一个学校。“文革”期间，为了护校而屡遭生产队长报复。1982年，他尽管被鉴定为“教学效果显著，是我校的教学骨干”，但被人在造册材料上做了手脚，与转正失之交臂。他黯然离校。

1985年，学校教员奇缺，王政明再次被召回。他的工龄也只能从这一年起算，再无缘转正公办教师。

国家开始给乡村教师发工资的时候，他一月拿13元，公办教师拿32元；公办教师工资涨到40元时，他拿17元；等到他的工资涨到40元时，比他小几茬的公办教师工资都1200、1300元了，是他的20多倍。每次发工资，会计总是偷偷地把40元钱塞到他的口袋里。

直到2006年，他和渭源其他代课教师的事迹被报道后，他拿了半年120元/月的工资。

因为同工不同酬，同为教师，却和月工资一两千块的公办教师地位迥异，代课教师已习惯被村人歧视和嘲笑了。“这些年最难受的就是自己的孩子从小跟着自己被人看不起。”为了让两个儿子读上书，这个经常苦劝村民一视同仁让女娃娃读书的老教师，忍痛让自己的女儿辍学在家务农，至今他都觉得愧对后来远嫁陕西的女儿。

与王政明同校的代课教师刘炳章，一年后同样被清退。记者再见到他时，他正在全村最破烂的土房中混猪饲料，灰头土脸，全然没有过去为人师表的样子。

王政明一谈到刘炳章就觉得“造孽”。这个34岁的大龄青年，到现在连女孩的手都没拉过。几年前，他曾经爱上学校的一位女教师，但对方是公办教师，工资是他的几十倍，“难道让她养我？”他放弃了这个念头。

本地已经没有姑娘愿意嫁给这个曾经的代课教师、现在的全职农民，他盘算着在将来进城当民工的时候能找到一个民工媳妇。

他家里仅有的一些新摆设和家电，是两年前一些《南方周末》的读者资助他的。这些好心人让他把家里拾掇一下，将来对象到家里来了至少不会觉得太寒酸。院子里，铺满了不久前从地里挖出来的党参。

2007年9月被清退后，他感觉自己的人生就像这些党参一样慢慢被风干了。把这些党参卖了后勉强熬过年关，他就准备外出打工，带着心中隐秘的爱情远走他乡。

曾挂职渭源县当县委副书记的西北师大教师李迎新，曾在调研中总结：“走进（渭源）任何一个村子，假如村子里有代课教师，那他准是村子里最穷的人。”

代课教师还可能遭遇到一般农民不会犯愁的口粮问题。秦祁乡杨川小学代课教师毛谦2003年时家里的地因为大旱歉收，一进2004年的腊月，家中存粮就基本告罄。快过年时，他远嫁武威的姐姐回娘家住了几天。他每天都会为口粮头疼，碍于情面，他没有向姐姐张口要口粮。

姐姐走时，已经是腊月二十五了，眼看要过年了，孩子却在挨饿，他开始四处奔波借粮食。多方求告，终于在腊月二十七借到了200斤粮食，他甚至顾不上干净与否，直接将粮食送到磨坊磨成了面。

陪同记者采访的渭源民间作家寇倏茜，已经和毛老师熟识了。当一次毛老师说到伤心处落泪的时候，寇倏茜无言以对，唯一能做的就是紧紧拥抱他。一分钟又一分钟过去，两个五大三粗的西北汉子抱在一起痛哭失声。

“最优秀的校长”也被清退

在渭源县，连最好的代课教师都难免被清退。陈宏文是学区公认最优秀的小学校长，却因为是代课教师，也将被清退。

最早的清退消息是他亲口告诉他妻子的。他的妻子也是五泉寺小学的代课教师。

陈宏文回忆一生中夫妻间最沉痛的那一次对话：“她听到我告诉她这个消息，直勾勾地看着我，问我，真的吗？我说真的，她说那我就走。”

陈宏文一家是教育世家。他父亲陈其正也是一名口碑极佳的小学校长。他妻子罗茹红、妻妹罗茹萍、妻姐罗茹琴三姐妹都是教师，只有罗茹琴是公办教师，而他自己的弟弟陈宏斌也是代课教师，这次清退，全家少了三位老师。“按照渭源的政策，我只能待一年，明年（2008 年）7 月我也会被清退。”陈宏文说。

学区校长找他谈话，说他作为校长，是支撑学校的灵魂，请他再多坚持一年以作缓冲。一年之后，学区再派一个校长来。

陈宏文冷静地想了一下，留一年也没啥意思，转正已没有任何希望。但责任心驱使他留了下来。“现在我拼命干活使自己非常充实，以后的事情我也不敢多想，好在每天累得一躺下就睡着了。”

但这并不意味着他可以逃避：上有 80 多岁的老奶奶，中，60 多岁患病的父母，下有两个孩子，这一切都要由他以及同样是代课教师的妻子来承担。他平日除了教书、管理学校之外，还要利用双休日下地干农活才能勉强维持全家人最基本的温饱生活。

陈老师说，前些年妻子大病一场，而自己为获取大专文凭和各种教师资格证书以期有朝一日能转正，已经欠下了一万多元债务。这笔费用相当于他不吃不喝十多年全部的工资。

无奈之下他一咬牙，通过关系让父亲去县城的工地看门，这样可以挣点钱来还债。父亲身体不好，陈老师实在不忍心。但他说，这实在是不得已而为之啊！

69 岁的父亲陈其正，看到听从自己执起教鞭的两个儿子都会被清退，“他心里最难受”。陈宏文记得父亲对他的安慰：“你们退下来之后就好好务农，一辈子平平安安就行了。”

“打发我们像打发叫花子一样”

但他们的付出并没有得到应有的回报。王政明，这个一辈子教书育人的代课教师，被清退后至今无一分钱补偿。

这个60多岁的老人，佝偻着背，语含悲凉：“以前国家困难，咱无怨无悔；现在国家慢慢富强了，咱老了，被清退了。”

刘炳章比王政明略微幸运。一个月前，他拿到了这辈子由政府发给他的最大一笔钱，500元——那是他的清退费。

几百元的清退费还是这些代课教师讨说法争取来的。一次性清退费按照教龄长短——15年以上的800元，10—15年的600元，5—10年的500元，5年以内的300元。

由于害怕代课教师继续上访，县上要求每位代课教师都接受清退费，可是很多代课教师坚辞不受：“县教育局的局长、镇委书记、学区领导、村干部，七八个人来做我们工作，说你们是知识分子，是给国家干事的。可为什么，打发我们像打发叫花子一样？”

最后县上要求，有公职的代课教师家人、亲戚帮助完成安抚劝解的政治任务，事件才慢慢平息。

王政明对上门的人说：“我想得通呢，我一个老共产党员，40多年没给国家添麻烦了，现在也不会。”然后他给年轻人做思想工作，让他们“面对现实”。

刘炳章一次一次去学区讨的却不是说法，而是奖状。他上学期带的五年级毕业班和一个三年级班像往年一样都是全区第一。

32岁的罗茹萍则是上课时被清退的。那天下午，校长推开教室的门说：“你出来一下……”之后两个星期，罗茹萍把自己关在家里。“就怕别人问起来，你今天怎么没去学校啊？人都是有自尊的，说不要就不要了，我有什么面目见人啊！”

她是会川镇河里庄小学的老师。这学期开学之后，她在山路上骑摩托车跌了一跤，心脏病复发。但是代课教师没有工伤保障，也没有病假。躺了两天之后，她就坚持返校上课。

现在，她终于有时间去兰州治病了，只是一直睡不好，“每天做梦都是给孩子们上课的画面”。

他们走了，谁来接替

如此多的代课教师离开岗位，那么多的师资骤然流失，谁来填补这些空缺？那些等待知识哺育的山村孩子由谁来给予“食粮”？

会川镇罗家磨福和希望小学有6名代课教师。刚辞退代课教师时，学校出现了教师严重短缺的现象，正常教育面临半瘫痪，学前班儿童就要失学，很多学生家长为此围了镇政府。

代课教师张清水因此成了靠民间力量留下来的最后的代课教师。

他同样因为做代课教师成了村里最穷的人。面对着在屋子里冻得瑟瑟发抖的记者，他抱歉地说：“对不起，全村就我们家没有围墙，冬天不能挡风。”

但问他为什么希望破灭后还那么留恋三尺讲台，他说，那是一种心里说不出的感觉，上课时候的陶醉感，学生都考出好成绩后的成就感。

这位数学老师最享受的是在黑板上写数字的时候，“那既是教师又是艺术家的感觉”。内向孤僻的他每每上起课来口若悬河。

在会川镇多个学校任教整整20年的陈宏文对镇上的教师情况非常了解，他认为，这次被清退的40多名代课教师，其中有20多名是绝对的教学骨干，任何一方面都不比公办教师差。

“我们退下来没有关系，关键是新补充的公办教师，他们能否接过这副担子，一是他们能否安心教学，二是教学质量能否达到要求，这两年新下来的非师范类专业的本科毕业生到了农村学校连小学一年级的‘a、o、e’都教不好，机械执行清退政策的结果堪忧。”陈宏文说。

王政明一手创办的张家堡小学现在成了公办教师客栈。过去9个教师，4个是代课教师，都是本大队的。而新来的公办教师几乎都想着往城里调。

李家崖小学辞退了三名代课教师后，一下子增加的教学量几乎要把校长侯军权压垮。候军权也是代课教师，只不过因为身为校长而暂时未被辞退。

侯军权一人要带14门课，新派来的两名公办教师每人只带4门。此外，他还为学校的农村远程教育项目垫资4000元，这是卖了家里的老黄牛后垫上的。按照经验，这笔钱发还可能遥遥无期。而他坚持代最后一年课的总工资是1920元。

一位渭源县城的学校领导沉痛地说，真正的活雷锋就在我们身边，不相信的话就去对比一下代课教师的课表和公办教师的课表，然后再对比一下他们的工资单。

侯军权听闻后惨淡地笑笑："其实代课教师课越多越高兴，这样就避免参加一些课余活动带来的尴尬，本来我们就是异类，到哪都是不受欢迎的人。"

对此，陈宏文校长感同身受。学区校长说，陈宏文的业务能力和管理能力很强，学区所以才决定由他来当校长。但有一次陈宏文对一个公办教师的教学提意见，对方回话把他呛住了："你一个月才拿多少钱，你有编制吗，你凭什么管我？"

但真正的教师之心都是连在一起的。罗家磨福和希望小学的一位公办教师指着办公室几位教师说："你看看，代课教师再这么一走，课程压力都承受不过来了。"

由于代课教师被清退，一些学校教师缺乏，只好采用"复式教学"，几个年级的课一起上。仅在会川一镇，记者便了解到4所面临这样困局的学校。

张家堡小学刘校长说，教师队伍不稳定是个亟需解决的问题。代课教师一清退，流动性过于频繁的现状毕竟会影响教学，上学期派下来的老师这学期都走了，而县上的中学老师下来支教小学也不一定适应。

杨川小学的秦校长则心疼他手下的那些代课教师，"那些人都是一离开学校就开不了学的骨干啊"。

陈宏文说："代课教师被清退后，现在整个会川镇学区缺53名老师，全县缺500多名老师。为什么在农村教育严重缺员的情况下，不运用国家将符合条件的民办教师转正的政策，而机械地执行'一刀切'的清退呢？"

他说："领导为什么不下来做一下调查，以为代课教师就是水平差、临时工，觉得代课教师给地方丢脸了呢？"

渭源民间作家寇倏茜一直关注着代课教师的命运。几年来，他骑着摩托车自费遍访了渭源的代课教师，写出了一本《乡村代课教师》的报告文学。

书中引述了一首渭源山区的花儿（一种流行于甘、宁、青的西北民歌，比秦腔更为苍凉沉郁），用淳朴的语言传唱代课教师的工作：

蓝天下的太阳花，
代课教师最伟大，
汗马功劳他立下（音同“哈”）
名利不图不为啥，
心上牵着山里娃。

“中国最后的代课教师，他们的教育生命即将终结，但他们的精神不死。我必须把他们记录下来，交给历史，让后人知道曾经有这么一群人，就像饿死在渭源首阳山上的伯夷和叔齐，代表着渭源乃至整个中华民族的一种精神。”寇倏茜说。

王政明是这本书的主角。在被清退后，寇倏茜问王政明：“这辈子后悔吗？”王政明说：“从来没有后悔！”

这个老人，这个群体，他们的一生像他手中的二胡，绷住的琴弦把自己勒紧，奏出生命的强音。然后，弦断音绝。

悬崖小学的幸福和烦恼

■ 何海宁

2008 年 11 月 21 日早晨，志愿者杨菲做了一个混乱的梦："在梦里，我和包唐韬走了之后，有个孩子打电话给我，要我快回去。所有的孩子都在哭。"

她和包唐韬现在四川汉源县古路村小学，两人先后毕业于湖北第二师范学院，工作后辞职，自愿支教。原先这里只有一个本村的老师申其军，教书 26 年。

古路村小学建在海拔 1400 多米的绝崖之上，悬壁如刀削般陡峭。远远望去，小学和错落有致的彝族山寨如云间的世外桃源。宽不到 1 米的骡马道盘旋而下，这是他们与外界联系的唯一通道。爬山两个多小时，再坐车半个小时才能到达最近的乡镇。

村寨几乎与世隔绝，最近 3 个月来却忽然热闹了。包唐韬向外界传递了古路村小学的窘境，带来了湖北民间、官方的援助，湖北、四川媒体随即而来，包唐韬、申其军成了宣传报道的典型人物，前者"献身支教西部贫困山区"，后者"在悬崖小学坚持 26 年"。

在一批批记者、捐助者、探望者、游客接踵而来之后，包唐韬发觉这里已不再"纯粹"，他们面临着繁重的接待、捐款账务管理问题，淳朴的民风也在蜕变。有时，两个志愿者萌生了退意，但又担心，外界将不再捐助贫苦的孩子们。"这是西部山区教育的缩影。"始终关注贫困山区教育问题的四川省教育厅副巡视员林强说。当这些闭塞之地突然被外界发现，幸福和烦恼总是结伴而来。

钱来了，心烦意乱也来了

当杨菲心烦意乱发梦时，13 岁的申其香已在铡猪草了。晨曦初现，申绍福 3 个孩子都忙开了，准备一天的猪食、马草。忙完，大女儿申其香拿出课本朗读，稚嫩的读书声在晨风里分外清脆。

农历八月收的玉米挂满了土坯房顶，申绍福家有约 10 亩地，种了土豆、红苕、白豆，这些是人和牲畜的口粮。村民的经济来源靠卖猪、瓜子和核桃。2008 年申绍福卖了四五百元核桃，农闲时下山打工。

山寨不通电，在水流附近才能用自购的微型机发电。全村 400 多人，不到 10 户有电灯。约 1 个月前，申绍福刚用上电，水力太小，带不动电视。现在，全村只有 3 台电视机。夜晚，有电视的人家成了孩子们的天堂。

申其香的早餐是土豆、白菜。吃完，在火坑边烤火。待到 10 点钟上学。古路村小学只有 3 个年级，她念 5 年级。上午 10：45 上课，下午 15：45 放学，共 5 节课。途中，申其香从亲戚家提来一个大铁盒，到学校卖零食。这里一天只有两顿饭，中午只能靠零食充饥。

申其香家离学校很近，有些孩子要走 1 个多小时。校门——一块破木板上写着："请尊重孩子的课堂，上课时间谢绝打扰！"这是包唐韬写的。在门边墙上的黑板，申其军则写上："有朋自远方来，不亦乐乎""八方支助送温暖，努力奋斗创明天"。"很烦啊，经常有人来。"包唐韬说。他感到有些人更像是来作秀。11 月 1 日，广安市来了 6 个政府人员，带来一些学习用品。老师申其军花了 82 元买了一只土鸡招待，钱是从外界捐款里支出的。中午在一间教室里吃喝，旁边学生在上课。有条狗循味而来，杨菲撵了过去："滚！来混吃混喝！"吃完，众人出门招呼学生："来，和我们照个相。"

这已不止一次。每当有人来时，包唐韬和杨菲都强调不能动用善款招待，45 岁的申其军很尴尬："我们这里的风俗就是这样，人来了首先要吃饭、喝酒、抽烟，要招待。"他的办公桌上放着两包 5 元的烟，用来待客，自己抽 2.5 元的，下山找领导时，得揣上 20 多元的玉溪烟。

现在，申其军要花大量时间在办公室里记录来访事宜、账务收支。他显得很疲惫："我压力很大。有些村民，还有领导说，申老师你发财了。我就得详细跟他们解释，每一支笔、每一分钱我都要入账的，我永远都不会成腐败分子。”

古路村小学收到善款58380元，近3个月学校开支3897元。现在，开支需3个人同意才能入账。这并不能让包唐韬满意，他希望能在湖北建立一个基金会，学校除了保持日常开支费用之外，善款保存在基金会，确保收支分开。

很多学生穿着企业捐助的校服，学校墙上贴着该企业的海报。7月份，学校用第一批捐款购置了微型机发电，11月又有了电话。学生们拿着充电的手电筒上学，一早，申其军办公室的插线板上就爬满了手电筒。

山上的堂吉诃德

没有晨读，孩子们玩“丢沙包”。这是目前的主流游戏，自从包唐韬制作了第一个沙包之后，这个游戏已风靡两个星期。一队驮马走过泥土地的操场，今天有一批捐物运来，申其军遣了3个学生下山接应，每个人给10元钱。在包唐韬的印象里，以前村民帮忙驮运物品都不收钱。现在风气变了，先是收30元，后涨到50元了。

申其军的电话响了，是湖北黄石市一名中学校长打来的：“看到你的事迹很感动啊，我们想下个星期过来看望你。”自登报之后，申其军每天都接到类似电话。“我心里很温暖。”他说，“其实我在汉源是微不足道的，经过媒体报道之后，变得伟大了。”

申其军是临时代课教师，18岁初中毕业后（也有村民说他只读到初二）便在古路村小学教书，工资从最初的25.5元到现在的700多元，回家要走路约40分钟。26年来，他一直觉得像在一处被遗忘的角落里教书，多年来没有县里官员上山看望。以前，县里要开会是靠隔着大峡谷喊话通知的，如果走过去，至少要8个小时。

林强走访过70多个山区学校，他用3个关键词概括特征：贫穷、封闭、渴望读书。“很多老师都是代课教师，他们最需要的，除了物质方面之外，还需要精神上的力量，需要外界去关心，这比钱更重要。”

2008年7月份，23岁的包唐韬上山了，带着一个凉席、空调被、几件衣服和4本书，包括《切·格瓦拉语录》，这是他的偶像。他也喜欢沈从文的名句：“照我思索，能理解‘我’；照我思索，可认识人。”他不善于修饰言辞，杨菲则大大咧咧，说话滔滔不绝。她经常抢包唐韬的问题回答。

“他为什么上山？我来说。他是来完善自己境界的，我朋友说他是怪胎，活得跟神仙一样，神经的大仙。”说完，杨菲哈哈大笑。包唐韬说：“不完全这样……算了，她这样说容易理解。”

他觉得自己是“像堂吉诃德一样”的理想主义者，每觉得不合理之处总要跟申其军争辩。从古路村小学毕业的初中生第一批有 12 人获 250 元 / 月的生活费资助，前任村长的孩子没有入名单，到学校理论。申其军碍于情面想给，但包唐韬则怒不可遏，坚决不给。

他们的分歧还在教学上。包唐韬想多教体育、音乐、画画，但申其军说：“统考怎么办？”“教音乐一样能识生字，山里的孩子不要总是跟外面比。”讨论的结果是，包唐韬和杨菲教三、五年级，申其军教学前班。“太好了，我每周至少开两节体育课。”包说。

于是，五年级 10 点半做广播体操。申其亮在一旁看，他家在操场边。17 岁的大女儿是全村唯一读高中的。不过她差点辍学。一个学期学杂费 1210 元，住宿费 100 元，申其军无法承受。2008 年初中毕业后，她已到成都一家饭店当服务员。包唐韬联系了湖北省援建办，找来了 2000 元捐助。在高一开学两个星期之后，她终于能上学了。

“古路村小学不负责接待吃饭住宿”

无论上下课，学校一片喧闹，念书声、说话声、操场玩闹声，还有包唐韬的大嗓门。下课时，教室里总能扫出一堆瓜子皮。

22 岁的杨菲穿着一身潮流服饰，号称“古路村最美的村姑”。这一天她教三、五年级的语文课：“包老师的嘴唇很厚，我们可以说像香肠，虽然很厚，但他懂得的知识很多，许多名言名句都从他的嘴唇吐出来。”

大概 4 个月前，杨菲还在南宁一家出版社上班。每天穿着高跟鞋、紧身制服去见客户。有时候下班很晚，她拎着高跟鞋走在街上，忽然觉得很可怜。“我就想哪天天上掉下一捆钱，我就去深山过隐居的生活。”这时候，包唐韬的电话来了："这里需要一个音乐老师，你来不来？"在学校他们俩就认识。

她只用了3天时间就上路了。第一次爬了5个小时山，到校后立刻被孩子们围住了，大家很兴奋。杨菲当天就上了第一节音乐课。"我感觉他们被忽视太长时间了。"杨菲说，"我本来只想待一个月，但孩子们一点一点触动了我。"

有一次上语文课，讲"梅花魂"、"桂花雨"。杨菲描述时，孩子们迷茫地望着她，他们从没见过这些花。又有一次写作文"我的同桌"，一名15岁的女生令杨菲很吃惊：她说同桌的唯一缺点就是"不会打架"。

"我想教给他们知识，让他们懂得真善美。"杨菲说。

10月份他们回母校参加"支教接力活动"。当杨菲下山时，她忽然听到远远传来孩子们的呼喊声。她抬头看，一名孕妇带着孩子在招手。前一天晚上，她刚好到孕妇家家访，女主人腆着大肚子，把坐月子的老母鸡杀了款待杨菲。"她们的喊声会影响我一辈子，我不会走了。"

不过，11月21日中午，杨菲接到了父亲打来的电话，当父亲听说杨菲春节后还要进山时勃然大怒。杨菲哭了："我不要回去上班，我在这里很快乐、很开心！"

下午3点放学了，申其军喊："下课开始大扫除了。"整个学校顿时尘土飞扬。这几天，从成都、乐山运来十多包捐物，还来了两批共49个人。他们来自户外俱乐部、网络论坛，背着帐篷和睡袋，拿着相机，进驻古路村小学。这一片大渡河、大峡谷的壮丽景色一直吸引不少背包游客。晚上，有人为孩子们放电影，不过，他们深夜还在唱歌，包唐韬恼了，几脚踹坏了办公室门。第二天他们走后，一地狼藉，课桌椅放在教室外，垃圾满地，还吃光了包唐韬和杨菲舍不得吃的大米。

11月23日，他们俩下山办事。包唐韬发着牢骚："我都不想回来了，再找一个'纯粹'的地方支教。"他想在入山口写上：古路村小学不负责吃饭、住宿接待。不过已有更多的人跟申其军联系，准备上山。这一切，在外界聚焦的那一刻起都已注定。

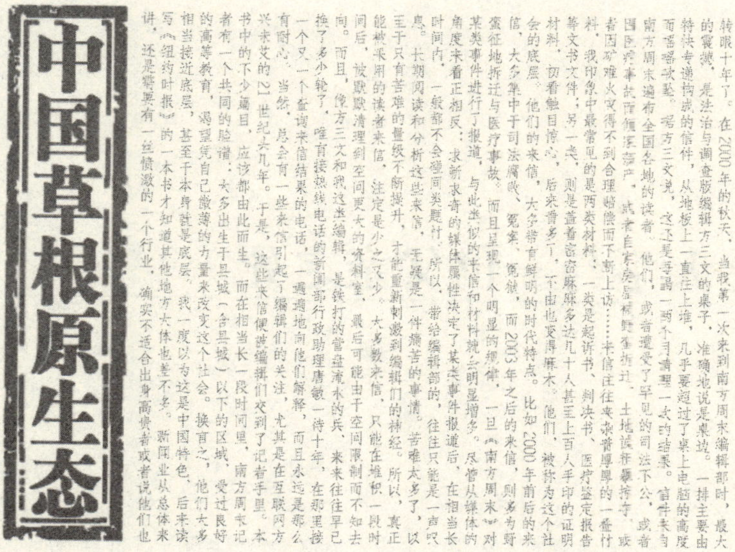

第伍辑

教育的重轭

考上大学与一位父亲之死

■ 陈 海

儿子考上梦寐以求的重点大学，父亲却惭愧于无力替儿子凑齐学费。

他曾经向老板索取工钱，未果；借款，被拒。

在尊严与现实面前，父亲选择了——从七楼跳下。

从七楼跳下

几个月后，我与省重点几分之差失之交臂。

成绩出来的那个夜晚，我一个人坐在郊外的长椅上，那晚黑云很厚，也很活跃，但月亮也同样很圆……三年后，咱们清华园见。当时，我哭了，哭得一塌糊涂。

——摘自丁炜的日记体随笔《最后的日子》

丁炜写这段文字是在“哭得一塌糊涂”之后的第三年，2002 年 4 月 27 日的夜里。

上清华这类的知名高校是 18 岁的丁炜一直以来的梦想。尽管贫困的家庭没有给他提供足够好的学习条件，这个梦想他却始终没有放弃。

2002 年 8 月 19 日，丁炜收到了复旦大学的录取通知书。陶醉在欣喜中的母亲陈玲霞没有忘记一件重要的事——给远在外地的丈夫打电话，告诉他儿子的喜讯。

“录取了。”母亲在电话中说。“什么学校？”父亲语气急迫。“上海，复旦大学。”母亲掩抑不住喜悦。“好，我过几天就回来。”

为了节约话费，母亲匆匆收了线，尽管心里极不情愿。

8 月 24 日，父亲丁平良回家。像往常一样，他走进儿子的房间，与儿子聊天。这已经成了一种习惯，虽然每个月回家就一两次，但无论多晚，他都要到儿子的房间里坐坐，即使孩子已经入睡。

第二天，敏感的妻子发现了丈夫的异常，不愿说话，茶饭不思，烦燥地来回走动，或者蒙头睡去。

“他从前不是这样，他开朗、热情，每次回家都要向我们说说工作中的稀罕事。”母亲陈玲霞说。

陈玲霞猜得出丈夫忧心忡忡的症结——儿子念大学要交的7000元学费——这是他心中不愿为外人道的痛。她何尝不知道 7000 元对于这个贫困家庭意味着什么，“像一座山，压在肩上”。丈夫的郁闷，更让她感到“家里闷得难受”。

她绝对想不到意外会来得如此迅速。

8 月 25 日傍晚，母亲备好了饭菜，一一唤父子三人吃饭。只有丁炜没动，他在自己的房间里复习英语，9 月 6 日，复旦大学要对新生进行英文入学考试。

父亲和 12 岁的小儿子坐在桌边，脸色阴郁。

父亲突然站起。母亲抬起头，说：“吃饭呀，站起来干吗？父亲置若罔闻，他挪动脚步，往窗户走去。

母亲再抬起头时，父亲高大的身躯已经遮挡住了窗外的光线——他站在窗台上，弓着腰，像猫，脑袋低垂。

尖叫——母亲嘴里唤着丁炜的名字，慌乱中扔了碗，迅速跨向往外坠落的丈夫。

丁炜从房间里惊慌地跑出来时，父亲已经从窗户里消失。

母亲摸到了父亲的手。只一刹那，父亲魁梧的躯体像断了线的风筝，从七楼坠下。

好心的邻居手忙脚乱地把父亲送到医院时，父亲“已无任何生命体征”。

楼下，暗红的血迹与夜色溶为一体。

之前的几天

也许我真的太固执了，因此有的时候常表现地（得）不近情理。

昨晚洗头的时候，父亲拖着黑沉沉的身体回来了，余光里的掠影，我觉得父亲确实有些老了……父亲下岗后心境一直不好，政府里呆惯了，出来总未免有些过于谨慎，但我也明白，他总是为了这个家，为了我的将来……

父亲毕竟是父亲，我以后也许应该多给父亲"面子"，而收敛起自己的狂热、执著与梦想。至少在父亲面前。

——丁炜《最后的日子》（4月29日）

9月2日晚6时，丁炜在亲友送别的目光中踏上东去的列车。上海滩，丁炜要在那里圆他少年时代的梦。

这是他第一次远行，带着沉重和不安。

而父亲生前的几天里，发生了什么，为何要以生命的付出为代价，成了困扰关心这个不幸家庭的人们的心结。9月3日，本报记者来到陕西省宝鸡市，丁炜的家。

母亲陈玲霞形容憔悴。站在窗户前，发呆，是她这一段时间的常态。

窗户已经拆掉，新的窗架还没有安上。为了不让姐姐睹物伤怀，丁炜的小姨想了很多办法：把从前客厅的隔板拆掉，床移走，换窗户。这些工作似乎都是徒劳，除了环境，感觉不到任何改变。

这注定是一次艰难的采访，母亲一说话就要哭，语焉不详。在记者的大部分追问中，多数内容由小姨陈红霞代劳。断断续续的叙述，零碎地拼出了丁父离开人世前几天的生命轨迹。

一切看起来似乎始于索要工钱。

作为司机，四年前从渭滨区某局下岗后，丁炜父亲摆了相当长时间的摊，2002年起重操旧业。6月初，他换了一个老板，开始给岐山的个体运输户张某驾驶零担货车。

儿子考上大学，父亲高兴之余，更多的却是忧愁。现在看来，筹齐7000元，是父亲生命的最后几天里，最紧迫的事。

辛辛苦苦干了两个月，雇主张某没有给丁平良开工资。丁找张要钱，张拒绝给付。张的理由是，丁在运输途中丢失了两台空调。张最后的解决办法：只给丁 850 元工钱，因空调的损失，扣一个月工资（850 元），丁还需再赔 3000 元。“丢失空调”是在一个月前的一次送货途中，因为太疲倦，丁平良把货车停靠在路边，与押车的人一同睡去。醒来后，两台空调被盗。

索不回全部工钱，丁平良打算向老板张某借 2000 元，也被拒绝了。与老板大吵一架后，丁疲惫地回家。

陈玲霞认为丈夫的死与此有关——借贷无果，而儿子上学的日期却在一天天逼近。丁平良身上的遗书佐证了妻子的判断。

玲霞、大炜：

我给张 ×× 开车要不来工资，大炜上学急需用钱，请家人予以照管。

丁平良 2002.8.25

关于儿子的“巨额”学费，夫妻俩曾多次商量。妻子曾劝导过丈夫，“车到山前必有路”，急也没有用。她没想到他心里竟放不下。

至于 8 月 24 日、25 日两天，丈夫的寡言少语、茶饭不思、烦燥，妻子陈玲霞以为是出车太累所致。儿子的学费，她也没有提起。平时在家里，陈玲霞做主，大事还是丈夫来决断。结婚 20 年，夫妻虽常拌拌嘴，但从来没有在孩子的教育开支问题上吵架，哪怕争执，这次也不例外。

在小姨陈红霞眼中，姐夫是一个热心肠的人，勤俭，烟酒不沾，不打牌；身体健康，从未进过医院；没有任何不良嗜好，也没有什么爱好，唯一的特长就是，开车。

“作为一个男人，他压力太大了。”小姨说，“终究没能挺过去。”

城市里的贫困家庭

有一天早上，我听到弟弟对爸爸说："爸，我刚才摸了，咱们家的鸡满身都是肉。"弟弟今年11岁，爸爸打着呵欠笑道："再过一阵子，杀了咱炒着吃。"弟弟开始笑。……我听到他们的对话的时候也笑了。

而人总会有太多的感情，有时未免也会演变成赘坠（？）。

——丁炜《最后的日子》（5月3日）

这是一个朴素的贫困家庭，隐藏在城市的繁华之中。

七楼，60平方米，两房一厅，按面积，够住了。家里的摆设乏善可陈，朴素，却绝对谈不上雅致。

除了一台新飞冰箱，所有的家电家具全是旧的。冰箱是3年前买的，是"做生意的需要"。父亲丁平良下岗后，夫妻俩在"市场"里摆了一个早点摊，卖"糊辣汤"（地方小吃），8毛钱一碗，生意一度不错。

这是他们最闲适的时光，日子不紧不慢，能糊口，绝对谈不上富裕，"孩子的学业并不成为负担"。

可惜"好景"不长，市里要规范市容市貌，取缔所有路边市场和零散小摊档，丁家的"好日子"服从了大局，重新回到贫困。

父亲丁平良几经折腾，最终是重拾方向盘，从此飘泊在外，很少顾家。母亲陈玲霞四处找零工打，因年龄因素，屡屡碰壁。两年来，她给别人守过铺，当过店员，发过宣传单。"只要有机会，做什么都行。"收入来源自然无法保障，多时每月能挣200—300元，少则几十元。

出事前，母亲在铁路客运段谋了一份差事，给列车车厢打扫卫生，每月300来块。工资并不是固定的，清扫后的车厢要经过检查，发现未扫尽的余渣，扣钱。甚至，检查的人挑剔时，手里抹到一点灰，扣钱。

艰辛之处还在于，工作时间都在夜里，常常是通宵干活。第二天，除了必要的睡眠，还得给两个孩子做饭。

父亲出车在外，每个月回来一两次，每次只能待上一夜，而母亲却要上班。

父亲每月500—600元的收入维持着家庭的运转。

14英寸的如意牌电视机是小儿子出生时买的，12年了，它是家庭成员快乐的主要来源。房子是1996年花4万块钱购下的，欠债不久前才还清。各种家具都有十多个年头了，陈旧中透着岁月的沧桑。为了让丁炜高考前各种联系、查询方便，母亲忍痛安了电话，却极少拨打。

家庭经济的拮据并不影响丁炜的学习。从小学到高中，他一直是学校公认的好学生，毕业时考试科目全A，高考以582分的优异成绩被复旦大学录取。

丁炜的案头，一部还未完成的小说文稿《冰焰》，一沓已写就的日记体随笔《最后的日子》。他钟情于文学，初中开始尝试写作，至今已完成近10万字的作品。高考前夕，丁炜还将这些作品寄给清华、复旦、北大等一些高校。清华大学工作人员还曾通过陕西省教育厅询问他的情况。

母亲说儿子特别懂事，学习从来没有让家里人操过心。他知道家里经济困难，从不乱花钱。

儿子走后，晦暗的屋里愈发缺了生机。只有窗台上的“马玲花”每天都是新的，娇媚中透着端庄。

小姨说，这花最容易开。

丁炜以外

末了，感觉思及狄瑾荪的《殉美》（*I Died for Beauty*）中的一句：“直到青苔爬到了唇际，将我们的名字遮掩。”

我还是喜欢这种“爱默森式超越一切直观宇宙的个人主义”风格的，即使春日“轻逸地逃走了”，但毕竟“沉入了美的境中”。

——丁炜《最后的日子》（5月5日）

9月3日午后，丁炜家的楼下。

记者的到来，引起了邻里的追忆和议论。贫困家庭的孩子如何能圆大学梦成了人们争议的焦点。

事实上，如丁炜一样的学生并不算少，他们面临着同样的窘境。西安孤儿苏东林几天前接到了陕西理工大学工业工程专业的录取通知书，这本是一件高兴的事，但 6727 元的费用，却让已经踏上大学门槛的他一筹莫展。

这些年苏东林完全是靠学校免交学费、老师帮垫学习资料费等，才读完高中并考上了大学。为了筹集学费，几天来他先后跑到民政部门、父亲原单位请求帮助，再加上亲戚拼凑，现在只筹集到了 2000 多元钱。

另据当地报纸报道，在西安市慈善会的帮助下，西安 2002 年考上了大学的薛波等 20 名贫困学生每人获得了 4000 元资助，他们也终于可以圆大学梦了。

因媒体广泛报道，陈玲霞收到社会各界捐款 4 万元，暂解燃眉之急。而丁平良，撒手西归后，把家庭的重负扔给了瘦弱的妻子。

毕业仍陷学债泥潭　就业犹如镜花水月

■ 沈　颖

“永乐馄饨店”，在一块醒目的“用人单位”招牌前，青海师范大学应届毕业生王磊停住了，这家小吃店是他暑假打工端盘子的地方。

老板很热情，“小王，到我这边干吧。别人一个月给 350 元，我给你 400 元，包吃包住！”王磊没敢应声，拔腿跑了。

2006 年 4 月 8 日上午，“非公有制企业招聘高校毕业生”专场招聘会在青海民族学院举办，西宁很多大学的应届生都赶来了。

“好不容易读了本科，出来竟是端盘子？”王磊看上去很难过。来自农村贫困家庭的他，4 年大学的费用几乎拖垮了全家，临到毕业，却不能靠一份满意的薪水还清读大学的“巨债”。

青海省属高校的学生中，像王磊这样家庭年收入低于 1000 元的贫困生，约占半数。

在“读书改变全家命运”的感召下，西部贫困地区的许多农村家庭，不惜透支家庭后几十年的收入供子女上大学。大学学费成了他们人生中最大的也是唯一的巨额投资。可“毕业即失业”的现实，打破了他们的梦，也使两代人深陷债务泥潭。

2006 年全国“两会”期间，人大代表、民盟青海省委副主委程苏就此提交了一份关于西部农村大学生就业问题的专题报告，历数上学贵、就业难，引起了有关高层的注意。

“咱就把自己当一文盲”

在4月8日的非公企业专场招聘会上，记者看到了一长串“非传统意义”的用人单位——

天然居菜馆、豪门足浴、排骨面片馆、贾三包子馆、美容美发店、极速网吧……

就业岗位——

导购员、沙锅师、饺子师、点餐员、传菜工、配菜工……

郁金香餐饮服务公司的桌子前挤满报名的女大学生。中年主管扯着嗓子喊：“女生要求1米60以上，当服务员，一个月350元。要会跳舞、唱歌，每表演一次加50元！”

一家家具中心的店铺在招儿童套房的导购员，有六七个女生抢着填表。一个女生和招聘官对话：

“你们有没有‘三金’啊？”“私企都没有，你不知道吗？”

“试用期多长？”“这可说不准，得看你表现。”

这女生学的是平面设计专业，“学校不出名，我也没信心找到好工作，家里再也没办法拿出钱了”。

招聘会上，一个学生劝同学去保安公司，“咱就把自己当一文盲，只要收入能养活自己就成，别想那么多了”。

“和初中生、高中生同样低的工资可以招到大学生，饭馆、餐厅何乐而不为？”阶梯英语公司负责招聘的马主任说，“我最纳闷的是，大学生争当超市收银员！”

“大学逐年扩招，而西部经济发展长期滞后，就业岗位非常有限。”青海省教育厅下属的高校就业指导中心主任张普权为记者分析，“由于行政事业单位搞机构改革，国企也改制，毕业生原来的就业主渠道需求明显减少。我们提倡学生灵活就业，到三资企业、民营企业、乡镇企业去，或者自主创业。但西部的企业远不如东部的发达，工资低、保障差。”

他认为，“在青海，扩招的普通本科和大专生居多，专业设置往往脱离市场，人才相对过剩。而与西部大开发的特点相适应，交通、建筑、工业等高职学校培养的技术人才，就业甚至比本科生好，一些文科的长线专业就业尤其困难”。

公共事业管理专业的大学生刘学英对一个细节记忆犹新：浙江一家私营茧厂的老板到班上挑人，底下坐着20多个学生，老板用手指点，“这一个，那一个”，4秒钟内点了4个人。

“当时如果不是老师在场，真想立刻冲出教室。那种感觉，就像在挑非洲黑奴。”刘学英说。

在青海师范大学门口，王磊指着一辆校车说：“这辆车每天都在西宁的3所大学来回跑，送同一拨老师巡回上课，师资太缺了。”即便如此，这所师范院校的非师范生已经膨胀到超过师范生。王磊入学那年交学费，从早上开始排队，一直到夜里12时还没轮到，“腿都麻了”。

“我们专业的老师全是从历史系调过来的，上课时说着说着就绕到历史上去了。”青海师范大学社会工作专业的应届生李文秀说。

因社会工作专业的毕业生在青海很难找到合适岗位，2004年起该专业停招。2002年入学的李文秀现在边实习边找工作，“实习就是在麻将馆洗麻将”。一次次求职受挫后，她郁闷不已，“我们简直就是牺牲品”。

计划招生人数大于考生人数

民盟青海省委调研课题组不久前完成的对青海省海东地区的平安、乐都、民和、化隆、循化、互助6县的农村大学生状况调研显示——

从2000年到2005年的5年间，回到海东地区的农村大学毕业生共计8863人，截至2005年6月，尚有5900人待业。其中，乐都县、平安县的待业率分别高达82.8%和96.2%，就业形势十分严峻。

与之形成鲜明对照的是，青海省教育厅招生办主任战斗告诉记者，近几年青海省的高考升学率从扩招前的不足50%一跃升至80%以上，2003年更高达88%，其中乐都一县达100%，当年，青海省高考录取率位居全国第一。而资料显示，2004年全国平均高考录取率只是60.1%。

青海省教育厅一位官员向记者透露，由于省内大学和省外大学近年频频扩招，像青海这样的人口小省，一度出现高校计划招生总人数竟大于青海考生总人数的怪现状。“为了满足高校扩招的需求，分数线只好逐年下降，总分刚过200分也可以上大专。大学几乎是无门槛，想上就上，这在外省是难以想象的。”这位官员说。

紧随高升学率之后的，却是低就业率。在升学率一度高达88%的青海，2003年9月底省属高校公布的就业率却只有45.9%，2004年为58%。青海大学一位教授特别强调，就业特别困难的那些学生，其实就是大学扩招后涌入省属高校的农家子弟，“限于地方财力，青海高校的政府投入严重不足，这个扩招的成本只好让农民自己承担了”。

“扩招使这些农村孩子圆了大学梦，但是因为基础薄弱，他们中很少能考上重点大学的。大多数都被扩招进了一般地方院校，而这些学校的师资、教学设施本来就差，学生短期内聚集后更加短缺，教学质量难以保证，大量农村生源毕业生也就难以就业，众多企盼富裕的农民家庭重新退回了贫困境地。”全国人大代表、民盟青海省委副主委程苏说。

透支35年收入上4年大学

马上就要毕业了，大四学费还没交的王磊焦虑不已，“交不齐学费，领不到毕业证，找工作就更难了”。令人吃惊的是，王磊所在的班里，有1/3的学生未交齐学费。

4月中下旬，记者走访了青海平安、乐都、互助3县多个供子女上大学的农村家庭。

平安县八藏沟乡是国家级贫困乡，农民人均年收入不足800元。有子女上大学的农户，几乎家家债务缠身，长期贫困。刘国柱的4个孩子有两个上大学，老大在青海民族学院物理系，正读大三。刚东凑西凑了3万元学费，老二又考上了中央民族学院政法系，实在没钱只好退学了，现在建筑工地打小工，一天20元。

“上大学还不如打工，上大学债越背越多。”刘国柱说，“村里好几个大学生都找不上正经工作，都干保安、推销化妆品。”

50多岁的颜宗奎到现在还住着逼仄的土坯房，家具只有一张桌子和一张床，

“家里靠卖鸡蛋、菜籽一年收入不到600块钱，为筹学费，连盖房子的木头也卖光了”。

颜宗奎老汉本想让儿子申请助学贷款，“可一个班只有一两个人能申请到。因为前面毕业的同学找不到工作，收入低还不上贷款，银行不愿意贷了”。

他后悔送儿子上大学，家里至今还背着近1万元外债，“餐餐都是开水就馍馍”。

颜老汉的老伴双目失明，一听记者打听儿子的去向，眼泪哗哗流。“儿子前年文秘专业毕业，没找着工作在家闲了一段，被人说闲话，有天悄悄走了。两年多没跟家里联系了，不知能不能吃饱穿暖。”

“家里花了这么大代价送儿读书还就不了业，孩子没脸回来啊！考上大学时多荣耀，戴红花，全村人送，现在就是在外面当乞丐也不会回来了。”给记者带路的学区校长孙老师说。

乐都县虽是有名的贫困县，但自古重视教育，民国十七年（1928年）就有完全小学。为了儿子能读大学，马厂村一户村民把家里的房子和值钱的东西变卖了6000元交学费，“现在老两口打工到哪，一顶窝棚建到哪”。

“农民供孩子上大学本来是为了改变前途，提高生活质量。可是现在看来，一个家庭的孩子书读得越多，这家的经济状况就越差；大学生越多的村庄就越贫困。”曾到乐都县调研的青海省民盟的吴建功“发现”了经济与教育的反比规律。

青海省海东地区的2.5万余名在校大中专生中，约2万人为农村生源，“年花费近2亿元”。据统计，西部12省区农村人口近2.9亿，人均年收入1966元，而青海省的贫困县数量全国最多，近两年青海省农牧民人均年收入只有1817元，在国家级贫困县甚至低于800元。但是，10年间，大学学费猛涨约20倍。

在全国“两会”上，程苏不止一次强调几个数据对比，“按平均水平计算，西部地区一个大学生每年支出7000元，这相当于贫困地区9个农民一年的纯收入！本科4年最少花费2.8万元，相当于贫困县一个强劳力35年纯收入！”

待业一族的还债人生

就业困境使农村大学生成为新的边缘人群，尤其是待业多年的毕业生，10年内都将陷于“学债”的纠缠之中。

在记者走访的村庄，许多农家子弟毕业后难以在城里找到工作，回到就业机会更少的原籍，多年待业荒废了所学知识，相当数量者打起短工，以搬砖头、端盘子等体力活谋生。

青海省海东地区人事局2004年的一份统计显示，乐都生源中，1998年的大学毕业生尚有15人未就业。

“大学毕业八九年还找不到工作，他们可能回家种地去了，差不多算是转了一圈又回到了起点。”程苏说。

在平安县清泉村，记者找到了正在地里干农活的马富泰，他是青海医学院临床医学毕业生，2004年至今无工作。当年家里借债供他上学，“羊卖光了，还欠4000元钱”。

马富泰怕荒废了专业，打算过几个月去县城找个小诊所打工还债，每月能挣300元。“我的同学都进不了医院，去开出租车、倒药材。”他原本想在村里开个小诊所，“可考行医资格需要3年临床经验，启动资金最少也要3万元钱”。

在乐都一所僻远的山区学校，记者见到了2003年从青海师范大学数学专业毕业的李海洋。李海洋本想毕业后自己挣钱来还4500元学费债务，但没工作只好让父亲还。“他是代课老师，一个月只有100多元钱收入。”李海洋为此很内疚。

到2004年，李海洋当上了父亲所在学校的数学代课老师，一个月240元，“这点钱只能天天吃土豆”。

每年寒暑假他都外出找工作，“西宁、格尔木跑遍了，没结果”。而且，维持生计的代课老师也干不了多久。“明年学校就不收代课老师了，即使上学期我带的班数学在全县排第二，”李海洋说，“我只是个过客。”

李海洋的隔壁房间里，一个英语专业的往届毕业女生仍在盼着当代课老师。

“有的学生甚至主动要求不拿工资，就等老教师退休、学校有新编制空出来。”程苏说。

旧有的人才吸纳体制已成就业的一大障碍。“有一个县，从西北政法学院回来20多个政法专业毕业生，一个都没进公检法系统，那边岗位是满的。还有的县师资很缺，却成立一个所谓的教育督导机构，把教师编制占满了，师范生都当不了老师。”青海省民盟参加调研的吴建功说。

记者在调查中了解到，有的县人事劳动部门办公室经常坐满求职的学生和家长。让青海省高校就业指导中心主任张普权印象深刻的是，一个农村老汉在政府门口坐了几天，为儿子找不上工作讨说法。

为谋一个像样的饭碗，债台高筑的农民家庭往往要交几千甚至上万元的保证金给用人单位，一些潜规则更让他们雪上加霜，“双向选择变成了选权力、选金钱，农村家庭一没钱二没关系，总是处于弱势”。

乐都县的一户村民，有一对师范毕业的儿女，5年中几次投考教师资格都高分落榜。2006年母亲以养牛羊的名义向农村供销社贷款1万元托人送礼，儿子终于被录取，可女儿马上也要再次报名考试。“这1万元钱相当于我们一家10年的收入。”母亲说。

采访中记者发现，待业的大学生年龄大多在25—30岁之间，他们既就不了业也成不了家。“最令人心痛的是，有的毕业生甚至加入盗窃团伙，而在海东某地，已发生两起待业多年的女大学生自杀的悲剧。”吴建功说。

警惕“读书无用论”抬头

“我真的不甘心，职业学校的女孩子初中毕业都能挣700元钱，她们嘲笑我读了大学还买不起手机。”李丽说。

李丽3年前英语专业大学毕业，两年找工作无果，只好在互助县职业技术学校当会计，一个月挣400元。互助县职业技术学校目前招收初高中毕业的农村学生培训一年，政府免费提供住宿，结业发初级技术等级证书，输送到上海、江苏等地的企业工作，月薪不低于700元。

上大学被农民称为“倾家荡产”式的教育。当青海省民盟调研组到教育大县乐都县调研时，有村民竟拉着调研员的手大哭：“再也不能送孩子上大学了。”

记者也多次听到村民抱怨：“举债三四万元读大学，出来还四处晃荡，不如就做个小买卖，学点实用活。”

在2006年全国“两会”上，全国政协委员、青海省政协副主席鲍义志直言，“读书无用论”在贫困家庭特别是在农村地区重新抬头，这需要引起高度重视。

程苏也认为，由于接受高等教育未必能在短期内改变农村籍学生的命运，家长的积极性严重受挫，子女的厌学情绪日增。

新“读书无用论”还迫使一些农村家长让上大学的孩子中途退学，这一趋势更波及中小学。据民盟青海省委调查，近几年，西部地区中小学的辍学学生正逐年增多。

西宁市某中学一位副校长告诉记者，她教过的一个学生考上了大学，学生家长却不交学费，逼儿子辍学。学生请她劝服家长，可该生父亲的一句话让她无言以对：“家里穷，交学费确实困难，但最要紧的是，孩子毕业了饭碗在哪里？”

大学生为何频现救助站

■ 潘晓凌　郑　焰

“亲身经历过，你才能体会：人跌到最低点时，大家都是平等的。”

——一位接受救助的大学生

备受瞩目的“收容所”里，再次出现了大学生的影子。不同的是，这是他们主动进入的，而这个机构已更名为“救助站”。

尊严与饥饿的冲突

广东东莞松山湖大道同沙路——市属救助站，2006年8月21日17：40，一个眉清目秀但衣着邋遢的男孩，正在准备拍照。这是接受救助的程序之一，因为此处要存留“落难者”的档案。

男孩迟疑了一下，还是挪过去了。在他之前的被拍照者，是一个右眼上留着长长刀疤的流浪汉。这似乎让他感到巨大落差——此前一个月，这位23岁的男孩身着学士服，神气地拍摄了学位照。他是华中某学院2006届的毕业生，名叫赵亮。

拍照完毕，对方手中的探测棒，开始贴身搜索赵亮有无“危险物品”。过关了。男孩抱着分发的席子、蚊帐、枕头及洗漱用具，走向照片上方显示的地址：B区201室11床。

东莞市救助站共有348张床位。据记者核实，2006年1月15日至8月22日，共有11名应届大学毕业生来到这里寻求帮助。媒体曾报道，“仅在7、8两个月，就有60名大学生接受救助”——这也没错，但剩下的人并非应届毕业生，而且有些身份无法核实。

12 人一室的房间里，赵亮埋头铺床。他拒绝了记者的拍照，理由是："刚才被拍照……我的自尊被剥光了。"

8 月 20 日，攥着 8 元钱的赵亮，仍努力维持着尊严。但一瓶水、一张饼，以及打了一个无果的应聘电话，耗尽了他最后的储备。这位大学生向后街走去——从邻省到东莞求职的一个星期里，他参加过 3 场招聘会，知道此处是打工者、流浪汉的栖息地。

"我躺在一张长椅上，把毕业证、简历裹在衣服里，面对着豪京大酒店。"赵亮说。夜里，他频频被这家 4 星级酒店前的汽车声惊醒，"当时我很想上前拦住几辆奔驰、宝马，也许会遇上人生的转机"。一度担任班长、院学生会干部的赵亮曾非常自信，在大学里，他常梦想做一名出色的领导者，至少是名优秀的会计师。

几乎所有的走进救助站的大学生都曾"心比天高"。某民办大学的毕业生傅铭，一直梦想着开大公司；某职业技术学院某专业 2005 级学生严雁，自信是做设计大师的料子。东莞救助站一位工作者说，一名被传销组织骗得身无分文的毕业生听说"要拍照"，扭头就走……

但在昨天，赵亮躺在长椅上，周围不断有人上前搭讪：要不要做电工？建筑工？"在他们眼里，我和露宿后街的农民工没差别。"他们不得不选择了这个一度被视为"弱势群体聚集"的地方。但一个大学生说，当被救助者可以得到救助，也是一种人性的关怀。

这里的一天

这里的宿舍分为 A、B、C、D 四个区，分别为容纳老年人、未成年人、成年男性、成年女性。每个区有 7 个房间，每个房间摆放 12 张床；一间娱乐室，里面有电视机、象棋以及报刊。

8：00—8：30、12：00—12：30 及 17：00—17：30，是受助人员的用餐时间。在管理者的带领下，人们拿着用膳卡走到食堂前排队等候。此时也讲究顺序：老年人和儿童先入，随后是女性、男性。

“饭菜都是基本的‘配置’，不会太好，但也不差。”救助站副站长袁伟华说。比如，8月21日中午的菜是白菜炒鸡肉块，很多人都会飞快地把它吃完。但傅铭对饭食有些不满，还包括他们的“服务意识和专业化程度”。这让救助站的工作人员“感到了压力”——以前，从没有人这样要求过他们。填写“受助人员登记表”时，他就提出，“我要帮你们打扫卫生”。“我有手有脚，有知识，为什么要吃白饭？”

饭后，受助人员理论上可以打篮球，但袁伟华并“不提倡”，他们担心有人打出急性阑尾炎。自愿接受救助的原则，催生了一群职业“跑站人”，这大大增加了救助站的财政负担，因此不能再滋生无谓的消耗。

来自西北的吴宪跳过了饭后的“聊天环节”，走出食堂后，他便一头栽到床上。对他来说，半睡半醒的状态最能打发时间，他还梦到朋友给他送来了回家的车票。赵亮不愿在吃与睡中“混日子”，他打算在此期间，看完随身带来的《企业管理》。严雁时刻盯着娱乐室里仅有的一部电话机——按规定，每人每天可打一个长途电话，通话时间不得超过5分钟。她不管这么多，直到被工作人员强行切线。晚上，这个女孩与另一名大专毕业的姐姐挤在一张床上睡，“不然我睡不着，其他人都好陌生，我害怕”。

“但我没有高人一等的感觉。”傅铭说。“驻站”5天中，他没有与其他3名应届毕业生“扎堆”，而是广交朋友，新朋友中，有被卖到东莞做“包身工”的海南农民，有职业“跑站”的残疾人……

“我喜欢和他们聊天，听他们的传奇经历。”傅铭说，“亲身经历过，你才能体会，人跌到最低点后，每个人都是平等的。”

按照规定，接受救助者最多可以在此待10天。之后，工作人员会为他们买好回乡的车票。“但绝大多数大学生只在这里住两天，朋友和同学就会送钱过来。他们一般不会告诉父母。”袁伟华说。

而当离开这里时，他们或者低着头，或者飞快地跑出去。“我们很想尽快摆脱这里，”一位被救助的大学生说，“但找工作的压力难以摆脱。”

为何走进救助站

这确实是个问题：人事部统计，2006 年全国高校毕业生 413 万人；教育部称，只有六成以上大学毕业生以各种方式实现了就业。

临近毕业，赵亮体会到求职的艰辛。这名颇受老师同学赏识的学生干部，曾顺利拿到了 3 份会计资格证书及计算机三级证书。但参加完几场招聘会、在网上投送数十份简历后，他连一份录用通知都没有收到。他周围的许多同学也陷入焦虑之中——6 月份，全年级 130 多人中，拿到“OFFER”的不到 40 人。跑到外地求职的同学说，此类“二本”，名不见经传，还偏居中部，与重点大学相比不具竞争力。

毕业一个多月后，赵亮决定南下东莞——这里号称“中国工厂”，拥有 15000 多家大大小小的企业。此时兰州的石倩、山东的傅铭，刚收到东莞一公司的“录用通知”。

赵亮投出数份简历后，仍没有得到面试机会。此后厄运接踵而来——他先被调包后遭抢劫，找到一份包吃住、月薪 800 块、装灯具的活儿，让他有些安稳感；但每天工作在 12 小时以上，体力又无法承受。而石倩和傅铭，则被“招工单位”骗走了所有财物。

记者回访发现，赵亮的情况具有普遍性——到此的大学生全部毕业于普通学校，还包括民办高校及职业技术学院。他们出身于城市的普通工人或农村家庭，相对独立、懂事，在大学期间多有兼职经历。

这些特征，与东莞大京九人才市场副总经理杨奇眼中的“就业困难族”相符。“他们对未来有憧憬但无规划。”杨奇说。而东莞最缺一线工人，而非技术与管理人员；对用工单位而言，他们也不想招大学生做工人——“他们心气活，一旦培训好后，很可能另觅高枝。”

按照《救助管理办法》规定，被救助对象需要满足：自身无力解决食宿，无亲友投靠，没有享受城市最低生活保障或农村“无保”供养，正在城市流浪乞讨度日。那些工作无着落、身无分文、尚未被纳入社会保障范畴的大学生，恰恰符合上述 4 个条件。

自 2003 年 8 月东莞救助站成立以来，每年都会有几十个大学生走进来。

七八月份尤为集中，因为暑假期间找工作的学生很多。“在我们看来，这是一件平常事。而且，现在大学生找不到工作的情况很普遍。”袁伟华说。

记者询问了广州、深圳、南京、苏州及杭州救助站，有关人员均表示：他们曾多次救助大学生，其中深圳的比例“不少于 10%”，救助原因主要是求职未果及钱包被偷。但在西部城市重庆和成都，几乎没有大学生寻求帮助。北京和上海则未透露相关情况。

被改变的和将改变的

傅铭回到青岛后，找到了工作。这有些戏剧性——他要建立一家人才市场，帮助就业困难的人。“这和我在东莞的经历直接相关。”他说。

但被救助的“阴影”让很多人难以摆脱，比如石倩。回到家后，她每天都把自己反锁在房间里，只有吃饭和看电视才会出来。“姐姐以前不是这样的。”在弟弟石丘眼里，石倩活泼、开朗，从初中到大学，她一直是个优秀的田径运动员。而她那个老实巴交的农民父亲，一直为女儿的遭遇叹息。6 月 30 日进入救助站的程凌——她是华中某学院的毕业生——一直在吃镇定药。

北京师范大学历史学院李志英教授，或许更能体会这些孩子和家长内心的痛苦。她刚刚完成了一组有关当代中国社会分层与大学生人生选择的课题。

在发放了 3200 多份问卷、近一年的调研后，李志英发现，来自于“国家与社会管理人员”以及“私营企业主”家庭的孩子，在毕业时更多会“读研”或是“出国深造”，而来源于“工人”、“农民”家庭的孩子，大多坚定地选择了“就业”。

“对于普通家庭的孩子而言，一份好工作，不仅意味着个人美好的未来，更意味着提高整个家庭的阶层地位。所以，他们在就业时面临着更大压力。”李志英说，“但由于学历没优势，缺乏经验，在‘人情社会’中所占的社会资源更是匮乏，这群孩子最后不得不接受救济，这对他们的自信心有很大冲击。”

中国青年报社会调查中心 8 月 14 日的一份调查显示，在 8447 名受访者中，34.7%的人表示“后悔上大学”。其中 39.2%的人把原因归结为“还是找不到工作”。但当问及赵亮是否后悔上大学时，赵亮反问道：“如果不上大学，能干吗呢？”

8月21日，记者在东莞救助站遇到了北京某科学研究院深圳分院的工作人员。他们是专程从深圳赶来此处招工的，有关报道吸引了他们。“能来到这里的孩子，是能吃苦的，将来在工作中也会是这样。”其中一位人士说，“我们相信他们会珍惜来之不易的工作。”

或许，大学生走进救助站，是一个“天将降大任于斯人”的前兆。